INDIEN

BACKSTAGE

Eine Reise – Bild - Reportage

Patrik Ehnsperg

ISBN-13:9781507647967

ISBN-10: 1507647964

Umschlaggestaltung: Florentine Muhry - Wien

Für Amedeo – meinen Nachfolger

Ich verbringe noch einen Nachmittag in Poona. Ich mag dieses Vier-Millionen-Stinkloch, es hat Charme, ich treffe keinen Unfreundlichen, bewundere nur wieder das indische Talent, das Unübersehbare zu übersehen.

Andreas Altmann (Mit dem Zug durch Indien)

Nach dem Konsum der historischen Stätten und der Kunstobjekte können sie hier, vor dem Rücktransport ins Hotel, angefächelt von Ventilatoren, ein eisgekühltes Getränk genießen und Objekte der Souvenierindustrie erwerben. Sie folgen dem Zyklus Hotel – Bus – Tempel – Shop – Bus – Hotel, denn ein Kontakt mit der Stadt selbst, ein Herumirren in einem fremdartigen Sub-Standard-Bezirk, der keinerlei Ruhepunkte anbietet, wär für sie ein traumatischer Vorgang.

Gerhard Amanshauser (Der Ohne-Namen-See)

Dies ist keine Reiseroman, auch keine Fotoreportage über die Schönheiten eines fernen Landes. Es ist auch keine Auflistung von interessanten Plätzen, Sehenswürdigkeiten oder speziellen Orten. Wer derartiges erwartet, wird automatisch enttäuscht sein. Um ein Land und seine Menschen zu verstehen oder dies auch nur zu versuchen, um es tatsächlich in ungeschminkter Weise, mit allen Vorzügen und Nachteilen kennen zu lernen, ist es angeraten, sich möglichst abseits all dessen zu bewegen. Auch den Mut sollte man besitzen, völlig Unbekanntes schon hinter der nächsten Ecke auf sich zukommen zu lassen und für Überraschungen in allen möglichen Formen offen zu sein, ja diese sogar willkommen zu heißen, auch wenn sie auf den ersten Blick vielleicht nicht immer Anlass dafür zu bieten scheinen. Selbst das Risiko, gelegentlich zu verzweifeln oder im schlimmsten Falle, sogar unterzugehen, darf einen nicht davon abschrecken, hinter die Geheimnisse einer völlig fremden Lebensweise kommen zu wollen und dabei all die vielfältigen Vorhänge touristischen Scheins stetig von neuem beiseite zu schieben.

Alle in diesem Buch vorkommenden Personen sind NICHT frei erfunden!

Die hier beschriebenen Erlebnisse und Ereignisse (so unglaublich das, für die mit diesem Land nicht vertrauten Leser an manchen Stellen auch erscheinen mag) haben in der Weise stattgefunden, wie sie im Folgenden geschildert sind. Es wurde versucht, so gut es ging nichts zu beschönigen, aber auch nichts zu dramatisieren. Die Eindrücke so wieder zu geben, wie sie im Moment ihres Ursprunges entstanden sind.

Der Autor

Anmerkung: Alle im Buch wiedergegebenen Dialoge wurden zumeist auf Englisch geführt, zum einfacheren Verständnis der Leserin und des Lesers aber hier ins Deutsche übertragen.

Ein normaler indischer Reisezug besteht aus einer großen Lokomotive und fünfzig Waggons. Was hier nun einer Länge von etwa einem Kilometer entspricht. (Zum Vergleich, in Westeuropa bestehen Reisezüge aus 4 – 10 Waggons). Verlottert und klapprig boten die einheitlichen, blauweißen Waggons mit ihren vergitterten Fenstern ein Bild, als seien sie aus einer Zeit vor der Unabhängigkeitserklärung herübergerettet worden. In Wahrheit waren sie kaum älter als zwanzig oder dreißig Jahre.
(Aus Indien-Backstage - Abreise aus Delhi)

Spezieller Dank gilt der Schriftstellerin *Cornelia Becker* für die hilfreichen Tipps und das mühsame korrigieren der Texte sowie dem Journalisten *Johannes Häusler* für die Ratschläge zu den Fotoaufnahmen und *Camille Rolovic* für ihre Skizzen.

9. März, Graz – Wien

Alles was ich nach dem Einchecken unfreiwillig zurücklassen musste, war eine Schere aus Metall, stumpf vom Gebrauch der Jahrzehnte. Ein erträglicher Verlust. Die Beamtinnen befürchteten, ich könnte damit während des Fluges ein Massaker anrichten oder mich damit zumindest zu einer Flugzeugentführung hinreißen lassen.

Was ich freiwillig zurücklassen wollte, war der Kleingeist der sich in der letzten Zeit hierzulande und auch in mir, breit und immer breiter gemacht hatte. Die Ordnungs- und Regulierungswut, Berge von unablässig produzierten Regelwerken, Vorschriften, Anleitungen zum täglichen Leben, zu allem.

Freiräume, in denen man sich noch nach eigenem Befinden hin und her bewegen konnte, nicht zusammengequetschte Plasmahüllen, zwischen Thuyenhecken und Rasenmäherverordnungen. Diese wollte ich versuchen zurück zu gewinnen. Neue Erfahrungen und Sichtweisen sammeln, eigene, enger gewordene Standpunkte durch andere, bis dato vielleicht völlig unbekannte Sichtweisen versuchen zu erweitern. Schauen. Sich beeindrucken lassen, darüber schreiben.

Indien bot dafür, wie ich vermutete, ein entsprechendes Repertoire.

Man würde sehen.

Graz, als Ort sich in die Lüfte zu erheben hatte sich seit langem nicht angeboten. Übersichtlichkeit im Airport, sich in Grenzen haltende Menschenknäuel, erträgliches Warten. Umgeben vom ewigen Getippse der übrigen Passagiere auf Miniaturbildschirmen, unablässig und mit allen Fingern, hinauf, hinunter, wartete ich auf das Öffnen der Glastüren zum Flugzeug. Mir waren solche Angewohnheiten fremd, erschienen mir eher als zweitklassiger Zeitvertreib.

Ein Mensch hob sich von den übrigen ab, groß, athletisch, elegant, Euroarabisch. Ein winziges Baby schaukelte er im Arm, hatte ihm seine völlige Aufmerksamkeit zugewandt. Oft und oft küsste er es im Hin- und Hergehen auf die Stirn, auf sein kleines Haupt so kahl wie sein eigenes. Konnte ihm in punkto Glücksgefühl hier irgendjemand das Wasser reichen?

Klein und mit einem Propeller durch die Lüfte, was mich überraschte. Dachte ich doch völlig laienhaft, derartiges gab es längst nicht mehr. Auf 5000 m stiegen wir, dann entlang des Autobahnstreifens, und tatsächlich über mein eigenes Haus hinweg, was mich überraschte und schließlich zugleich erfreute.

Ein kurzer Flug. Mit Wasser, Zeitung, einem Kaffee und dem Dankeschön der Stewardessen beim Ausstieg für meinen ersten Flug vom heimatlichen Graz nach Wien, und das alles für 4,50 Euro. Erstaunlich!

Flughafen Wien Schwechat.

Ich schnupperte bereits hier wieder den vertrauten internationalen Geruch, ließ den Mief nationaler Kleinbürgerlichkeit draußen, vor den Fenstern des Flughafengebäudes zurück. Ein Geruch, welcher jenen zahlreichen, zierlichen Japanerinnen ringsum offenbar nicht ganz behagte. Fast alle von ihnen waren mit Mundschutz oder Masken vermummt, wie auf einer Intensivstation.

Die Maschine hob ab, direkt hinein in eine trübe, grau schwarze, unfreundliche Nebelwand. Im Flugzeug ringsum das unverständliche Geplapper in verschiedenen Sprachen, das ich immer als eine wohltuende Erlösung, als Zeichen dessen empfand, endlich wieder an einem anderen Ort als dem Gewöhnlichen, an dem alle waren, zu sein. Nichts was einen jetzt noch berührte, belästigte, nichts was man verstehen musste, nichts wo man hineingezogen werden konnte.

Stunden später flogen wir über irgendwelche Länder, bei strahlendem Sonnenschein über uns. Während unter uns das dichteste Wolkenmeer vorüberzog, so dass man, durch die Bestrahlung von oben fast meinen könnte, es wären endlose Landschaften, bedeckt mit reinem, weißen und leuchtendem Schnee.

Während ich selbst im Inneren guten Weißwein genoss, daneben ein Glas Tomatensaft, und dabei eine Rezension über ein neues Buch einer interessant aus meiner Zeitung blickenden jungen Dame namens Anna Weidenholzer las, mit der ich aus einem Grund, den ich nicht wusste, sogar auf Facebook befreundet war. Alles in allem nun zufrieden mit der Welt da draußen, und mit mir, hier drinnen.

Ich dachte daran, ob es spannender gewesen wäre, Indien gemeinsam mit einer anderen Person zu bereisen? Eine Person mit der man zusammen ausreichend viele Gemeinsamkeiten teilte, um schließlich sogar, jeder für sich, darüber zu schreiben. Am Ende würde man überrascht vergleichen, was einer alles übersehen hatte und was dem oder der anderen nicht entgangen war. Doch solche Menschen waren dünn gesät. Aber es war ja noch nicht aller Tage Abend.

Wie immer genoss ich den Flug mit Austrian-Airlines. Es mag seltsam klingen, aber ich liebte es in Flugzeugen zu speisen (außer vielleicht in russischen). Das Fastfood von Airlines gehörte zu den am besten komponierten dieser Branche. Unzählige Fachleute machten sich Monat für Monat Gedanken, was Fluggästen aus 50 verschiedenen Nationen gemeinsam vorgesetzt werden konnte. Die Ergebnisse konnten sich durchaus sehen lassen. Feine Speisen, nett serviert. Wer, wie es einige immer an sich hatten, arrogant alles zurückgehen ließ, nicht ohne vorher wenigstens soweit darin herum gestochert zu haben, um alles ungenießbar zu machen, disqualifizierte sich letztendlich selbst, als wichtigtuerischen Ignoranten oder überforderten Pauschaltouristen. Was mich betraf, ich war schließlich zufrieden, satt und müde. Angesichts dessen begann ich jedoch zu zweifeln ob mein Plan gelingen würde, zumindest 10 Prozent meines eigenen Gewichtes nach der bevorstehenden Reise durch Indien abgesondert zu haben.

Etwa zur Halbzeit des Fluges wurden die vermeintlichen Schneelandschaften unter uns langsam in rötliches Braun getaucht, was mit der sich zurückziehenden Sonne zusammenhängen musste. Ich vermutete, nach dem Landschaftsbild und der Uhrzeit zu folgern, wir flogen vielleicht über dem Iran, Afghanistan oder einem anderen derartigen Land.

Unter den dichten Wolkendecken trieben mir unbekannte Menschen ihre Spiele, kochten, wuschen, fuhren noch Fahrrad, spielten Karten, ordneten die letzten Papiere des Tages oder bereiteten vielleicht irgendwo Sprengstoffgürtel vor, um sich, zusammen mit einer zufälligen Gruppe von mir ebenso wie ihnen Unbekannten, Andersgläubigen oder Andersdenkenden beim ersten Hahnenschrei am nächsten Morgen zu Allah in dessen glorreiches Himmelreich empor zu sprengen.

Unsere mit Ahnungslosen gefüllte, fliegende Transporthülle wurde immerhin weder beschossen noch sonst irgendwie in ihrer Flugbahn gestört sondern flog unbeirrt über all diese Harmlosen gleichermaßen, wie über jene wandelnden Zeitbomben hinweg. Was zu ebener Erde vor sich ging, davon herrschte hier oben kein gesteigerter Informationsbedarf. Jeder hing seinen eigenen, weit entfernten Gedanken nach.

Später zeigten sich vereinzelte, flüchtige, aus der Luft winzig erscheinende Dörfer und Siedlungen, anhand ihrer wankenden Lichtkegel im Dunkel der Nacht. Eingebettet zwischen endlosen, hohen und massiven Gebirgszügen von denen man nur vermuten konnte wo Sie sich befanden. Man starrte hinunter, betrachtete alles etwa so, wie man weit entfernte, unbekannte Tiere im Zoo zu beobachten pflegte. Nichts von ihrem Leben wissend oder ihren üblichen Handlungen. Ihrem Treiben tief unter uns schließlich ratlos gegenüberstand, während wir, oben, dem anderen Ende der Nacht entgegen düsten.

Gelegentlich beneidete ich auf solchen Unternehmungen gewisse Gruppen, sich von allen anderen abhebenden Mitreisenden. Abgeordnete, gefragte Wirtschaftler, Künstler, Delegierte der UNO oder dergleichen Institutionen. Sie ließen sich für höchste Gagen oft und beliebig hin und her verfrachten. Verpackt in ihre dezenten geschäftsmäßigen Kleidungsstücke, zogen sie ihre Trolleys selbstbewusst hinter sich her. Finanzierung, minütliche Planung und Organisation jeder ihrer Bewegungen konnten sie in beruhigender Gewissheit, anderen, eigens dafür Zuständigen mit geringeren, jedoch immer noch angemessenen Stundenlöhnen überlassen. Kaum hatten sie die automatischen Türen der Flughafengebäude durchschritten, winkten ihnen professionelle, freundlich hilfsbereite Figuren zu, wedelten unter Umständen mit eigens für sie angefertigten Namenstäfelchen durch die Luft der fremden Städte, um sie so rasch und komfortabel als möglich in gepolsterte Fahrzeuge zu verfrachten um sie an jene geheiligten Orte zu transportieren, an denen sie ihr hoch dotiertes Wissen endlich ausscheiden konnten und um dann nach vollendetem, vielbeklatschtem Auftritt, rasch in ebenso eleganten Limousinen zu allerlei arrangierten Unterhaltungen oder Konsumationsveranstaltungen geleitet werden zu können. Wo man ihre immer gleichen und dürftigen, zwischendurch eingeworfenen Späße und Bemerkungen bereits von ihren Gesichtern abzulesen versuchte, um sie unverzüglich und holprig in andere Sprachen zu übersetzen.

Während auf mich, für solcher Art gesellschaftlicher Unterfangen ein kaum brauchbares Objekt, welches deshalb alle endlosen Formalitäten, und Bündel widerwärtiger Bescheinigungen, sowie seine eigenhändig und mühsam heruntergeladenen Buchungsbelege ständig vorweisend, nichts als Unbekanntes im Unbekannten erwartete.

Ein Paar fiel auf, etwas älter, einfach gekleidet, der Mann kräftig, die Frau klein mit gebogenem Körper, hin und her spazierend, Hand in Hand durch die schmalen Gänge der Flugmaschine. Liebevoll führte er sie aus, um dem beschädigten Körper die scheinbar nötige Bewegung zu verschaffen. Mit Respekt und Umsicht noch nach all den Jahren und trotz aller mit dem Alter entstandener Beeinträchtigungen. Verständnis und gegenseitige Geborgenheit ausstrahlend. So etwas verdiente Bewunderung.

Vor unserer Landung wurde *mittels zweier aromatisierter Spraydosen* darangegangen, um indischen Behördenvorschriften Folge zu leisten, wie man uns mitteilte, *das Flugzeug zu desinfizieren!* Befürchtete man hier etwa, aus Österreich Malaria, Cholera, Typhus oder Gelbfieber nach Indien zu importieren? Erst hinterher, zuhause, beim durchlesen dieses Textes, wurde mir klar, dass mir die Absurdität dieser Maßnahme als erstes Vorzeichen jener allgegenwärtigen indischen Scheinlösungen und eines Bürokratismus fern ab von jeglicher Realität und Sinnhaftigkeit, bereits vor dem Verlassen des Flugzeuges hätte Warnung sein sollen. Vor dem was noch kommen sollte. Doch hätte ich es auch erkannt, um noch umzukehren wäre es ohnedies zu spät.

9.. März Delhi.

Nach all jenen widerwärtigen Behandlungen und unsinnigen Befragungen, welche man bei Einreisen zu überstehen hatte, zeigte sich oft, welche Nationen die Stufen eines sogenannten Entwicklungslandes bereits verlassen hatten, und welche nicht. Einen Vorgeschmack boten gleich die Ersten von jenen hunderten noch auszufüllenden indischen Zettel, welche im Laufe der nächsten Wochen folgen sollten. Jenem Hineinmalen in Blockbuchstaben, meines Namens und Vornamens, in enge Kästchen, auch alle etwaigen früheren Namen, der Offenlegung jetziger und etwaiger abgelegter Staatsbürgerschaften, der Nummer meines Reisepass sowie meiner zukünftigen oder permanenten Wohnadresse in Indien, jener in Europa und sonst wo, meiner in- und ausländischen Telefonnummern unter welchen ich während meines Aufenthaltes erreichbar war, einer aktuellen Mailadresse sowie zuletzt einer eidesstattlichen Versicherung niemals pakistanischer Staatsbürger gewesen zu sein. Dann noch mein derzeitiges Alter in Ziffern, die Vornamen meiner Eltern und anderer Daten welche für den indischen Staatsapparat offenbar von großer Bedeutung waren. Ich war erschöpft, übler Laune und froh darüber von einem Bediensteten des Hotels abgeholt zu werden. Durch die Zeitverschiebung war es 1:00 Uhr nachts.

Das automatische Tor öffnete sich und eine wogende, dunkle Wand aus armseligen Leibern drängte sich hinter den Absperrungen und hielt mir ihre Tafeln aus handgemalten, meist unentzifferbaren Buchstaben und Zeichen entgegen.

Entlang hässlicher, schmutziger Betonwände, über holprige düstere Stadtautobahnen, ging die Fahrt eine Stunde lang durch eine finstere Stadt, die anders aussah als alle Städte welche ich bisher gesehen hatte.

Drei Monate zuvor war ich noch der Ansicht mit Sofia, der Hauptstadt Bulgariens, gerade eine der hässlichsten Städte der Welt betreten zu haben. Hier war man jedoch noch um Längen weiter, was Schmutz, Verwahrlosung und Hässlichkeit betraf. Zweifellos, hier war das Ende der Welt!

Das Hotel und auch das Zimmer, welches man mir zuwies, hatten den Charme und das Mobiliar der Sowjetunion. Zu Breschnew`s Zeiten.

Trotz elender Müdigkeit, hier war ich noch nicht bereit mich schlafen zu legen, brauchte noch eine Zeit etwas mehr anzukommen, mit einem kurzen Spaziergang durch die nächtliche Umgebung des Hotels. Das erste Rudel streunender Hunde begrüßte mich bereits vor dem Eingang. Rechts und links, entlang der Straße lagen in Decken und Fetzen gehüllte Menschen auf dem was man hier Gehsteig nannte, zusammengekauert in vermüllten Eingangsschluchten, oder schlafend auf den Hinterbänken ihrer abgestellten Rikschas oder Tucktucks (*Mopedrikschas)*. Bei jenem

ersten kurzen, vorsichtigen Umhergehen, welches ich im Umkreis von fünfhundert Metern wagte, ständig achtgebend, in der Dunkelheit nicht etwa auf hingestreckte Hände oder Beine jener Schlafenden oder Verkrüppelten und mich aus ihren wachen Augen Anstarrenden zu steigen, bekam ich einen kurzen schauderhaften Eindruck dessen was mir bevorstand.

Zu schweigen von dem Müll, dem Gerümpel und Schutt, den ekelhaften
schmutzigen und zerrissenen Fetzen oder Planen aus Stoff oder Plastik, welche von rostigen Stangen oder von Gerüsten herabhingen und unter welchen man sich hindurch zu bücken hatte, oder welche zu übersteigen waren. Je nachdem.

Eines war mir inzwischen bewusst geworden, ich hatte, hier in Delhi soeben den ersten Kulturschock meines Lebens bekommen.

© Ehnsperg

10. März, Delhi

Im Zimmer war ich froh gewesen die Decke aus dem Flugzeug in meiner Tasche zu haben, und ich sollte mich nicht das letzte Mal darüber freuen.

Gerädert öffnete ich am Morgen meine Augen nach beinahe schlafloser Nacht. Unablässig war infernalischer Lärm nach oben gedrungen. Der höllische Verkehr unten vor dem Hotel musste etwa um drei Uhr früh begonnen haben und ruhte seither keine Minute. Das Hupen hunderter, wenn nicht tausender Fahrzeuge gleichzeitig ließ einen auch im Halbschlummer keinen Moment vergessen in Delhi angekommen zu sein. Akustisch wenigstens, und körperlich. Geistig weniger. Gleichzeitig mit dem Verkehr hatte sich aus irgendeinem Nebenzimmer dröhnende Musik in Betrieb gesetzt. Laut, sehr laut, indisch, durchaus nicht unrhythmisch, nichts was meinem Musikempfinden widersprochen hätte, außer der Uhrzeit um der sie begann, und jene Begleitung aus Krächzen und Knarren der Lautsprecher aus denen sie drang.
Übel gelaunt und nur halbwach begab ich mich zum Frühstück.
Beim ersten Anblick dessen was mich hier erwartete, wusste ich, der Verlust jener zehn Prozent meines Körpergewichtes, welchen ich in Indien belassen wollte, würde mich wenig Anstrengung kosten.
Der Frühstücksraum, mit dem Charme einer dürftig ausgemalten Garage, mit ramponierten Fliesen auf dem Boden und blätternder Farbe an den Wänden, dem eisernen Mobiliar, und schließlich jenem undefinierbar und ekelhaft aussehenden Gemisch in seinen fragwürdigen blechernen Näpfen, ließen alle Hoffnung auf ein erholsames Frühstück unverzüglich fahren.
Niemand, der jemals mit mir zusammen gegessen hätte, konnte behaupten ich war ein besonders empfindlicher Mensch was die Auswahl von Speisen anging. Egal in welchem Land oder in welcher Umgebung, mir war es meistens recht gewesen. Jedenfalls bis zu diesem Zeitpunkt.
Da ich das Hotel nur für eine Nacht gebucht hatte, machte ich mich gleich auf neue Herbergssuche. Kaum hatte ich jedoch die letzte Stufe von meinem Hotel erreicht, hatte man mich, als *Weißen*, schon erspäht, winkte und rief mir zu.
Sofort stürzte eine ganze Schar vermeintlicher Helfer auf mich zu:
„Taxi, Sir!" „Rikscha!" „Hotel!" „........!", mit den Händen wedelnd, deutend, auf mich gleichzeitig einrufend.
Ein junger Bursche der mich als einer der ersten erblickte, hatte mich bereits geschnappt, zog mich aus dem Gewühl. Vorbei an rasenden, hupenden von allen Seiten auf uns zuschießenden Gefährten über die Straße, hinein in dunkle, enge, übelriechende,

aber doch immer noch enger werdende Gassen. Zu fragwürdigen Unterkünften hinter Müllhaufen und Schuttbergen. Abgewetzter und fadenscheiniger noch als jene, welche ich bisher bewohnte. 500 – 600 - 800 Rupien, getraute man sich einem Ausländer dafür abnehmen zu wollen. Aus einigen der mir so präsentierten Betten in winzigen Gelassen schien gerade jemand geflohen oder heraus gestorben zu sein, lagen doch noch Hab und Gut der Benutzer in den zerwühlten Betten und über die Böden verstreut zwischen Abfällen, Fetzen und Gerümpel.

Geheilt von weiteren Besichtigungswünschen erhandelte ich mir in meinem Hotel schließlich ein anderes Zimmer aus, dessen einzige Öffnung eine Oberlichte wenigstens nicht gerade über der Hauptstraße mündete, zumindest eine menschenwürdige Bettdecke sowie immerhin halbwegs warmes Wasser vorzuweisen hatte. Dafür jedoch, wie sich herausstellte, einen Wasserhahn der sich nach der ersten Drehung von seiner Leitung löste...

Wie sollte man über ein Land berichten, welches einem ständigen Inferno glich. Dessen unlösbar erscheinende Probleme an 10.000 Enden gleichzeitig brannten. Gewiss, dies nach so kurzer Zeit zu sagen war vermessen, dessen war ich mir bewusst. Was ich in den wenigen Stunden meines Hierseins aufnahm konnte schließlich auch nichts anderes sein, als Schein und Trug.

Doch meine Erfahrung sagte mir, der Schein trog mich selten. Niemand wusste wie viele Menschen in dieser Stadt hausten. Fünfzehn vielleicht zwanzig Millionen.

Eines Eindruckes konnte man sich selbst nach kurzer Zeit nicht erwehren: Es schien als würden hier alle in diesem Gewühl, einem riesigem Ameisenhaufen ähnlich, hin- und her hetzend, fahrend, kriechend, handelnd, tragend, schleppend, bettelnd, ein und dasselbe Ziel zu verfolgen: Einen weiteren Tag zu überleben.

Hatten die Christen das Fegefeuer, konnten Buddhisten oder einige andere auf die Wiedergeburt Hoffenende, ohne weiteres auf dies hier - auf Delhi - zurück greifen. Als fürchterliche Drohung. Bei Verfehlungen im jetzigen Leben, im nächsten das Licht der Welt hier in dieser Stadt wieder zu erblicken.

Aus dem verschlafenen, friedlichen, blitzsauberen, menschenleeren Österreich kommend, hier direkt in Indiens Hauptstadt abrupt abgeladen zu werden, zwischen Millionen völlig fremdenartig lebenden Wesen, erwies sich auch für einen Weitgereisten wie mich, fast wie ein Stoß von einem zehn Meter hohen Turm, mit verbundenen Augen. Unwillkürlich kamen mir die letzten Reisen durch mein geliebtes China in den Sinn. Welch großen Unterschied es auch machte - wie dort - jemanden an seiner Seite zu haben der Land und Sprache verstand.

Was einem, auf den ersten Blick, als großer Unterschied vorkam, sogar noch zu einem Land wie China, war eine gewisse, für uns Europäer, gewohnte Distanz. Während einem sich hier, jedenfalls in *Old Delhi,* unablässig Hände bis an den Körper entgegen streckten. Von Bettlern, verwahrlosten Kindern, Rikschafahrern, Schleppern und Kofferträgern. Man schien hier vor allem eines zu sein; Willkommene Beute für Horden von Habenichtsen, welche einem auf den Leib rückten, anfassten, umringten und jegliche Distanz vermissen ließen. Doch vielleicht war dies nur Zeichen des tiefen Kulturschocks.

Etwas was mir bisher unbekannt war auf all meinen Reisen, bei all meinen *Ankommen* in anderen asiatischen Ländern. Wie unterschied man als Fremder zwischen übertriebener Freundlichkeit, fragwürdiger Hilfsbereitschaft gegenüber neu Angekommenen (für uns West-Menschen ohnedies von vorneherein verdächtig) und den seichten Vorwänden zur bloßen Steigerung der eigenen Einnahmen? Mochte manches vielleicht tatsächlich als selbstlose Gastfreundschaft gemeint sein? Dies zu unterscheiden war wohl eine der schwierigsten Erfahrungen, welche man in diesem Indien zu lernen hatte.

In einem Land, das völlig verscheiden war zu allem was ich bisher kannte!
Rikschafahrten erwiesen sich für mein Empfinden als durchaus taugliche Transportmöglichkeit in einer Großstadt. Man verschaffte dem Anbieter eine geringe Verdienstmöglichkeit, war nicht eingezwängt zwischen Menschenmassen, einigte sich auf ein bestimmtes Ziel, und wurde meist Dort abgeladen, wohin man tatsächlich wollte. Die dazu nötige Kunst des Feilschens war natürlich eine typische asiatische. Anfangs war es immer schwer zu unterscheiden, ob man auf einen der seltenen Fahrer gestoßen war, welcher jenen Preis nannte den die Fahrt tatsächlich wert war, oder etwa einen fünffach überhöhten. Versuchte man bei Ersterem den Preis zu drücken galt man als unverschämt. Versuchte man es bei Zweiten nicht, galt man als Idiot.

Am *Roten Fort*, eine der großen Attraktionen *Delhi`s*, staute sich die Menschenmenge bereits vor dem Einlass. Doch ich war ohnedies nicht gekommen um Touristenattraktionen zu besichtigen wo sich Fremde unter Fremden gegenseitig auf die Füße traten und zwischen aufpolierter, aber verblasster Geschichte fast zu Kitsch verkommene Denkmäler anstarrten, sondern um jenes Indien hinter den Kulissen zu entdecken. Um halb geschlossene Türen zu öffnen, da oder dort Deckel anzuheben, durch enge Luken, über niedrige Mauern zu schauen, um jenes Indien zu erleben, zu erfahren und aufzunehmen. Was immer abseits jener Hochglanzbroschüren mir gegenüberzutreten bereit war.
 Statt des Forts beschloss ich nun einzudringen in das babylonische Treiben des nahen *Chandni Cauk Bazars*.
Auf den Stufen zu einem verfallenen Gebäude am Eingang fiel einem eine Gruppe zerlumpter, leer dreinblickender Männer auf. Elend hockten sie da und wartenden auf Spenden. Oder nur auf das Ende eines weiteren Tages. Sie starrten mir nur aus großen weißen Augen voll Unverständnis und mit Teilnahmslosigkeit entgegen.
Mir war nicht klar, woran man in diesem Land jene so genannten *Unberührbaren* erkannte, doch ich vermutete, dass diese Gruppe wohl zu ihnen gehörte.

Alle waren sehr dunkel, und hatten für mich große Ähnlichkeit mit jenen Menschen, welche man in Dokumentationen über Australiens Ureinwohner zu sehen bekam. Mir war, als hätte ich neulich tatsächlich in einer Zeitung gelesen, dass Inder genetisch die nächsten Verwandten zu den Aborigines waren.

Ein Mensch steuerte im Gewühl schnurstracks auf mich zu, mit einem rostigen Nagel oder etwas ähnlichem in der Hand, deutete auf mein Ohr. Ich ahnte worum es ging. Ein Blick über seine Schultern genügte. An der schmutzigen Mauer entlang der Gasse lehnte bereits die Kundschaft seiner Geschäftspartner. Man kam offenbar auch hierher um sich die Ohren ausputzen zu lassen. Im Umkreis sah ich noch zwei oder drei andere auf Kundenfang, diesem Nischengeschäft nachgehend. Was ich schließlich als nicht wenig riskant empfand. Ein Stoß im Trubel der Menge genügte, und man konnte sich von seinem Trommelfell verabschieden. Aber, immerhin, Ideen hatten Sie, dass musste man ihnen lassen. Mutige Kundschaft auch. Durch ein schmales Tor bemerkte ich im Innenhof eines Gebäudes eine Schlange von Menschen, die sich vor irgendetwas anstellte. Ein paar Äffchen turnten am Dach einer WC-Anlage, welche sich ebenfalls in diesem Hof befand. Als die Affen meine Kamera bemerkten begannen sie wilde Grimassen zu schneiden, zu gestikulieren und aufgeregt herum zu springen. Als ich das Foto geschossen hatte, mich umdrehte und die Kamera wieder in die Tasche packte,

bemerkte ich dass alle in der Schlange Stehenden mich, uns, beobachtet hatten und nun herzlich lachten. Über die Affen, über mich, oder über uns alle. Ich musste Mitlachen.

Kaum vor der Tür, erfasste mich die Menschenmenge wieder, trieb mich durch die schmalen Gassen des Basars.

Da ich damit rechnete aus Indien einiges mit nachhause zu bringen, aber von zuhause naturgemäß wenig nach Indien mitzubringen war, hatte ich meine Koffer mit Kleidungsstücken vollgestopft, welche noch in sehr gutem Zustand waren, aber zuhause nicht mehr benötigt wurden. Einige davon hatte ich in meinen obligaten grünen Stoffsack gestopft um sie bei passender Gelegenheit jemandem schenken zu können, jemandem der aussah als würde eine derartige kleine Spende Sinn machen.

Ein Mensch dessen Alter schwer einzuschätzen war, von dem ich vermutete, dass er trotz des langen Bartes noch keine 35 war, lief hinter mir mit einem schmutzigen, grauen Sack durch die Gegend um leere Plastikflaschen und ähnlichen Müll von der Straße aufzulesen und einzusammeln. Er gewann in meiner kleinen Lotterie eine fast neue, blaue Spitalshose. Diese würde ihm um einiges besser stehen, als jene Lumpen in welche er zurzeit gewickelt war. Offenbar sah er das ähnlich, bedankte sich mit einem freundlichen Nicken, und verschwand mit seinen Plastikflaschen in dem Sack und der Hose unter dem Arm in der Menge.

Einem Alten, welcher sein Hauptquartier am dünnen Mittelstreifen einer breiten und stark befahrenen Straße aufgeschlagen hatte, eben in seinem Beutel nach etwas wühlte, das er als Kopfkissen zwischen Kopf und Kanaldeckel legen konnte und dessen ärmlich schmutzige, zerfledderte Wollhaube mir nicht weiter zumutbar erschien, überreichte ich aus meinem Repertoire, eine neuwertige schöne dunkelblaue Wollmütze. Das Überraschende: Kommentarlos nahm der Mann die hingehaltene Mütze aus meiner Hand, befühlte die Qualität der Wolle, nahm die alte ab, steckte diese in seinen Beutel, meine auf seinen Kopf und kehrte zu seinem unterbrochenen Geschäft zurück, als ob diese Handlung zwischen uns beiden das Selbstverständlichste auf der Welt gewesen wäre.

Indiens Paranoia vor den mannigfaltigen Feinden, von denen es sich umzingelt fühlte zeigte sich allerorts. Jeder kleinere und größere Platz, jede Durchzugsstraße, jeder Metroabgang usw. wurde von kleineren oder größeren Aufgeboten an Polizeikräften beobachtet. Beim Betreten einer normalen U-Bahn-Station musste man nicht nur durch den Bogen eines altertümlichen Flughafenscanners hindurch, sondern hatte auch seine Taschen durchsuchen zu lassen. Jenes mir so verhasste persönliche Abtasten am ganzen Körper, von Kopf bis Fuß, durch irgendwelche verkleideten Affen musste man ebenfalls über sich ergehen lassen und noch zwischen den kritischen Blicken schwer bewaffneter, sogar hinter Sandsäcken (!) verbarrikadierter Soldaten hindurch, als ob man sich mitten im wildesten Kriegsgebiet befand.

Das wechselseitige morden und abstechen, sogar ihrer zeitweiligen Herrscher, ob Moguln, Fürsten, Premierminister oder Präsidenten, ob männlich oder weiblich, hatte in diesem Land immerhin historische Tradition. Diese diente auch als Rechtfertigung der zahlreichen Straßenabsperrungen, Fahrzeugkontrollen und dergleichen, welche sich in Wahrheit aber zumeist auf nichts anderes als läppische Geldwegnahmeaktionen durch die Staatsgewalt oder korrupte Polizeibeamte reduzierten.

Wieder am Eingang des *Roten Forts* angelangt hatte ich Glück. Hung, der Rikschafahrer, ein 23 - jähriger Bengale aus Kalkutta hatte mich eilig aus dem Rudel seiner Konkurrenten gefischt. Beförderte mich nun, in die Pedale tretend nach *New-Delhi*. Sofort merkte ich, dies war einer, welcher nicht bloß das vermeintliche Bündel Geld in meiner westlichen Tasche sah, sondern einer der auch selbst neugierig war, mich höflich dies und jenes fragte, mir dann auch freundlich erklärte wie er Indien aus seinen Augen sah, und was die Stadt zu bieten hatte. Vorbei an diesen und jenen Türmen, Mauern, Tempel, Moscheen und Sonstigem worüber es sich lohnte zu erzählen, all dies versuchte Hung mir mit seinen paar Brocken an englischem Wortschatz während der Fahrt zu erklären. Während ich vor Anspannung steif auf der schmalen Bank hinter ihm hockte, mich mit einer Hand am Gestänge anklammerte, mit der anderen die Fototasche und den Stoffsack hielt und mit weit offenen Augen auf das starrte, was sich im Abstand von wenigen Zentimetern rasend an uns vorbei drängte, oder schlimmer, auch auf uns zu. In Indien fuhren sie links, wie die Briten es vorgezeigt hatten. Jedoch nicht alle. Einige schienen eher dem Rechtsverkehr zugetan.

Gleichzeitig in einer riesigen Kreuzung sah ich neben zwanzig oder dreißig Fußgänger die kreuz und quer über die Fahrbahn sprinteten, zehn oder elf Motorradfahrer, dreizehn Motorradtucktucks, drei Autobusse, zwei Lkw, drei oder vier geschobene und mehrere Meter hoch beladene Handkarren, zahlreiche Rikschas wie jene auf welcher ich gerade saß, eine Kuh, zwei Hunde sowie einen Reiter auf einem weiße drapierten Zirkuspferd und einiges Andere was in der Eile meiner genaueren Aufmerksamkeit entging.

Als ein, an westliche Verkehrsregeln gewohnter Mensch, war man stets verblüfft, dass nach Auflösung dieser Knäuel alle Beteiligten das Feld wieder lebend verließen.

An einer von *Delhis* architektonischen Hauptattraktionen und dem Zentrum *New- Delhis*, dem „*Connaught Place*", kletterte ich schließlich erfreut überlebt zu haben aber wankend, vom Gestell der Rikscha.

Ich bot dem freundlichen jungen Kerl noch eine Zigarette an. Ich rauchte, er jedoch fürchtete sich vor einer in Sichtweite aufgebauten Polizeisperre. Waren die mit ihren Uniformen Verkleideten schlechter Laune konnten sie *Hung* sogar wegen *Rauchens auf einem öffentlichen Platz* bestrafen. Hung stammte aus *Kolkatta*, (vormals Kalkutta), war hier um illegal als Rikschafahrer Geld zu verdienen und später mit diesem zurück zu seiner Familie zu kehren. Mit seinem jetzigen Leben war er im Großen und Ganzen zufrieden, die Geschäfte gingen halbwegs, besser als zuhause, in seiner Heimat. Nur die Hitze beim Strampeln machte ihm zu schaffen, auch vor den Polizisten hatte er sich hier als Fremder, als *Bengale*, in Acht zu nehmen. Der Gewinn des Tages war für mich den netten Hung kennengelernt zu haben, der Gewinn für ihn eine leichte Jeansmütze aus meinem Fundus. Genau richtig, deutete er, als Hilfe gegen die Hitze.

„Connaught Circus". Mittelpunkt der Stadt. Als die Briten sich entschlossen die Hauptstadt Indiens von Kalkutta nach Delhi zu verlegen entstand als erstes auf dem Reißbrett ein sternförmiger Mittelpunkt der neu zu bauenden Metropole. Zehn Hauptstraßen verließen den Kreis in alle Richtungen, eine davon direkt zum Präsidentenpalast. Erwartete man sich hier heute jedoch einen eleganten *Champs-Élysées* so hatte man die Rechnung natürlich ohne die Inder gemacht. Wie in der ganzen Stadt so auch hier nichts als endlose nie fertig werdende Baustellen, mit Schutt und Ziegelhaufen allerorts, mit dilettantischen Bemühungen und mittelalterlichen Methoden dem gesamten Platz ohne Unterlass zu Leibe zu rücken.

Des hastigen Treiben in der Hitze der Stadt überdrüssig, beschloss ich mich zum außerhalb gelegenen *Humayun Mausoleum* transportieren zu lassen. Um 1560 wurde mit dem Bau durch *Humayun`s Witwe* begonnen. Die Bauherrin behielt ein misstrauisches Auge auf die Arbeiten und schlug sogar vor Ort ihr Lager auf. Später diente das Gelände als Zufluchtsort für den letzten Herrscher Indiens, *Bahadir Shah II.* (1775–1862), den die Briten 1857 an diesem Ort gefangen nahmen. Durch ein Tor, hinter dem man sich sogleich in einer indischen Märchenszenerie befand, erreichte man einen angenehmen Park, in dessen Mitte das riesige Mausoleum lag. Der *Mobiltelefonitis* stand man auch hier, in dieser Oase, am Rande der rauchenden Metropole ratlos gegenüber.

Elegante Inder scrollten, ihren Blick unablässig auf die Anzeigen ihrer ambulanten Computer oder Miniaturtelefonzellen gerichtet, auf und ab, während die mühsam und kunstvoll errichteten altertümlichen Paläste und Gärten in ihrer ganzen, bis ins kleinste Detail durchdachten Form, vergebens der Betrachter harrten.

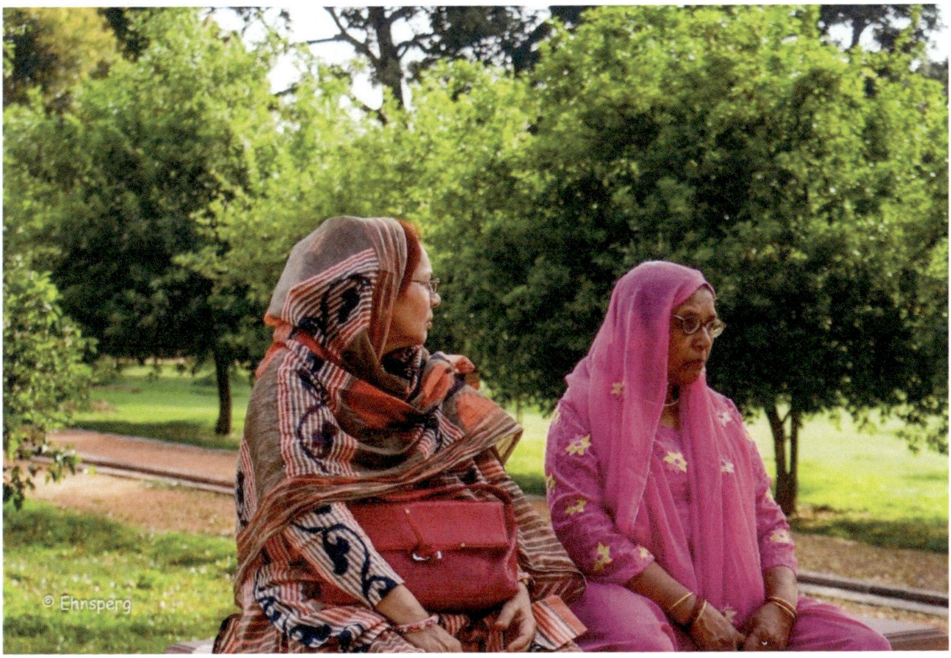
© Ehnsperg

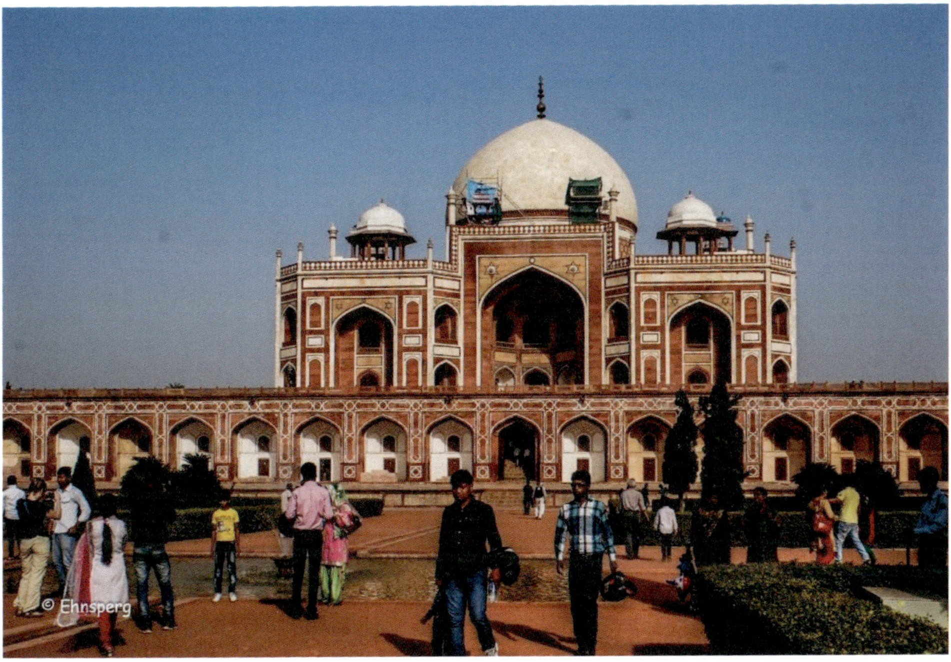
© Ehnsperg

11. März, Delhi

Die Nacht über hatte ich gut geschlafen, mit sauberem Bett und neuem Zimmer. Spontan entschloss ich mich, diesen einzigen Fixpunkt welchen ich in Indien nun hatte, nämlich dieses Hotelzimmer noch einen Tag länger in Anspruch zu nehmen. Das tägliche Inferno ringsum noch einen Tag mehr in mich aufzunehmen, einen Tag mehr Zeit um in Indien anzukommen.

© Ehnsperg

Am *New- Delhi* Bahnhof, an dem wenig *New* war, wurde einem als Ausländer ein guter Service geboten. Im *Foreign-Tourist-Counter* im ersten Stock. Zuerst ging es über Menschenmengen. Vor den gewöhnlichen Schaltern zu ebener Erde, dessen Aufschriften für mich unlesbar waren, standen sie zu Dutzenden an.

In dem spartanischen Zimmer des Ausländerbüros im 1.Stock saß auf einem Stuhl neben mir die junge Mary aus Birmingham. Klein, zierlich, gepflegt, gebildet. Keine die man als Tramperin erwartet. Das noch Erstaunlichere: Mary reiste allein. Nicht nur das, nicht nur allein durch Indien, auch allein durch Pakistan, selbst Bangladesch schreckte sie nicht. Das einzige wovor sie sich etwas fürchtete, war jene ihr bekannte Tatsache, wonach es in Bangladesch allein reisenden Frauen nicht gestattet war in Hotels Zimmer zu buchen. Doch auch dieses nicht allzu große Problem wie sie meinte, werde

sich auf die eine oder andere Weise lösen lassen. In Bangladesch lebten meines
Wissens die meisten Menschen der Welt pro Quadratmeter auf engstem Raum
zusammen. In keinem anderen Land lebte man derart dicht gedrängt. Zudem war
Bangladesch nicht gerade als Hort der Frauenrechte bekannt. Wenn ich jemals zehn
wahrhaft mutige Menschen in meinem Leben kennengelernt hatte, so war Mary
zweifellos einer von ihnen. Wir sprachen über Indien, Delhi, die Eindrücke welche
sich einem Europäer hier unweigerlich boten. Ja, meinte sie, wer Delhi überlebt, der
schafft es überall. Nicht unwahr. Sollte sie etwa stattdessen als biedere
Pauschaltouristin nach Mallorca Reisen, anstatt hier als junge Frau
Überlebenstraining für die nächsten 30 spannenden Jahre ihres Lebens zu
absolvieren? Solch ein Mensch baute einen auf, hatte nicht bei der ersten Kleinigkeit
das Handtuch geschmissen um sich zurück in den warmen Schoß der Kleinbürger zu
begeben. Sie war entschlossen ihren Horizont über die eigene Thujenhecke hinaus zu
erweitern. Ich wünschte ihr im Geiste alles Gute und mochte sie so heimkehren wie
sie abgereist war, lediglich um gute Erfahrungen reicher.

Kaum hatte ich einen Schritt weit den Bahnhof verlassen war ich sofort wieder ein
Begehrter: *„Taxi!", „Rikscha!", „Hotel!", „Sir, Sir, warten Sie, warten Sie", „........!",* die
üblichen Vorschläge aus zehn, zwanzig Mündern gleichzeitig zugerufen. Indien.
Wonach ich nun Sehnsucht hatte, war etwas Ruhe, Abstand, soviel freien Raum um
mich herum, wie ich zwischendurch benötigte. Etwas Muße für jene vielen in

meinem Kopf kreisenden oder fehlenden Puzzlestücke, um endlich das Gefühl zu spüren, dass ich langsam wirklich in Indien ankam.

Die Bilder und Gedanken an Europa stellten sich in solchen Momenten vermutlich bei den meisten ein. Zahlreiche Verbesserungsvorschläge führte man als Europäer im Gepäck um sie bei jeder sich bietenden Gelegenheit da und dort abzuladen. Am besten war aber wohl, sie ungeöffnet im Safe des Bahnhofes zu deponieren, solange bis man wieder abreiste. Hier zu sein, mitten im exotischen Indien, zu sehen, das Land anzunehmen wie es war, nichts als das war schließlich die Devise! Kaum hatte ich mich jedoch vor einer Häuserfront, entlang der Straße hingestellt und warf einige Blicke auf die bunten, desolaten Fassaden, waren die üblichen Hilfsbereiten um mich geschart...

Von allen Seiten prasselten die Worte auf mich nieder: *„Gehen Sie nicht in diese Richtung, Sir, was wollen Sie dort, warum schauen Sie dorthin...? Die Leute in diesem Bezirk sind sehr arm, gehen Sie nicht dorthin. Kommen Sie mit mir! Ich zeige Ihnen die schönen Plätze. Dort gibt es nichts! Folgen Sie mir dahin, ich bin Ihr Freund! Wenn Sie dorthin gehen, wird man Sie all Ihrer Dinge berauben, Sie werden nichts mehr haben! Hören Sie auf mich, folgen Sie mir...!!!"* "Wenn Sie dorthin gehen werden Sie es für immer bereuen, man wird Ihnen alles nehmen, Sie vergewaltigen, Sie töten! Nur mit mir sind sie sicher...!"

Schließlich lernte ich mir zu helfen. Was man in Indien brauchte waren Freunde. Egal ob sie sichtbar waren oder nicht, ohne Freunde war man allein und allein war man unterlegen. Irgendwann wurden für jeden die ungebetenen Gastgeber, fragwürdigen Freunde und fadenscheinigen Fremdenführer, zu nichts als einer ständigen, nervenaufreibenden Plage. Also musste man sich etwas einfallen lassen, das Wirkung zeigte: Ich setzte Ihnen starke Freunde vor die Nase: *Boxer!* Am besten gleich drei Stück. Sie würden während der nächsten Wochen noch öfter meine imaginären Freunde und Helfer in der Not sein. An der nächsten Ecke, spätestens an der übernächsten würden sie auf mich warten. Wir hatten uns nur kurz getrennt und würden uns nun bald wieder treffen. Diese Story half! Ohne Ausnahme. Kaum hatte ich sie erwähnt wurde ich nicht weiter belästigt. Gegen wahre Freunde, mit ausreichend Muskeln bepackt, war sogar in Indiens turbulenten Seitengassen kein Kraut gewachsen.

Entlang der Bahnstrecke kam ich in Berührung mit den ersten, wirklichen Slums. Müllsäcke, aufgeschnitten, am rostigen Zaun des Eisenbahngeländes notdürftig befestigt, zusammengeknüpft zu elenden Behausungen. Dafür gab es vermutlich kaum eine andere Definition als diese. Hier hatten sie sozusagen das Ende der Gesellschaft erreicht! Noch einen Stock tiefer konnte man nicht mehr fallen. Denn der Stock tiefer, der Tod, war wohl in Wahrheit bereits ein Aufstieg. Ein Aufstieg von hier ins Nirwana, das konnte nur Verbesserung bedeuten.

Der in allen Straßen ohne Abstand endlos und dröhnend vorüberrollende Verkehr, aus allem zusammengesetzt was sich irgendwie fahren oder bewegen ließ und machte jede Überquerung einer mehrspurigen Fahrbahn zu einer lebensgefährlichen Unternehmung. Fußgänger waren in Indiens Verkehrsplanung nicht existent. *Es gab*

nur lediglich hunderte Millionen von ihnen.

Irgendwie war ein kleines, völlig nacktes Mädchen aus einem der Slumzelte auf eine winzige Verkehrsinsel inmitten dieses Molochs gelangt. Breitbeinig dastehend pisste es auf die nackte Erde zwischen ihren Beinen, schaute danach auf, sah die Mutter auf der anderen Seite der Straße unter ihrem Fetzendach hantieren, und begann, völlig auf sich gestellt, bitterlich zu weinen. Zwei andere, etwas ältere, mit sauberen Schuluniformen bekleidete Mädchen, kamen von der anderen Seite der Straße, gingen provokant auf das nackte kleinen Mädchen zu, anstatt zu helfen, rissen sie es nur an ihren -Haaren, lachten und gingen weiter. Irgendwann bemerkte die Mutter endlich ihr Kind, eilte durch den rasenden Verkehr über die Straße, packte ihr Kind zog es zurück in ihre Fetzenbaracke. Ihr gemeinsames Heim. Welch eine Zukunft konnte solch ein Kind vor sich haben? Welch üble Taten vergangener Leben hatte dieses kleine Kind hier auszubaden, schenkte man karmischen Vorstellungen glauben. Tat man das nicht, erschien solch eine Strafe nur noch sinnloser. Konnte irgendwo, wie auch immer, ein Begriff von göttlicher Gerechtigkeit in all seiner Härte und Grausamkeit weniger *Göttliches* an sich haben? Hatten Kinder, welche in solch infernalischer Umgebung aufwuchsen die geringste Chance ihr Leben, ihre Handlungen jemals einem Guten zuzuwenden und selbst andere Wege zu beschreiten als ihre Mütter oder Väter und deren Vorfahren am Rande der Gesellschaft? Hatten jene am Ende des Tages noch mehr als irgendeinen Rest von Kraft, einen Rest davon, der dazu benötigt wurde nichts anderes als den jeweiligen Tag zu überleben?

Beim Anblick derartiger, unüberblickbarer Armut und Hoffnungslosigkeit stellte sich unweigerlich immer die gleiche Frage: Warum? War das etwa das, was man im christlichen Glauben das *Ausbaden einer Erbsünde* nannte? Was aber verstand man schon, als halbgebildeter Mensch, als Halbreligiöser, als Ahnungsloser?

Mr. Singh, groß, mit Turban, Bart und Brille, bereits etwas zitternd und nicht mehr jung, transportierte mich diesmal mit seinem Tucktuck vom *Roten Fort,* an dem ich schließlich wieder gelandet war, zum Tempel *Birla Manchir.* Als ich die vereinbarten 100 Rupien übergab, mich respektvoll für die Fahrt mit „*Danke Sir, für die Fahrt",* bedankte, zeigte sich endlich Regung auf dem regungslosen Gesicht des Alten und eine freundliche Verbeugung war zu erkennen. Anerkennung oder Respekt waren wohl Zutaten, welche ein indischer Rikschafahrer (auch einer mit Mopedrikscha) nicht täglich aus seinen Töpfen schöpfen konnte.

Ich kannte weder das Alter noch die Bedeutung dieses Bauwerkes. Es interessierte mich auch nicht sonderlich. Derartiges würde ohnedies kaum in Erinnerung bleiben. Der Palast *Birla Manchir* war mit umgedrehten Hakenkreuzen, dem altindischen Sonnenzeichen übersät und hatte erfreulicherweise auch eine größere Parkanlage im Hintergrund. Keine Abgaswolken raubten einem hier den Atem. Kein tausendfaches Hupen fuhr einem durch Mark und Bein. Junge, elegante Inder führten hier ihre Mädchen aus, einige drapiert wie Zirkuspferde, in leuchtenden Saris, von Silber und Goldplättchen an Körper und Kleidung glitzernd. Mit riesigen goldenen Ringen an den Ohren baumelnd, Kettchen über Kettchen an Armen und Beinen. Nun, jedem das Seine!

Zu meiner Überraschung vernahm ich hier, etwas später laut den Ruf eines Muezzins, welcher aus blechernen Lautsprechern hoch über den Dächern der Stadt, bis hier in den stillen Garten vordrang. Er gab sich größte Mühe das unablässige Getöse abertausender, gleichzeitig hupender Fahrzeuge, das Rattern unzähliger Maschinen aus den Werkstätten, in den schmalen Gässchen der Stadt unter uns, das Muhen der Kühe, das Blöcken der Ziegen und alle anderen Geräusche, welche von den babylonischen Verstrickungen aus dem täglichen Getriebe *Delhi`s*, das von unten herauf zu Vernehmen waren, selbst noch zu übertönen.

Vor einigen Monaten betrachtete ich in einem von Wiens Palästen berühmte Gemälde aus dem Altertum.

Menschen, Landschaften und Dörfer des damals fernen, rätselhaften Orients. Abbildungen von bunten orientalischen Märkten und Städten mit ihren Bazaren, romantisch verwinkelten Gassen und Innenhöfen aus nachchristlicher Zeit. Besah man sich heute, hier, dieses Treiben, das allgegenwärtige Gedränge, samt seinem Schmutz und Gestank in all seiner Wirklichkeit, so konnte man wahrhaft ein Gefühl dafür entwickeln wie *wenig* romantisch das Leben in zu jener damaligen Zeit in Wahrheit vermutlich gewesen war.

Von der Steigerung der Unzulänglichkeiten im heutigen Indien, wie verpesteter Luft und vergifteten Abwässern, aus unzähligen Rinnsalen zwischen halb verfallenen oder schlecht gemauerten Bauwerken tropfend, inmitten der Berge von Abfällen der heutigen indischen Verwertungsgesellschaft nicht zu reden. Auf Indiens Straßen, von den mannigfaltigen Eindrücken erdrückt, zwischen berittenen Boten, ewig streunenden Tieren, Ausrufern, Handwerkern und Schlächtern, zwischen Garküchen und Holzfeuern auf schlammigen Wegen, umgeben von durch Krankheiten und Seuchen entstellten Menschen, zwielichtigen und undurchschaubaren Elementen drängten sich einem jene Vergleiche ins Bild.

Später, am Abend, begab ich mich noch einmal in jene engen Gassen der Bazare in Richtung Osten. Gab es eigentlich in *Old-Delhi* noch andere Viertel, außer jenen mit ihren Bazaren, mit Menschen und Waren vollgestopft? Alle paar Meter die gleichen Waren, dieselbe Auswahl an Obst und Gemüse.

Die Gegend in die ich kam war muslimisch geprägt. Anstatt der streunenden Kühe bekam man hier eher Schafe zu Gesicht. Angebunden an kurzen Stricken vor den Haustüren, dahinter enge, düstere Räume. Seltsam aussehende Rassen sah man, mit truthahnähnlichen, riesigen Nasen und Buckel, abstoßend hässlich.

In den dunklen Hintergassen zeigte sich gespenstisches Treiben. Aus allen Richtungen sonderten Lautsprecher orientalisch anmutende Musik auf die darunter wogende, sich endlos weiterschiebende Masse ab.

In einer Straße waren riesige schwarze Metallwannen zu sehen, welche an Ketten über offen lodernden Kohlenfeuern schwangen, sodass alles prasselte und zischte. In fremdartigen, großen, weißen Zelten dahinter, lagen ausgebreitete Teppiche und zahlreiche Tische. Allerlei leere Schalen wurden aufgetragen. Die Vorbereitung für ein riesiges Fest? Ein Hin und Herrennen und Lärm, sodass man das eigene Wort nicht verstand. In lange, gespenstisch weiße Mäntel gehüllte Muslime schürten an langen Eisenstangen im rhythmischen Takt, vor und zurück, das offene Feuer unter den Pfannen. Fotografieren wurde mir gedeutet, war hier unerwünscht.

 Ringsum jedoch, waren wie überall auf den Straßen, in den Ecken und Nischen, hockend oder schlafend die üblichen, mit Decken oder Fetzen zugedeckten oder verhüllten Obdachlosen. Jene im Schein der Feuer noch unheimlicher aussehenden Menschen, welche unbeteiligt im Schmutz und täglichen Elend der Stadt vegetierten. Man konnte die ganze Atmosphäre schwer niederschreiben. Man musste auch die

Geräusche dazu und die Bewegungen, Licht und Schatten, das rhythmische Schüren im knisternden Feuer vor Augen haben.

Für viele Menschen westlicher Lebensweise, abgestumpft im Alltag zwischen Sozialversicherung, Krankenkassen und Pensionsvorsorge, durch diese und jene regulierenden Netze in allem abgesichert, mochte eine Szenerie wie diese der blanke Albtraum sein, der Schrecken eines jeglichen Pauschaltouristen!
Doch ich wollte hier schließlich weder *all inklusive* reisen, noch war ich auf irgendeiner Art von Erholungsurlaub.
Immerhin war ich der einzige Weiße weit und breit und diese Dunkelheit brachte auch Vorteile. In der Finsternis war man nicht wie bei Tageslicht, ein sogleich erspähtes bleichgesichtiges Opfer und somit potentieller Zahler. Als *Weißer* erkannt zu werden bedeutete in jenen Gassen Indiens meistens nur eines; man war im Unterschied zu den anderen ringsum, derjenige mit dem meisten, vermuteten Geld. Wurde Umverteilung in Indien ansonsten nicht besonders großgeschrieben, in Bezug auf Menschen welche aus dem westlichen Ausland kamen sah man das anders. Am Einfallsreichtum scheiterte es jedenfalls nicht. Dennoch, das größte Risiko in Delhi ging kaum von jenen Massen von Habenichtsen aus, welche einen ständig umringten. Die wirkliche Gefahr lag außerhalb dieser schmalen Gassen. Auf den breiten, endlos langen Hauptstraßen der Stadt. Dort wo ohne Unterlass ganz oder weniger motorisierte Untersätze aus allen Richtungen auf einen zuschossen.

Geräuschlos oder hupend, beleuchtet oder finster! Kaum ein elendes und verruchtes Quartier in der Stadt, noch so arm und dunkel, konnte es an Gefährlichkeit aufnehmen mit dem bloßen Versuch eine jener mörderischen Hauptstraßen unbeschadet überqueren zu wollen. Dort konnte nur jeder um sein Leben rennen, und wer das nicht konnte, der war in den engen Grenzen seines Viertels gefangen.

Große Gefahr ging selten von jenen Menschen aus, welche sich zu Fuß oder auf zusammengebastelten Gestellen als entstellte Krüppel in jenen finsteren und engen Gassen herumtrieben, mochten sie auch noch so grotesk oder furcherregend aussehen. Schutt, Trümmer und Müllberge, am Boden kauernde Menschen oder Tiere, umgestürzte Säulen, Masten, oder baumelnde Elektroleitungen, über alles konnte man nachts stürzen. Die wahren Gefahren lauerten aber *unter* den Füßen des ahnungslos Reisenden, oder darin was *darunter gerade fehlte*! Kaum eine Straße war ausreichend beleuchtet. So konnte man in zahlreichen dunklen Löchern auf den Straßen und Gehwegen, in ungedeckten Schächten oder offenen Baugruben von einer Sekunde auf die andere, spurlos im Untergrund der Stadt verschwinden. Kanaldeckel waren Mangelware, das Sichern von Baugruben der blanke Luxus.

Woher die unvorstellbaren Mengen an Schutt, Ziegelsteinen, Betonbrocken usw. eigentlich kamen, dessen Anblick in kaum einer Straße, einem Platz, irgendeinem Winkel fehlte, war mir unverständlich.

Gehsteige waren in ganz Indien, wenn überhaupt, ohnedies nur in Fragmenten vorhanden.

Als hätte es doch zu irgendeiner Zeit so etwas wie einen übergeordneten Plan gegeben, ein dahintersteckendes System.

An allen Ecken und Enden wurde geflickt, gestemmt, den Resten von dem was von jenen einstigen Strukturen noch vorhanden war, mit Krampen und Hacken zu Leibe gerückt. Man schaufelte da etwas hin, mörtelte dort etwas auf. Irgendwann wurden die Arbeiten schließlich wieder aufgegeben. Übrig gelassen für eine spätere, niemals stattfindende Vollendung.

Jener Unterschied zum großen Nachbarn China – wie Indien als Schwellenland bezeichnet - der für mich am auffälligsten war; in China, in Städten wie Peking oder Kanton hatte man das Gefühl eines im Hintergrund tätigen Netzwerkes, langfristiger politischer und gesellschaftlicher Zielsetzungen, mit etwas, wie einem großen Plan für eine bessere Zukunft im Hinterkopf. Auch dort viel Schutt und zahllose Baustellen. Jedoch fast alle verschwanden irgendwann. Es wurde ein großes Ganzes daraus, an irgendeinem Tag.

Während hier, der Hauptstadt von immerhin weit über 1200 Milliarden Menschen, in Delhi in Wahrheit nur nach außen hin ein Eindruck erweckt werden sollte, es geschehe etwas!

Durch eine altmodische, überstrapazierte Bürokratie veranlasst, hier und da ein Zeichen zu setzen, ohne Koordination, ohne Sinn und Ziel. Dessen hervorgebrachte Ergebnisse in den meisten Fällen zu nichts anderem führten als noch mehr Chaos zu erzeugen. Mehr als davor bereits bestanden hatte. In Wahrheit, durfte man vermuten, hatte die Politik jede Art von übergeordneten Zielen in diesem Land längst aufgegeben. Das Chaos wucherte durch alle Ritzen, durch jeden noch so dünnen Spalt.

Was blieb war eine Verwaltung einstiger Zusammenhänge, noch existierender Fragmente da und dort. Wie die übrig gebliebenen Reste eines unüberschau- baren Puzzles in dem viele Teile längst fehlten. Um den Schein zu wahren, lediglich die eigene, riesige und korrupte Bürokratie zu rechtfertigen oder um einfach Menschen mit irgendetwas zu beschäftigen.

Polizisten errichteten zwischen all dem noch dazu rollende Straßensperren (die zu nichts anderes führten, als das aus fünf überstrapazierten Fahrspuren eine wurde) durch welche sich als dann ein Tross von hunderten der kuriosesten, lebensgefährlichsten Gefährte welche man sich vorstellen konnte zu zwängen hatte; Um dann aber zum Beispiel nichts anderes als einen harmlosen Motorradfahrer aus dem Verkehrsgedränge zu fischen, zu belehren und 100 Rupien abzunehmen, weil zum Beispiel das rechte untere Eck seiner Nummerntafel verbogen war(!) Auch die Exekutive hier ging den Weg des geringsten Widerstandes.

Für Militär und Polizei war in Indiens Budget dreimal so viel Geld vorhanden wie für Bildung und Gesundheit. In westlichen Zivilisationen war das Verhältnis genau

© Ehnsperg

umgekehrt. Arrogant, ihre ehemaligen britischen Kolonialverwalter, mit ihren militärischen Uniformen imitierend und bewaffnet mit dicken Bambusstöcken stolzierten sie umher. Man konnte sie oft nur vergleichen mit verkleideten Affen.

Hier gerade, inmitten rauchender, stampfender, lärmender und nur vom Feuerschein der lodernden Öfen und von glühenden Kohlehaufen beleuchteter Viertel, mitten im Gewühl Hunderter sich auf Motorrädern oder Ochsenkarren durch die enger Gassen drängender Menschen, zwischen laufenden Hunden und schlafenden Obdachlosen, beobachtete ich ein Trupp solcherart uniformierter Wichtigtuer. Beim Verhängen eines Strafmandates an den Besitzer einer Straßenküche, wegen einiger schief gestapelter Kisten, als Sicherheitsrisiko für die Stadt. Ein peinlich korrekt mit Blaupapier und mit Durchschlägen ausgefülltes Schriftstück wurde wichtigtuerisch übergeben.
Der Grund der Bestrafung noch zuvor per polizeilichem Mobiltelefon (!) fotografiert. Alles wurde auch noch zusätzlich und umständlich in Indiens obligaten, riesigen und von den Polizisten mitgeschleppten Büchern handschriftlich notiert. Dem Gesetz hatten sie für jenen Abend Genüge getan. Drei Schritte entfernt von meinem *Singh d.x. Hotel* befand sich, in aller indischen Bescheidenheit das: *Princess-Paradise-d.x.* Dem äußeren Eindruck nach glich es eigentlich eher einem Abbruchhaus, als dem Paradies der Prinzessin. Freiwillig wäre man nicht kostenlos dort abgestiegen.
D.X. (*De luxe – also Luxus!*) waren in Indien immerhin nahezu sämtliche Hotels oder sonstigen Spelunken.

Der Abschluss des heutigen Abends sollte in einer echten indischen *BAR* stattfinden. Verrucht, unter blinkender Leuchtreklame war der schmale Eingang. Man hatte lediglich die Gesichtskontrolle von zwei oder drei Türstehern zu passieren und war in *Old Delhis* Nachtleben gelandet.

All das entbehrte immerhin nicht einer gewissen Komik. Hinter den etwa zehn Tischen, durchwegs mit Männern besetzt, kleinen Gewerbetreibenden, Taxifahrern, Hotelportiers, etwa aus diesen Kategorien, war am Ende eines dunklen Schlauches eine Art Podest zu sehen. Mit weißem Leintuch überdeckt. Darauf, im Schneidersitz der singende Familienbetrieb. Vater, Tochter Eins und Tochter Zwei. Abwechselnd am Mikrofon, warfen sie indische Schlager in vollen Tönen durch geräuschvolle Lautsprecher in den Raum. Eine Hammondorgel, dazu ein elektrisches Schlagzeug, kurz, ein ganzes Orchester im Hintergrund. Das Erstaunlichste: während der Krawall bereits nach Minuten bei mir die Grenze des Erträglichen überschritten hatte, trudelte auf der Bühne Geldschein um Geldschein ein.

Durch die Kellner transportiert, in die Hände mal der ersten mal der zweiten Schwester. Hoch erhobene Männerarme mit Geldscheinen wedelten über den Tischen, dazu liefen die Kellner als Botenträger eiligst hin und her. Die Damen sackten ein, ungerührt und ohne die Spender auch nur eines Blickes zu würdigen, warfen sie Geldschein für Geldschein in einen Behälter zwischen sich. Das Mikrofon wanderte einmal zu dieser, einmal zu jener der angebeteten Sängerinnen. Der Vater winkte

dafür gönnerhaft ins Publikum, hob die Hand um einmal diesem Zahler einmal jenem zu gratulieren. Vor mir saß ein solch Verliebter, mit glasigen Augen und selig vom Schnaps betört. Ohne Unterlass blickte er, seinen Kopf im Raum hin- und her drehend, herum, ob nicht etwa von draußen Konkurrenz im Anmarsch war. Geldschein um Geldschein wurde an die Übergewichtigere der beiden Schönen losgesandt. Die Mädchen reagierten auf die im Minutentakt einlaufenden Geldscheine ihrem Ruhm entsprechend, hier im drittklassigen *De Luxe Restaurant*. *Sie* zeigten keinerlei Reaktion. Weder ein Nicken, oder nur ein freundliches Gesicht. Regungslos warfen sie die Rupienscheine weiter in den Eimer zwischen sich. Dafür aber plärrten sie aus vollem Hals, unerschütterlich, indische Schlager um Schlager, die Texte von Zetteln abgelesen ins Mikrofon.

Lag aber nicht gerade hier jenes Indien meiner klischeehaftesten Vorstellungen, hatte ich hier nicht eine Zeitlang jenes Gefühl, in diesem Land, am anderen Ende der Welt tatsächlich angekommen zu sein?

12. März, Delhi

Überrascht stellte ich fest, dass mir das Frühstück heute weniger ekelhaft erschien, der Kaffee sogar erträglich. Und die unfreundlichen Eisenstühle erschienen mir freundlicher. Konnte man etwa langsam indischer werden, *step by step*? Würde ich in einigen Wochen, Monaten auch ungerührt über am Boden liegende Unberührbare steigen, die Müllhalden übersehen, gar den täglichen Verkehrskollaps nicht mehr wahrnehmen?

Abends zuvor hatte ich ein Gespräch geführt mit einem der Hotelportiere, ein Mensch Mitte 30, feines Gesicht, gebildeter Ausdruck.

„Was denkst Du über Delhi, ist es in guter Platz für Dich zum Leben?" fragte ich den Mann.

„Ich mache mir darüber keine Gedanken, ich arbeite nur." kam die etwas überraschende Antwort.

Keinen Tag seines Lebens hatte er in seinen dreißig Jahren jemals einen Fuß außerhalb seiner Stadt gesetzt.

Sein Leben war Delhi. Hotel–Arbeit–Schlaf, Schlaf–Arbeit–Hotel… Er war immerhin ein Privilegierter, er hatte feste Arbeit und festen Lohn, ein Zimmer irgendwo in dieser Stadt, welches er jeden Tag sein zuhause nennen konnte und war sich dessen auch bewusst. All das galt es um jeden Preis zu bewahren. Darin unterschied er sich schließlich von hunderttausend anderen. Von jenen, die weder Arbeit hatten, noch Zimmer. Davon oft ein Leben lang nur träumten.

Warum aber nahmen Inder jedes ihnen aufgebürdete Übel so gelassen zur Kenntnis? Die Antwort war einfach: Sie kannten kein anderes Leben, keine andere Stadt, keine anderen Zustände. Von Kindesbeinen an hatten sie nichts anderes zu Gesicht bekommen und konnten sich keine Vorstellung machen von einer Stadt ohne Müll, ohne Armut, ohne Elend. Immer wieder im Laufe der Reise sollte von Indern eine ähnliche Meinung geäußert werden. Delhi, Mumbai, Kalkutta waren in ihren Augen vergleichbar mit Paris, New York oder anderen Städten westlicher Prägung. Diese Meinung besaßen sie tatsächlich. Bestenfalls auf dem Land sagte mancher, auf dem Land da wäre noch vieles anders.

Auf dem Land bestünde noch Nachholbedarf. Das behaupteten auch jene, die tatsächlich das *auf dem Land*, von dem sie so frei urteilten überhaupt niemals mit eigenen Augen gesehen hatten.

Warum jedoch im Fernsehen, im Internet die Unterschiede zur westlichen Welt für die Menschen nicht deutlich sichtbar waren, blieb mir anfangs ein Rätsel. Später merkte ich, jene indischen Softopern, welche man hier täglich von den Bildschirmen flimmern sah, ließen davon natürlich nichts erkennen. Andere Programme, etwa über fremde Kulturen, besah sich lediglich eine verschwindende Minderheit. Wie bei uns, in Europa.

Heute war ich endlich mutig genug auch in tiefere, dunklere Schichten dieser fast okkulten Basarstadt *Old Delhis* einzutauchen. Dorthin wo in schäbigen Gassen und engen Durchlässen keine zwei Menschen nebeneinander Platz fanden. Aber auch entlang jener Gassen, welche zwar etwas breiter waren, dafür mit nackten, an den Mauern befestigten offenen Latrinen und Pissoirmuscheln, ekelhaften Gestank verströmend. Dann über Straßenränder springend, zwischen denen schwarze, stinkende Abwasserrinnsale flossen. Mit nackten, langsam in Kuhmist und Hundekot versinkenden Lehm- und Müllbergen, sonst nichts. Ganze Viertel waren vollgestopft mit Ständen, Tischen, Vitrinen hinter denen lautstark ambulante Händler ihre Waren feil boten. Und Männer welche auf wackligen Tischen gegen geringe Bezahlung fremde Wäsche bügelten. Andere, löchrige Schuhsohlen mit alten, in Stücke geschnittenen Autoreifen reparierten. Wo Funken aus finsteren winzigen Höhlen sprühten, in denen Schweißer aus rostigen Eisenstangen Regale und ähnliches herstellten und wo Schneider mit langen Bärten an Straßenrändern auf mittelalterlichen Nähmaschinen Kleidungsstücke fertigten. Darüber der ewige Rauch, der emporstieg aus den dampfenden, brodelnden, kochenden Töpfen der

Garküchen, wo zwischen aufgestapelten, rostigen Käfigen in denen unzählige, weiße, halbnackte Hühner ihr Dasein bis zum, nicht allzu fernen, jüngsten Tag zu fristen hatten. Auch Ziegen streunten dazwischen ziellos umher oder waren angebunden an kurze Stricke, an denen sie endlos und traurig blökten und meckerten. Wo riesige Rinder mit großen Höckern oder kleine, knochendürre Tiere verschiedener Rassen in ruhigem stolzem Gang einherschritten. Wie unumstrittene Könige der Straße und sich durch nichts und niemand in ihrem gleichmütigen Schritt beirren ließen, oder aber in Abfallhäufen stöberten und weggeworfene Blätter oder Bananenschalen, schließlich Müll oder sogar Zeitungspapier fraßen.

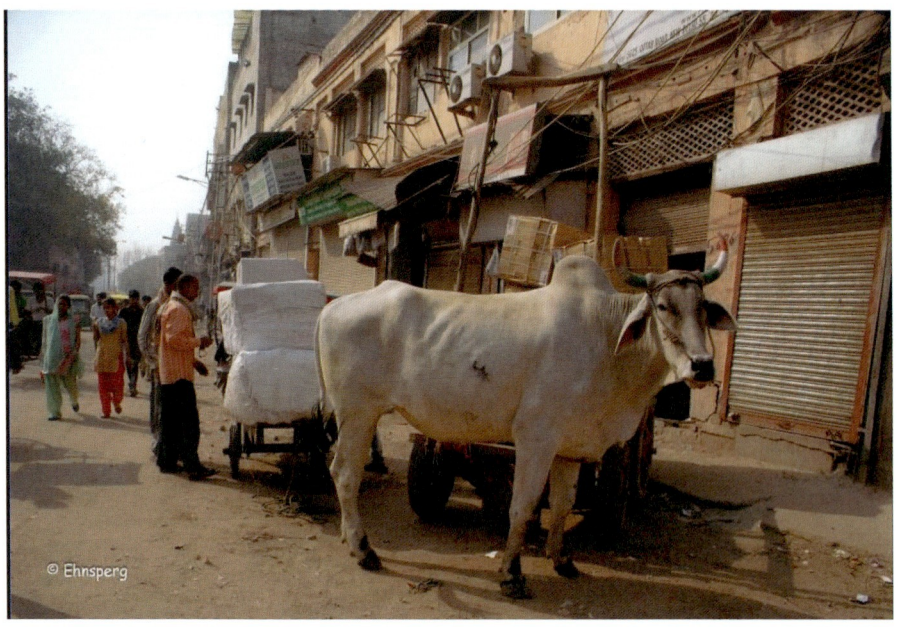

Gespenstisch rauchte und dampfte oder hämmerte, schnitt, fräste, schmiedete, krähte, blökte und muhte es allerorts in dieser Stadt. Zwischen dem unablässigen, ohrenbetäubenden Hupen der Motorräder, Autos, Tucktucks und was sich sonst noch durch alle noch so schmalen Gassen zwängen ließ. Mit Menschen, welche einfach neben oder sogar auf der Fahrbahn lagen und schliefen. Andere wiederum liefen, lachten, gestikulierten wild herum oder stritten, lehnten an den schmutzigen, stinkenden Mauern oder starrten einfach nur apathisch durch die Gegend. Alles konnte man hier auf engsten Raum beobachten. Dazu kam die drückende Hitze im Dunst der Stadt. Nur die Augen sollten so weit geöffnet bleiben, um dieses babylonische Treiben, das einen hier ohne Unterlass umkreiste, aus gewisser sicherer Distanz ungehindert aber doch unbeteiligt weiter zu betrachten.

Um jenen Menschen, welche es täglich von neuem schafften in all dem Chaos weiter gelassen zu bleiben, die mitten in all dem ihre Späße trieben, handelten, feilschten, lachten oder abseits ihre *Tschai`s* tranken, meine stille Anerkennung zu zollen. Keine Spur von Entmutigung oder Verzweiflung ließen sie erkennen. Stellten sich täglich ihrem Kampf von neuem.

Doch wo war ein solcher ruhigen Platz zu finden? Öffentliche Sitzbänke waren hier unbekannt, Grünflächen fast ebenso. Wenn es sie in winzigem Ausmaß doch gab, waren sie derart vollgemüllt, das jedes Betreten ekelhaft war. Kleine, erholsame Gastgärten etwa, wie man sie von heimischen Straßen her kannte, existierten nirgendwo. Wollte man in einer der unzähligen Garküchen einen Platz finden, hatte man sich über holprige Stiegen in einen der finsteren, fadenscheinigen Räume zu begeben, in welchen es letztendlich um keinen Deut besser war als draußen in den Straßen.

Wer in unserer westlichen Welt Führungsaufgaben übernehmen wollte, im Management aufsteigen oder sich in sozialen Bereichen engagieren, der war gut beraten hier in *Old-Delhi* sein Praktikum zu absolvieren. Oder in Indien außerhalb der Touristenzentren, also *backstage,* einige Monate zu überleben. Das würde weiterhelfen. Keiner würde nach alldem gleich hervorgehen als wie er gekommen war. Aber weniger weltfremde Bilanzjongleure würden als Vorgesetzte und Manager rund um die Tische der Führungsetagen zu finden sein. Wie das Mädchen Mary aus Birmingham so richtig meinte: *„Wer in Delhi, Mumbai, Kalkutta eine Zeitlang allein überlebte, der schaffte es überall!"* Niemand konnte da widersprechen.

Nizzamuddin

Mit einer Mopedrikscha ging es nach *Nizzamuddin*, hinaus in das Nizza *Delhis*. Ein Vorort, aber gleichsam noch in der Stadt. Weg vom überbordenden Trubel der Märkte und dem Gedränge vollgestopfter Straßen. Hier ließen jene sich nieder die es zu bescheidenem Wohlstand gebracht hatten, nicht die Reichen, aber auch nicht die völlig Armen.

Wobei man vorerst, ließ man sich wie ich am Bahnhof entladen, über eine Brücke, vollgeräumt mit Obst und Gemüseständen umliegender Bauern die kleine Altstadt erreichte. Wieder die ewig gackernden Hühner in ihren winzigen Käfigen und übereinander gestapelt. Unter der Brücke ein breites, steiniges, ausgetrocknetes Flussbett, mit Müll erstickt wie alles. Weiter hinten eine andere Brücke, über die gerade ein endloser Zug langsam hin- und her rangierte. Rechts und links des trockenen Ufers die üblichen Elendshütten aus Fetzen und Planen gezimmert.
Sonst im vegetarischen Indien eher eine Seltenheit, wurde hier Fleisch, vermutlich von Schweinen und Hühnern, das ließ sich kaum mehr erkennen, direkt vor den Ständen auf rohen Holzböcken in kleine Teile zerhackt. Umschwärmt von Tausenden schwarzer, glänzender Fliegen. Die solchermaßen zerfetzten Teile wurden auf rostigen Haken in den Bretterhütten der Fleischverkäufer ohne Umstände in die pralle Sonne gehängt.

Schwarz vor Fliegen, wie gesagt, erkannte man das Fleisch darunter kaum. Alles war umweht vom allgegenwärtigen ekelhaften Gestank von Verwesung und Urin. Man war froh, dass Indien ansonsten so tapfer vegetarisch lebte.

Der Vorort *Nizzamuddin* selbst war wie ein großes Dorf. Auch hier die obligaten Basarstraßen, jedoch alles etwas breiter, geräumiger, freundlicher als im Moloch von

Old-Delhi. Hier fasste ich Mut auf ein erstes indisches Essen am indischen Straßenrand. Currynudeln, geröstet und mit fein gehacktem, mir unbekanntem Gemüse. Für 30 Rupien auch sehr akzeptabel.

Was ich bereits in Delhi selbst vermisste, war hier auch Mangelware. Ein menschenwürdiger, ruhiger Platz zum Sitzen, Essen und Trinken. Hier war zwar das Essen akzeptabel, die Hygiene erträglich, dafür gab es für die ganze Kundschaft des großen Standes nicht mehr als einen einzigen Plastiksessel, hinter dem Koch, neben einem herunter geklappten Bett. Also Essen im Stehen, während die Inder, ihre Blechnäpfe in den Händen haltend, sich einfach vor dem Stand auf die staubige Straße hockten.

Mit den angenehmen Eindrücken dieses alten, indischen Vorortes, wo einem nicht unablässig tausende Menschen in Zentimeterdistanz auf den Leib rückten, jedoch erschöpft von der Hitze und dem stundenlangen Gehen und Stehen, beschloss ich mit der Mopedrikscha den nahen *Lodi-Garden* aufzusuchen. Früher war dieser als *Wellington Park* bekannt.

Eine tatsächlich ruhige, phantastisch schöne Oase inmitten von *New Delhis* brodelndem Getriebe. Zwischen Palmen, blühenden Sträuchern und von Blumen umrahmten Wegen, die mächtigen steinernen Grabstätten von Herrschern der *Lodi-Dynastie*, den Vorgängern jener großen indischen Moguln. Mittelpunkt der weitläufigen Anlage war das große *Bara-Gumbad-Mausoleum* mit seiner angegliederten Moschee, erbaut im 15. Jahrhundert. Alles offen, ausgeräumt und

zugänglich, jedoch nur in den Außenmauern noch erhalten. Vogelschwärme, sogar grüne Wellensittiche waren darunter und schafften es, hier ein Bild von jenem Indien zu vermitteln, welches ich idyllischerweise seit jeher im Hinterkopf mit mir getragen hatte. Hier konnte man sich müllfrei auf eine Wiese legen und Indien, sogar diese Großstadt genießen. Eine hübsche junge Frau schlenderte vorbei, sich vorsichtig, scheu umblickend, bis sie schließlich ihren gesuchten Freund, ihre Verabredung, in der Ferne erblickte, sich dann hinter einem der riesigen Bäume versteckte, ihn eine Zeitlang suchen ließ und letztlich, als er sie entdeckte ihm entgegenlief und sich beide mit offenen Armen und Küssen überhäuften. Welch ungewöhnliches Bild in diesem prüden Land. Verliebt zu sein war auch in Indien herrlich, sogar in einer Stadt wie dieser.

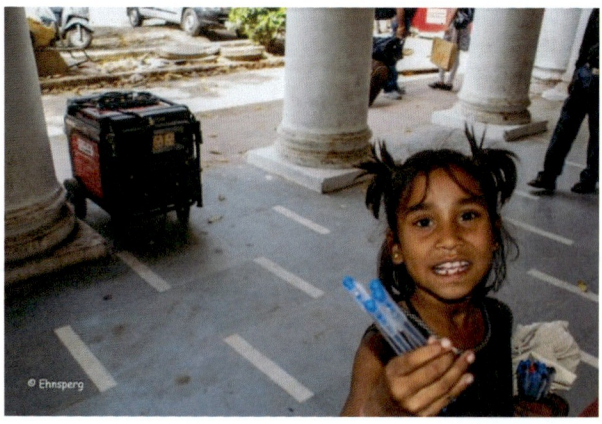

Abreise aus Delhi.

Mit noch schweren Rucksäcken (immer glaubt man ohne dieses und jenes in fremden Ländern nicht auszukommen) in einer Mopedrikscha zur „Old-Delhi-Railwaystation". Als Spießer, einiges an einfachem Komfort nicht missen wollend war ich angereist, nun hatte ich zu schleppen. Trotz jener Stücke welche ich bereits an die Nichtshabenden verteilt hatte, war immer noch mehr als genug davon im Gepäck vorhanden. Tatsächlich hätte Indien, allein schon Delhi mehr als genug Bedarf an Waggons voll Kleidungsstücken, für jene, bei welchen ihr ganzer Besitz aus nichts als jenen zerrissenen Lumpen bestand, welche sie am Leibe trugen, tagein, tagaus. Somit waren meine ursprünglichen Gedanken, mehr als nötig mitzuschleppen, um einiges davon später zu verteilen, auch jetzt nicht von der Hand zu weisen gewesen.

Die Indian-Railways waren Großarbeitgeber. 1,6 Millionen (!) Eisenbahner, oft auch deren ganze Familien, ernährte das Unternehmen. Die meisten schienen jedoch im Geheimen zu werken, zu sehen war auf Indiens Bahnhöfen kaum einer von ihnen.

Ein normaler indischer Reisezug besteht aus einer großen Lokomotive und fünfzig Waggons. Was hier nun einer Länge von etwa einem Kilometer entsprach. (Zum Vergleich, in Westeuropa besehen Reisezüge aus 4 – 10 Waggons). Verlottert und klapprig boten die einheitlichen, blauweißen Waggons mit ihren vergitterten Fenstern ein Bild, als seien sie aus der Zeit vor der Unabhängigkeitserklärung herübergerettet worden. In Wahrheit waren sie kaum älter als zwanzig oder dreißig Jahre.

Doch wie üblich in diesem Land, bei nochsoviel Mitarbeitern, war das Personal vor allem für Arbeitserleichterungen aufgeschlossen. Die Züge wurden so wenig als möglich gewartet und kaum jemals gewaschen. Ausgebessert wurde gerade das Nötigste, gerade so viel um nicht beim erstbesten Bogen aus den Gleisen zu stürzen. Im Übrigen waren die Waggons von Beginn an so konstruiert, dass ein Waschen der Fensterscheiben wegen der Gitter außen und der primitiven Jalousien innen, überhaupt nie möglich gewesen wäre. Vermutlich wäre einer als Phantast angesehen worden, der diesen Aspekt bei der Herstellung ins Spiel gebracht hätte. Auf den Bahnsteigen drängten sich bereits hunderte Menschen, welche sich mit schwerstem Gepäck durch die schmalen Einstiege in die Waggons zwängten. Neben den Türen der Waggons flatterten, leicht angeklebt jene berüchtigten, fadenscheinigen Computerausdrucke mit den Namen jener Reisenden, auf welche eine Reservierung ausgestellt war. Jedenfalls jene, welche der Wind noch nicht davon geweht hatte. Dafür ließ sich kein Eisenbahner weit und breit sehen. Schließlich waren sie auch nicht dazu angestellt um etwa Reisenden behilflich zu sein oder gar Auskünfte zu erteilen! Niemand entlang des ganzen Bahnsteiges den man hier etwas fragen konnte. Niemand der hier für etwas zuständig war. Die Ziffern, Zeichen und Zahlen auf den komplizierten Fahrscheinen hatte jeder selbst zu deuten, wollte einer schon die Dienste der *Indian Railways* in Anspruch nehmen. Gerechterweise musste man sagen, dass auch die Fahrpreise der Qualität angepasst waren.

Stattdessen trieb sich allerlei Gesindel auf den Bahnsteigen herum, betrunkene, aggressive Bettler, Männer, welche an den Bahnsteigkanten standen und auf die Gleise hinunter pissten, zerlumpte Frauen die zwar nicht im Stehen sondern dann eben hockend dasselbe taten.

Indien machte es Touristen nicht gerade leicht, so erfuhr ich nur durch Zufall von einem hilfsbereiten, eleganten Nachbarn auf der Sitzbank neben mir, dass der Zug vor welchem ich nun stand, nicht der richtige war. Jener, für den ich mein Ticket hatte, aber erst mit einer Stunde Verspätung auf dieser Plattform einfahren würde. Also las ich weiter auf der Sitzbank in meinem *Indien-Du-Mont*. Die Zeit bis zum Eintreffen des Zuges wollte ich nun dazu nutzen und döste langsam in der schwülen Hitze ein.

Plötzlich schrilles Geschrei. Vor meinen halboffenen Augen baumelten zwei fleischfarbige Stummel wild umher. Eine Bettlerin, Leprakrank, die restlichen Arme waren bereits abgefallen, blickte mich aus finsteren Augenhöhlen an. Unfreundlich und wütend etwas zischend, was ich nicht verstand. Natürlich forderte auch sie unverhohlen Geld: *„Rupie, Rupie!"* schrie sie. Den Tribut für ihr elendes Leben.

Schockiert aber auch angewidert über ihre Dreistigkeit, mir ihre verstümmelten Arme ins Gesicht schleudern zu wollen, wich ich zurück. War ihr Hass auf die Welt, die Menschen nur zu verständlich, war ich doch nicht verantwortlich für ihr Schicksal. Kurz danach rollte ein Mensch heran, auf einem hölzernen Gestell, mit Schuhen an den Händen schob er sich weiter, die Beine fehlten. Standen nicht die Züge vor meinen Augen, ich konnte meinen auf einer unfreiwilliger Zeitreise gelandet zu sein, plötzlich, mitten im alten Rom erwacht, im Zirkus Maximus, hinter der nächsten Säule die Gladiatoren.

Ich, vielleicht doch bereits zu verwöhnter Wohlstandsmensch des Westens, verfluchte gerade meinen Entschluss, jemals dieses Land betreten zu haben. Mir im Anfall von Größenwahn eingebildet zu haben, jemals irgendetwas hiervon verstehen zu können. Mit einer wahnwitzigen Idee anzukommen, etwas wie mehr Toleranz erlernen zu können. Wo nichts als Unverständnis und Ekel entstand. Nachdem ich schließlich, eine Stunde nach der eigentlichen Abfahrtszeit, endlich schwer beladen in meinen Waggon wankte, und mein offenes Liegeabteil fand, sollte ich doch entschädigt werden für meine strapazierten Nerven. In Form von netter Gesellschaft. *Luke* und *Fiona*, einem britischen jungen Pärchen, auch auf dem Weg in den Norden, nach Shimla, meinem Ziel.

Luke war Historiker. Von seinem englischen Institut für einen Monat nach Indien entsandt um in Indien in verstaubten, unterirdischen Archiven nach Dokumenten aus der Zeit des britisch/indischen Opiumhandels zu forschen. Was mich zunächst etwas verblüffte. Hatte man denn in diesem Land, indem Bürokratie zwar an oberster Stelle zu stehen schien sogar den Opiumhandel auf Formularen dokumentiert? Ja, meinte *Luke*, zu meiner weiteren Verblüffung, denn dieser war dereinst fest in britischer Hand. Unter *staatlichem Monopol!* Diesen Monat der Forschung in *Delhi* hatte er nun hinter sich. Akt um Akt nach Daten durchgefiltert, jetzt war Fiona gekommen, eine kurze gemeinsame Rundreise durch Indiens Norden, dann zurück nach England. Nach drei Tagen ohne Gesprächspartner, genoss ich die entspannte Unterhaltung nun bis Mitternacht. Ich war zwar einsame Tage gewohnt, doch alles hatte auch seine Grenzen, und hier in Indien, ständig allein unter Millionen, waren diese vielleicht schneller erreicht, als anderswo.

Nachts im Schlaf, während draußen in der Finsternis die Landschaften vorüberzogen, erschienen alle Verstümmelten der letzten Tage vor mir. Umringten mich Gespenstergleich - ihren schrecklichen Tribut fordernd.

Welche Hölle musste ein Leben, solch ein Dahinvegetieren in diesem Lande sein? Ohne Arme, ohne Beine und ohne Geld. Den täglichen Erfolg reduziert auf wenige erbärmliche Blechmünzen. Erbettelt für nichts anderes, als nur seinen Albtraum auf dieser Erde zu verlängern. Welche unfassbar starken, fast übernatürlichen Kräfte wurden dem Menschen vor Urzeiten implantiert, mit nichts, als einem einzigen Satz: *„Überlebe!"* Doch wozu?

3. März, Kalka, Shimla

Morgens um 4;30 Uhr erreichten wir von Delhi aus Kalka. Erfrischend kühle Temperaturen am nächtlichen Bahnhof. Sogar mir, dem das Kühle sonst wenig behagte, kamen nun, nach der Hitze Delhis, solche Gedanken in den Sinn. Umstieg im nächtlichen Bahnhof auf die schmale *Kalka-Shimla-Bahn*. Pläne für eine Bahnverbindung zwischen *Kalka* und *Shimla* reichten sogar bis 1847 zurück, als Engländer den Ort hoch oben in den Bergen erstmals zur Sommerresidenz erwählten. Das mörderische Klima *Kalkuttas* hatte die Briten längst bewogen, zumindest über die heiße Sommerzeit eine Zuflucht außerhalb zu finden. Aber erst 1904, als die lediglich 96 km lange schmalspurige Linie, die seinerzeit aufwändigste Bahnkonstruktion Indiens, eröffnet werden konnte, war es soweit. So hatten die damaligen Passagiere dann auch den höchsten Fahrpreis im ganzen Land zu zahlen. Ganz im Gegensatz zu heute, wo man mit dem *Public-Train* für lächerliche 30 Rupien reiste. Über zahllose Serpentinen windet sich die Schmalspurbahn von Kalka auf 2200 m hinauf nach Shimla, einer der berühmtesten, der ehemals britischen *Hill-Stations*. Dabei überquert die Bahn unglaubliche 869, überwiegend gemauerte, Brücken und durchfährt ganze 107 Tunnels. Mehrfach pro Woche gab es einen Sonderzug mit gepolsterten Sitzen. *Luke, Fiona* und ich hatten Glück. Wir hatten, nichtsahnend, Tickets für eben diesen Zug bekommen.

Wobei – wie sich bald herausstellte – dass das Glück weniger in der Polsterung der Sitze bestand, als in der einen Stunde Zeit, die wir uns dadurch ersparten an den unzähligen menschenleeren Haltestellen durchzufahren. Die anderen, jene Inder, welche diese Karte nicht besaßen, fuhren, im normalen Zug, mit grünen Plastikbezügen, ganze sechseinhalb Stunden. Für 96 Kilometer!

Unser Gefährt war ein schmaler Puppenzug wie aus Kaisers Zeiten. Fadenscheiniges Relikt aus glorreichen Epochen. Wir drei waren die einzigen Ausländer im ganzen Zug. Jeder einzelne Sitzplatz war auf den Namen reserviert, samt der Altersangabe des Benutzers. Ein Kontrolleur in eleganter Uniform verlangte unsere Fahrkarten. Die Überraschung ging noch weiter; jeder einzelne dieser Miniaturwaggons hatte seinen eigenen Zugbegleiter.

Der Mann in unserem Waggon roch zwar stark nach Alkohol und schwankte etwas, doch immerhin, er kochte heißen Tee.

Steil bergan kletterte unser Zug empor. Mit Wehmut dachte ich an Europas zahlreiche, stillgelegte Schmalspurbahnen. Linien wie diese waren auf der Roten Liste. Wie lange würde diese hier noch überleben?

Bis vielleicht in zwanzig oder fünfzig Jahren auch hier der Grad der Motorisierung westliche Ausmaße erreicht haben würde? Gewiss, wer diese Bahn benutzte, fuhr nur mangels persönlicher Alternativen. Kaum etwa deshalb, weil ihnen als Kulturfreunde etwas daran lag. Sofort war ich froh über meinen Entschluss, den Moloch Delhi zu verlassen und diese Fahrt ins Gebirge, hinauf in Richtung Himalaya unternommen zu haben.

Zwei Tage länger im Lärm und der Abgashölle *Delhi*`s hätten mein Nervenkostüm nur übergebührlich strapaziert. Nun beeindruckte uns, Bergluft schnuppernd, ein Naturschauspiel aus Terrassen und Schluchten unter den Fenstern der kleinen Eisenbahn. Die Temperaturen waren merklich abgekühlt. Kirschpflaumenblüte ringsum. Grüne Terrassenfelder klebten an den Hängen, was mich an den Südwesten Chinas erinnerte. Gemächliches tuckern mit 20 km/h, links die Berge, rechts die Schlucht.

Shimla

Shimla (78.000 Einw.), eine Touristenstadt auf 2200 Metern mit charmanten Gebäuden. Einst britisches Verwaltungszentrum Indiens, während der heißen Sommermonate, ab 1864 sogar Sitz der kolonialen Regierung. *„Erholungsort der Reichen, Faulen und Invaliden", beschrieb der Reisende Viktor Jacquement 1831 den Ort*. Entstanden war diese Stadt zu Beginn des 19. Jahrhunderts, während der sogenannten Gurkha Kriege. Jene Krieger verbündet mit den *Sikhs* terrorisierten die Bewohner der umliegenden Dörfer, woraufhin jene die Engländer zu Hilfe riefen. Die Europäer fanden Gefallen an dem kühlen Klima der Bergwelt und erwarben von lokalen Fürsten Land, um einen Kurort zu errichten.

Man konnte sich die Zeit der Engländer schwer vorstellen, ist doch außer jenen inzwischen heruntergekommenen einstigen Prachtbauten, dem verlotterten Bahnhof und einigen wenigen anderen Relikten, wie der großen *„Mall"*, kaum etwas übrig, was eine Vorstellung daran erleichtern konnte.

Allein die Planung und der Bau der Eisenbahn, mit primitivsten Mitteln sowie die Überwachung der ordnungsgemäßen Ausführung, die Schwierigkeiten der Verständigung, die Herstellung und Beschaffung der nötigen Baustoffe, jener Steinquader für die gigantischen Viadukte, das Durchbohren der Berge mit bloßen Händen und Hacken zur Schaffung der zahlreichen Tunnels mussten aus heutiger Sicht trotz allem als gigantische Leistungen angesehen werden. Dazu kamen unvorhersehbare Krankheiten, die gesamte Planung und Organisation sowie das Zusammenhalten tausender von Arbeitern und deren Unterbringung und Ernährung. Allein das Verdeutlichen ihrer Tätigkeiten für die nächsten Tage, wie überhaupt den Sinn und Zweck des Ganzen begreifbar zu machen, konnte wohl nur unter größten Mühen stattfinden. Waren die Arbeiter, vor allem in diesen Regionen, in dieser Zeit noch abgeschiedenere und rückständigere Bergbewohner, als die Menschen in den großen Städten des Südens. Zu alldem die ständige Aufrechterhaltung des Friedens, mit wenigen tausend Briten, gegenüber einer vielfachen Menschenmasse von Indern . All dies in unwirtlichster Umgebung, ohne Wege, ohne irgendetwas. **Bevor dies alles eben nicht erst unter den Briten geplant und anschließend errichtet wurde**. Hinzu kam noch die zu dieser Zeit, *tatsächliche*, ständige Eingeschränktheit des Bewegungsspielraumes aller Ausländer. Letztendlich blieb man aus verschiedenen Gründen stets unter sich, also zumindest in halbwegs gesichertem Terrain. Jene riesigen, unerforschten Gebiete, außerhalb von Militärposten glichen nicht selten gefährlichen Minenfeldern. Es herrschte schließlich im Land eine Art von Apartheid, die nur unter ständiger Androhung von Gewalt Aufrecht erhalten werden konnte. Heute kaum vorstellbar, durften die Inder noch bis in das 20. Jahrhundert hinein nicht einmal die *Mall*, die Hauptstraße *Shimlas* betreten. Andererseits als Brite oder Britin war es oft kaum möglich sich außerhalb der gesicherten Stadt zu bewegen, ohne in Konflikte zu geraten oder solche herauf zu beschwören. Die Inder von damals, vermutlich eher Eingeborenen oder Ureinwohnern gleich, waren schließlich auch nicht jene Inder von heute.

Die ganze zerbröckelnde Pracht dieser Stadt erinnerte mich entfernt an das *Abbazia (Opatija),* des heutigen Kroatien. Ehemals *K & K Österreichische Sommerfrische* der Kaiserfamilie und des Hochadels. Letztlich waren auch hier all diese prächtigen Bauten Fremdkörper, implantiert in fremde Kultur, für nicht absehbare Zeiträume, und stießen dabei im Grunde doch auf nichts als Unverständnis. Später, nach dem Verschwinden der Fremden, bildeten sich hier und da Ausschläge, ähnlich einem Juckreiz, und der Organismus versuchte die fremde Substanz abzuschütteln, wieder auszusondern. Was blieb, waren vielfach Ruinen mit hässlichen Narben, in denen sich allerlei Schmutz, Unrat, erst kleine Insekten, dann größeres Ungeziefer einnistete. Bis der Verfall unaufhaltsam war und man es schließlich betrachtete wie eine seltsame, außerirdische Hinterlassenschaft, deren Sinn und Behandlung man nur ausnahmsweise verstand und schließlich irgendwann gänzlich aufgab. So sah man als westlicher Besucher heute alles als Nachfahre einstiger, europäischer *Ahnen,* inmitten der Nachfahren vieler damaliger, indischer *Bauarbeiter* und gab sich verblüfft über die Naivität der einstigen Erbauer.

Rast im *„Indian Coffehouse"*. Wo man noch geschichtsträchtige Luft, abgesondert von altem Mobiliar zu schnuppern glaubte. De facto fühlte man sich hier jedoch eher an Ägypten erinnert, vielleicht an Istanbul oder den Iran. Was man nach Aussehen, Hautfarbe und Verkleidung sowohl des Personals, als auch der Gäste auch durchaus vermuten konnte. Wobei auffiel, dass auch, wie nach arabischer Tradition, sich nur Männer im Lokal aufhielten, aßen, tranken oder in ihren antiquierten Verkleidungen servierten. Auch andere Tätigkeiten, wie Haare schneiden oder sogar Putzen wurden in Indien fast ausschließlich von Männern erledigt. Den alten Strukturen folgend, waren Frauen oft anderswo, außerhalb der Öffentlichkeit tätig.

Was mich schließlich später doch überraschte, war, dass ich hier in *Shimla* sogar Frauen als Polizistinnen verkleidet gesehen hatte. Gewisse, obligate, sinnlos erscheinende Straßensperren überwachend. Später spazierte ich vorbei an einem Kasernengelände, hoch hinauf eingezäunt von Eisengittern, dahinter Uniformierte, mit umgehängten antiquierten Gewehren, lauernde Soldaten, welche grimmig durch die Zäune lugten und sich selbst bewachten. Polizei und Militär sorgten, wie gesagt, in diesem als auch den angrenzenden Ländern überproportional für Beschäftigung.

Ab 21:00 Uhr war in *Shimla* das Treiben zu Ende. Die Rollläden wurden heruntergelassen, Lokale und Galeräume mit den üblichen Schmutzfetzen aufgewischt, wobei sich überall Gestank bis auf die Straßen verbreitete. Die Fett- und Speisereste lediglich gleichmäßig verschmiert wurden. Was mir beim bloßen Zusehen den Appetit für das nächste Essen schon erheblich dämpfte. Schließlich begnügte ich mich, noch beim letzten geöffneten Laden im Vorbeigehen ein Bier zu kaufen. Wobei mich der Preis, welcher höher war als jener, welcher in Europa dafür verlangt würde, doch überraschte. Hier war der staatliche Eingriff ebenso seltsam, wie einige, fast tragikomische Tafeln an den Wänden, wie dass das *Rauchen in der Öffentlichkeit* streng bestraft wurde. Ein prüdes Land mit zahlreichen fadenscheinigen Moralvorstellungen. Vieles als Unmoralisch oder anderes als Ersatzfeind verteufelt, vorgeschoben, vor die wahren, unübersehbaren Dramen des Alltags.

„*Keine Regeln in Indien, Sir.*" meinte ein Taxifahrer zu mir in *Delhi*. Falls doch welche galten, dann an den seltsamsten Orten oder mit Inhalten, als hätten Kinder oder Blinde sie erfunden.

14. März, Shimla – Kalka – Ambāla

Des Nachts wurde ich geweckt von strömendem Regen und Sturmböen, welche wild an den dünnen Fenstern rissen. Eisige Temperaturen im kahlen Zimmer, in welchem sich nichts als mein dürftiges Bett befand. Wieder war meine dünne Wolldecke aus dem Flugzeug die Rettung gewesen. Jene altmodische und wenig Vertrauen erweckende Steppdecke, welche sich bereits im Zimmer befand, zog ich über diese, um mich nicht auch noch mit irgendetwas zu infizieren. Entgegen meiner Absicht noch zwei Tage zu bleiben, beschloss ich nun, angesichts des unerwarteten Wetters, der Kälte, dem Zimmer ohne Heizung, Shimla möglichst rasch wieder zu verlassen. Vom versprochenen heißen Wasser, in dem was als Badezimmer bezeichnet wurde und das nichts enthielt eine Klomuschel neben einem dürftigen Waschbecken, war in Wirklichkeit jedoch nichts zu spüren.

Ich war froh bereits am Vorabend bezahlt zu haben, denn wie ich nach der eisigen Körperwäsche herausfand, fuhr in 35 Minuten die nächste Eisenbahn ab. Auf der

Straße vor der Unterkunft war vom vereinbarten Taxi natürlich keine Spur. Im stürmischen Regenschauer also zu Fuß los. Bepackt wie ein Esel und bald nass wie ein begossener Pudel, erreichte ich schließlich nach knapp zwanzig Minuten den Bahnhof unten am Hang.

Der Fahrkartenschalter war leer, wieder einmal ließ sich keiner von den 1,6 Millionen Eisenbahnern Indiens blicken. Nach meinem Klopfen an der Scheibe erschien ein mürrischer, zerzauster Mensch aus einem Hinterzimmer mit wankendem Schritt. Wenig begeistert, mich vor seinem Schalter zu sehen.

„Ein Ticket nach Dehrādūn." rief ich gegen die trübe Scheibe.

„Kein Ticket - Dehrādūn! Ticket – Kalka!!" kam durch das Glas die mürrische Antwort. Obwohl man sich von staatlicher Seite durch allerlei dürftige Maßnahmen und alibihafte Schikanen, die größten Mühen gab, den Alkoholkonsum nicht nur bei den Eisenbahnen, sondern auch in der übrigen Bevölkerung hintanzuhalten, waren die Ergebnisse in der Realität von wenig Erfolg gekrönt. Das beste Beispiel stand mir gegenüber und starrte mich mit glasigen Augen böse durch die Scheibe an. Die kaum vorstellbar niedrigen Preise für Fahrten mit der Eisenbahn überraschten einen dennoch immer wieder. Zwanzig Rupien für fünfeinhalb Stunden Rückfahrt im „Normalzug" waren jedenfalls weit weniger als ein bloßer Sozialtarif. War man doch am Vorabend nicht davor zurückgeschreckt, mir für eine einzige Flasche Bier immerhin *180 Rupien* abzunehmen. Ich reichte einen 100 Rupien Schein (*etwa € 1,50*) durch den

gläsernen Spalt.

„Kein Geldwechsel!" warf der, in seiner täglichen Ruhe gestörte, mir überheblich zu. Drehte sich um und verschwand ohne weiteres Interesse wieder in sein Nebenzimmer. Schließlich kaufte ich am Stand daneben noch rasch einen Becher mit heißem *Tee,* um an Kleingeld zu kommen und klopfte hartnäckig erneut an die Scheibe. Derselbe Mensch, wütend wie zuvor, die Anmaßung meiner ersten Störung noch nicht verdaut, klatschte mir schließlich wortlos das Ticket vor die Scheibe, drehte am Hebel, zog meine 20 Rupien am anderen Ende heraus, schmiss sie verächtlich in eine Lade und konnte - *endlich in Ruhe* - seinen sonst üblichen Beschäftigungen Folge leisten. Weitere Kunden waren in den nächsten Stunden nicht zu befürchten. Hier waren Eisenbahner eben noch ORIGINAL, und unkündbar.

Ein Wort wie *Kundenservice* kam in diesem Land beinahe einer Kriegserklärung gleich. Die Inder hatten das Verhalten der damaligen britischen Eisenbahnoffiziere *zu Zeiten als Besatzungsmacht* Eins zu Eins übernommen und ähnlich wie den Bauwerken aus jener Zeit nur wenige Veränderungen, in jenen achtzig Jahren dazwischen, angedeihen lassen. Indien war eben Indien. Ein Narr, wer glaubte hier mit westlichen Maßstäben ans Werk gehen zu müssen. War ich nicht deshalb nach Indien gereist - weniger Regeln, weniger Ordnung, weniger gesellschaftliche Verpflichtungen? Nun, diese Wünsche hatten sich immerhin erfüllt.

Was sich also wundern, was kritisieren? Als kleiner, unbeholfener Europäer. Als einer hier von lächerlichen 8 Millionen Österreichern, mitten unter einem 1200 Millionen Volk von Indern! Konnten Sie alle hier irren, alle nicht wissen, wie man hier sein Leben lebte? Sollte man nicht lächeln? Und endlich versuchen anzukommen im wahren Indien!

Warum aber wurde ich ein bestimmtes Gefühl nicht los, in anderen asiatischen Ländern in Thailand, in Vietnam oder sogar in China so völlig problemlos *Mensch Sein* zu können? Im tiefsten Trubel Bangkoks mich noch wohl zu fühlen oder in entlegenen kleinen Dörfern. Auch dort fuhr ich in heillos überfüllten Zügen, oder bewegte mich auf Chinas bunten Märkten, auch dort fast untergehend im Gewühl von Menschen. Warum aber wurde ich dieses Gefühl nicht los, mich dort durchaus *zuhause* zu fühlen und hier vielleicht niemals?

Zu einem Teil war es die selbstverständliche Freundlichkeit vieler Menschen Ostasiens, die ich so sehr vermisste. Jene Offenheit und Freundlichkeit, welcher ich hier kaum irgendwo begegnet war, außer bisher vielleicht bei vier oder fünf Menschen. Keine Höflichkeit, kein Entgegenkommen, kein Bitte, kein Danke! Das in den Lokalen oder Restaurants Bestellte wurde achtlos, oft arrogant vor einem abgeladen, das Geld eingeräumt, man selbst, als Gast, kaum eines Blickes gewürdigt.

Aber ich hatte noch genügend Zeit um vielleicht hinter einen allfälligen Trick zu kommen, welcher möglicherweise Schlüssel zu allem war.

Am kleinen Bahnhof von *Shimla* huschte noch ein Rudel Affen über die Dächer unseres Zuges, turnte im Gestänge des Bahnhofsdaches (*Baujahr 1903, wie zu lesen war*), hantierte sich geschickt zu dessen Ende, und verschwand im Grün des Gestrüpps. Dunstige Nebelfetzen zogen hinter dem Abhang von unten herauf und über die bunten, kleinen Waggons in die Stadt empor. Es gab Momente, in denen man dieses Land sehr genießen konnte.

Anstatt, wie im ursprünglichen Plan, *Dehrādūn* am Ganges von hier aus in etwa vier Stunden mit einem Bus zu erreichen, also nun doch wieder mit der Eisenbahn zurück. Bei Wind, Regen, Sturm und Kälte, hatte ich weder Lust verspürt einen Busbahnhof zu suchen, noch dortige Abfahrtszeiten in irgendeiner Weise heraus zu finden. Letztendlich war ich froh, hier, in vom Regen halbwegs dichten Waggon dieses Bummelzuges gut zu sitzen. Wozu hätte man bei diesem Wetter auch irgendwo früher ankommen sollen?

Ein italienisches Pärchen, gestern Abend im *„Indian Coffehouse"*, war bereits zwei Monate in Indien unterwegs und schilderte mir seine Busfahrten in Indien so: *„Es ist einfach grauenhaft. Rumpelnd, polternd und grauenhaft."* Was ich schließlich von meinen Zugfahrten, so man erst einmal in den Zügen saß, nicht sagen konnte. Dass es auch irgendwann anders kommen konnte, davon ahnte ich selbstverständlich hier noch wenig.

Der Zufall sandte mir *Mister Kant*. Handelsvertreter für Medikamente. Wie ich mich allein zu Recht finden konnte in einem fremden Land, wollte er wissen. Interessiert blätterte er in meinem *Du Mont* Reiseführer, meinem ständigen Begleiter auf allen Reisen. Derartiges hatte er nie in Händen gehabt, meinte er. Ein Reisebuch, fotografisch ausgestaltet, samt umfangreichen Landkarten. *Mister Kant* erzählte mir vom Leben hier in Indien und wollte etwas wissen über jenes in Europa.

Krankenversicherung, Sozialhilfe, Pensionsanspruch, freies Studium. Für einen Inder unvorstellbarer Luxus. Er erzählte mir von seinem Land. Im Jahr 2000 hatte die indische Regierung die Pflicht der Unternehmen abgeschafft, für ihre Angestellten Pensionen zu bezahlen. Wer bis dahin 60 wurde, bekam eine Pension. Wer nach dem Jahr 2000 das Alter von 60 erreichte, bekam nichts. Man wollte die großen Konzerne ins Land locken, mit Steuererleichterungen, mit der Aussicht, nicht mit Sozialleistungen belästigt zu werden. Indien war ein Land für Reiche. Wie er danach, nach 60, leben könne, wollte ich wissen? Sparsam, meinte er, etwas zur Seite legen. Viel sei nicht möglich. Er denke nicht daran, es sei genug damit zu tun im *Jetzt* zu leben. Wie fühlte er sich als Inder in Indien, wollte ich wie immer wissen. War er ein glücklicher Mensch, zufrieden?

„Ich weiß nicht, man denkt daran zu überleben", war seine Antwort, die überall gleiche. Die Kunst zu überleben reichte. *Mister Kant* hatte eine Frau und eine Tochter von fünf Jahren. Das war gut, meinte er. Früh zu heiraten, mit 18 oder 19 Jahren sei wichtig. Dann, sagte Kant, hatte man später Zeit sich um das Leben zu kümmern. Ein netter Mensch, sich der Schattenseiten des Systems durchaus bewusst. Politik in Indien, meinte er noch, für Menschen wie ihn, war diese nicht gedacht.

Inzwischen war es Mittag geworden während der langsamen Fahrt im schmalen Zug. Die Abkühlung war enorm. Von über 30° C gestern, in Delhi, nun auf 2 oder 3° C, höchstens. Regenböen wie aus Eimern klatschten gegen die Fenster. Der germanische Winter hatte mich bis nach Indien verfolgt, und gefunden.

Der Nachteil dieses *"Normalzuges"* war, dass er an jeder Hundehütte hielt, noch dazu lange. Was ich zuvor nicht wusste, die Fahrzeit verlängerte sich somit noch um eine volle Stunde. Statt fünfeinhalb nun sechseinhalb Stunden für die 96 km nach Kalka.

An einer dieser Stationen plötzlich Lärm an der Tür. Drei Männer stiegen ein, groß, laut, Lärm absondernde Engländer. Unablässig quasselnd, leichte Witze reißend, während sie ihre Filmgeräte ans dem Fenster hielten. Das Bemerkenswerte: Eine Miniaturvideokamera auf Dauerbetrieb, alles wurde auf die Karte, gebannt was am Fenster vorbei zog, Häuser, Bäume, Sträucher, Erdhügel. Nichts war unbedeutend genug um nicht gefilmt zu werden. Der Zweite, mit einer Art Taschenrechner bewaffnet, filmte sogar damit aus dem Fenster, hinaus in den Regen. Der Dritte mit dem Handy. Doch wozu, musste man sich fragen? Wer hatte den Geist, die Geduld sich etwa zuhause in einen Stuhl zu setzen und sich all das hier gefilmte, all dieses vorüberziehende Nichts endlich anzusehen? Hier hatte man sie schon nicht, zuhause wohl noch weniger. Ich saß, schaute, schwieg. Wie angenehm war doch die Gegenwart des leisen *Mister Kants* gewesen, welcher noch eine Stunde zuvor dort saß.

Endlich, nach 6 Stunden, Einfahrt in *Kalka*. Durch Vororte, Slums, über lädierte Brücken, unter denen einstmals Flüsse flossen, die nun nichts mehr anderes waren, als eine ekelhafte bräunlich schäumende Brühe, welche vor mitgeschwemmten Müll kaum noch zu sehen war.

Kalka

Ich wollte mich über eine Weiterfahrt nach *Dehrādūn* am Ticketschalter erkundigen, wo ich jedoch nur unverständliche Antworten erhielt. Also wieder auf die Suche. Schließlich fand sich am Bahnsteig das bemerkenswerte Schild   *"Chief-Ticket-Controller-Office"*. Innen ein altertümlicher Schreibtisch, je eine Frau links und rechts davon. Offenbar hatte man auf mich gewartet oder schien sonstige Arbeit selten zu sein.

"Dehrādūn?" fragte mich eine der beiden ganz erstaunt. Wie man dahin kommen konnte? Als hätte ich ein Ticket nach Rom verlangt! Beide sahen sich eine Zeit lang an. Ratlosigkeit. Schließlich griff eine der beiden zu dem vor Schmutz strotzenden Telefon. Tippte mehrmals nervös auf die Gabel, bedeutete mir, leider war niemand zu

erreichen, der Antwort auf diese Frage wissen konnte. *„Keine Zugverbindung nach Dehrādūn!"* Und nun bitte, möge ich mich zurückziehen, mich doch zum Ticketschalter begeben. Das alles war für die Damen an Aufregung für einen Tag genug. Hastig verriegelten sie hinter mir die Tür. Ein neuerliches Vorsprechen am Ticketschalter wollte ich unter allen Umständen vermeiden.

Die nächste Tafel verhieß gutes: *„Operating-Department-Train-Chief-Office"*. Leider war man an diesem Tag anderwärtig, anderswo beschäftigt, oder man hielt Mittagspause, Tea-Time oder war auf einer Geburtstagsfeier. Ein dickes, versperrtes Vorhängeschloss an der Außentür unterstrich dies mit aller Deutlichkeit. Eine vorletzte Chance sah ich noch beim: *„Deputy-Station-Chief-Inspector"*, doch deto. Nun blieb nur der letzte Ausweg, zum *„Station Manager"*. Dieser, das wusste ich, hatte immer da zu sein. Er war der höchste Beamte an jedem Bahnhof und somit unabkömmlich. Der *Station Manager* war ein freundlicher, etwas dicklicher Herr. Wie aus der Pistole geschossen kam auch seine Antwort: *„Chandigarh – Ambāla – Dehrādūn": Abfahrt 16 h 45, Bahnsteig 4* .

Nachdem ich nun an Fahrzeit bis *Ambāla* im Kopf mit 2-3 Stunden kalkulierte und wegen der überstürzten Abreise auch nirgendwo ein Zimmer reserviert hatte, entschloss ich mich kurzfristig in *Ambāla* zu übernachten. Anstatt um Mitternacht oder noch später irgendwo anzukommen. Wie auch immer, es war vier Uhr nachmittags, ich hatte Hunger! Außer den zwei winzigen Tassen zuckersüßen Kaffees vom Bahnhof in Shimla, war mein Magen leer. Ich zog also die Bahnhofsstraße *Kalka`s* entlang. Ich hatte noch *Luke's* Worte bei der Hinfahrt im Ohr, als wir davon sprachen irrtümlich hier zu landen. *(Vielleicht ist hier einfach nichts…)* Kalka war nichts als ein elendes Drecksnest. Hunde, Kühe und rauchende, ausgemergelte Lastwagen waren alles, was einem auf *Kalka`s* Hauptstraße entgegenkam.

Das war tatsächlich alles. Nicht einmal asphaltierte Straßen hatten sie hier. Ich stapfte stattdessen im Schlamm und zwischen Müll entlang. Elende Buden rechts und links, wie man sie sonst bestenfalls aus afrikanischen Filmen kannte. Das Erstaunliche, immerhin vier oder fünf heruntergekommene Hotels bis zum Ende der

Straße, mit Fensterscheiben, so schmutzig, dass einem wenigstens der Blick ins Innere erspart blieb. Welche traurigen Helden würden sich wohl freiwillig hierher verirren, um zu übernachten? Am erstbesten Stand blieb ich stehen, hungrig, erschöpft vom schweren Gepäck, sah dem Menschen zu, wie er etwas brutzelte. In verrosteten Pfannen und elendem Geschirr, aber mir war das nun egal, ich wollte essen. Da ich keine Ahnung hatte, wie er das Essen in seiner Pfanne bezeichnete, deutete ich mit dem Finger darauf, machte ein Zeichen, führte drei Finger zum Mund. Hunger, Essen! Das hätte ich nicht machen sollen. Sofort verzog der Mann das Gesicht, knallte einen Deckel auf die Pfanne, bedeutete mir schleunigst zu verschwinden. Verblüfft zog ich ab, nach Streit war mir nicht zumute, nicht jetzt, erst wollte ich Essen.

Hier in *Kalka*, schmutzig, müde, hungrig, kam es endlich zur ersten Bekanntschaft mit einem Essen in einer elenden Straßenbude! Im Blechnapf bekam ich eine Art zusammengerollten Pfannkuchen, mit rohem, gehacktem, Gemüse gefüllt. Für des guten, heimatlichen Doktors Rat, vor fragwürdigen Speisen mit einem Schluck heimischen Schnapses antibakteriell vorzubeugen, war nun die Zeit gekommen. Ich zog mein Fläschen aus dem Gepäck. Unverzüglich war jedoch der Servierer da: *„Sie haben ihr eigenes Getränk? Nicht erlaubt!"*
„Nein. Das ist Medizin!".
„Gut, das ist erlaubt".
An fragilen Vorschriften klammerte man sich in Indien selbst in den ärmlichsten Spelunken. Was nun folgte war grandios. Dazu muss ich die Örtlichkeiten näher

beschreiben: Man musste sich das Ganze etwa so vorstellen; die ganze Straßenbude bestand aus nichts als einem einzigen Raum, vorne, zur staubigen Straße hin offen, wie eine kleine Garage. Über zwei, drei Stufen erreichbar. Möbliert mit vier oder fünf wackeligen Tischen und den Stühlen dazu. Links, vom halben Lokal bis auf die Straße hinaus, ein langer Tresen, auf welchem Teller und Schüssel standen und das Gemüse gehackt wurde. Straßenseitig, auf einem Herd zwei Pfannen, mit Gas beheizt. In einem alten Eimer wurden die Gläser gewaschen. Rechts vorne im Lokal, dem Ausgang zu, ein abgewetzter Schreibtisch, dahinter ein Rollsessel, der die besten Zeiten längst überstanden hatte.

Während des Wartens beobachtete ich vorne an den Stufen den Küchenjungen beim Kochen, wobei plötzlich ein eigenartiges Grunzen und Schnaufen hinter mir zu hören war. Ein Hund, den ich übersehen hatte, irgendwo hinten im Lokal?

Nichts. Nach einiger Zeit, dieselben Geräusche. Plötzlich, hinter mir, unter dem Schreibtisch eine Regung. Die Umrisse eines äußerst fetten, schmutzigen Menschen waren zu sehen, der darunter schlief, schnarchte und grunzte.

Die Großzügigkeit des Personals, einem Obdachlosen, hier mitten im Lokal seinen Schlaf zu gönnen, fand ich doch sehr kulant. Aber als ich später zahlen wollte und der Servierbursche kein Kleingeld hatte, weckte er zu meiner Überraschung mit größter Behutsamkeit den Schlafenden. Es war der Chef, der müde ein Auge öffnete, ein Bündel 10-Rupien-Scheine aus der Westentasche zog, sich umdrehte und am Fußboden unter dem Tisch weiter schnarchte. *Chefs in Indien behandelten ihr Burn-Out eben präventiv.*

Kaum hatte ich einen Schritt vor das Lokal gemacht, war der erste Bettler schon zur Stelle. Mit dem Finger auf die Pfanne weisend, mit drei gespitzten Fingern zum Mund. Schlagartig war mir alles klar. Das also hatte der erste Koch verstanden, ich hatte die Zeichen der Bettler geformt.

Indische Züge waren weder besser noch übler, als man sie im Fernsehen sah. Die Zeiten, wo man jedoch auf Dächern und an den Griffstangen hängend reiste, wenigstens diese hat Indien offenbar hinter sich. Mehr aber auch nicht. Auch nur halb so alte Waggons hätten das Herz eines jeden Schrotthändlers Westeuropas höher schlagen lassen. Hier ging man nachhaltiger zu Werke. Rostig, verbeult, starr vor Dreck und Staub, mit Fenstern, niemals mit einem Waschtuch berührt, waren die Züge hier unterwegs. Billig alle Mal.

Am Bahnhof dann das übliche Spiel. Hunderte von Reisende, aber kein einziger Eisenbahner weit und breit. Diese hatten in ihren Büros als *„Chief…"* irgendwas, wesentlichere Aufgaben zu erfüllen, als sich mit Reisenden zu beschäftigen, welche noch dazu tagein tagaus nichts anderes taten, als ihr ohnehin fragiles System zu stören.

Doch die Inder waren dies gewohnt, man half sich gegenseitig, fragte noch diesen und jenen, selbst der Getränkeverkäufer am Bahnsteig wusste über vieles Bescheid. So fand auch ich meinen Sitzplatz. Der Zug schien mir jedoch überraschend leer, kaum die Hälfte der Plätze war besetzt. Bis *Chandigarh*! Langsam, wie immer, rollte der Zug in den Bahnhof, um nicht jene, im letzten Moment über die Schienen Rennenden und auf die Bahnsteigkanten Kletternden, zu überfahren. Ein Blick aus dem Fenster ließ mich Übles ahnen. Rechts und (!) links des Zuges nichts zu sehen als ein Meer schwarzer Haare. Wogende Massen setzten sich in Bewegung, bis sie das Tempo des rollenden Zuges erreichten. Die Griffstangen wurden erfasst und die ganze Horde versuchte noch während der Einfahrt gleichzeitig ins Innere zu drängen. Heuschreckengleich stürzten sie herein, rannten, schrien und schossen wie vom Feuer Gesengte auf jeden freien Platz zu. Binnen Sekunden überfluteten sie den ganzen Zug, drängten sich auf jeden Sitz, in jede Nische, selbst auf die Gepäckablagen kletterten sie hinauf und breiteten sich dort oben aus. Nun verstand ich auch, warum kein Schaffner zu Gesicht zu bekommen war. Was konnte dieser ärmliche Wicht hier schon ausrichten? Man musste Indien eben kennen, um zu verstehen. Vorurteile waren hier fehl am Platz. Die Inder, fast alles Männer, nun sogar übereinander sitzend wie die Kinder, nahmen dies gelassen. Sie scherzten, waren froh überhaupt in den Zug gekommen zu sein, erzählten sich Geschichten, klopften sich vor Lachen auf die Schenkel, öffneten Dosen und Packungen, verteilten Essen und hatten das größte Vergnügen. Ich dachte an unsere heimischen Züge, kurz, sauber und die oft wenigen, wie vergessen wirkenden, Menschen darin. Viele blickten zu Boden, lasen still in ihren Broschüren oder hantierten an ihren Mobilgeräten, kaum jemand wechselte ein Wort, jeder war für sich allein. Was nun, fragte ich mich, war tatsächlich die bessere Alternative?

Ambāla

Ankunft in *Ambāla und* zum Ticketschalter, wo das übliche Spiel wieder seinen Lauf nahm. Man sandte mich zum „*Reservation Office*". Leider befand sich dieses nicht am Bahnhof, sondern sinnigerweise zwei Kilometer außerhalb. Die Rikschafahrer vor dem Bahnhof grinsten mir bereits entgegen. Kaum hatten sie mich, wie üblich, als einzigen Weißen erblickt, stand ich schon im Mittelpunkt ihres Interesses am ganzen Bahnhofvorplatz. Auch im „*Reservation Office*" gab es viele Schalter. Man schickte auch hier gern von einem zum anderen, doch überall hatte man dasselbe Formular. Der Erwerb eines Tickets für die Eisenbahn, war in ganz Indien ähnlich kompliziert und mit ähnlichen Fragen verbunden, wie eine Einreise in das Land überhaupt: *Datum der Geburt, Ort der Geburt, Anschrift im Heimatland, Anschrift in Indien, Telefonnummer hier und dort, Reisepass Nummer, Ausstellungsort des Reisepasses, das eigene Alter, usw., usf.* Widerwärtigster Bürokratismus allerorts. Der erste Zug nach *Dehrādūn* hatte Abfahrt um 3:30 Uhr morgens. Der Mensch hinter dem vergitterten Schalter murmelte mir die Zugnummer zu, schob mir das Formular und seinen Kugelschreiber durch den Schlitz heraus. Genau diese Nummer musste ich *eigenhändig*, im fünften Feld rechts oben auf dem Zettel einfügen. Ich schob den Zettel mitsamt der Nummer zurück.
 Ein Suchen im Computer, den ganzen Bildschirm auf und ab. Leider, sagte mir der Mann, der Zug war ausgebucht, für die nächsten 16 Tage. Er wollte schon den Nächsten nehmen, doch ich ließ nicht locker. Nichts wollte ich, außer weg von hier.

Um 10:17 Uhr war die nächste Möglichkeit, bis nach *Haridwar*. Dort umzusteigen, 3 Stunden Wartezeit und schließlich weiter dann nach *Dehrādūn*. Zehn Stunden Fahrzeit also insgesamt. Erschöpft und entmutigt beschloss ich, wenigstens ein Ticket nach *Haridwar* zu ergattern. Ich wusste ohnedies wenig darüber, was mich da oder dort erwartete. Ein Vorteil, wenn man unabhängig reiste, man konnte seine Pläne jederzeit über den Haufen werfen.

Das erste Hotel, welches mir auf der staubigen Hauptstraße, nicht weit vom Bahnhof unter die Augen kam war: *„Hotel Paradise"*. *(Diesmal nicht Dx.)* Da die Sonne hier wieder in voller Stärke sengte und ich samt meinen elenden Rucksäcken erschöpft war, beschloss ich von weiteren Wanderungen Abstand zu nehmen, zumal, wer wusste schon ob Besseres nachkam. 1600 Rupien getraute man sich, für das mehr als mäßig *paradiesische* Zimmer zu verlangen. Doch immerhin - Das *erste fließend warme Wasser* seit meiner Ankunft in diesem Land!

Abendliches Erkunden von *Ambāla*, einer Stadt, welche laut Statistik 640.044 Männer und 532.740 Frauen beherbergen sollte. Wobei mir nicht klar war, ob in dieser Rechnung jene Tausende, auf den Straßen vegetierenden, eingerechnet sein mochten? Um weiter zu kommen, musste man jedenfalls im Schlamm am Rande der lausigen, ungepflasterten Straßen oder im Müll daneben spazieren. Je nachdem was man bevorzugte. Eine Reise durch Indien sollte man, außerhalb der Touristenpfade und *„All Inklusive"* Angeboten, ohnedies am besten in Gummistiefel oder ähnlichem Schuhwerk erledigen. Keinesfalls waren Schuhe zu empfehlen, welche man im Anschluss an die Reise noch in irgendeiner Form zu verwenden gedachte. Was übrigens bei der gesamten Kleidung zu empfehlen war, am besten war alte Ware, auf deren Heimtransport man nicht unbedingt Wert legte.

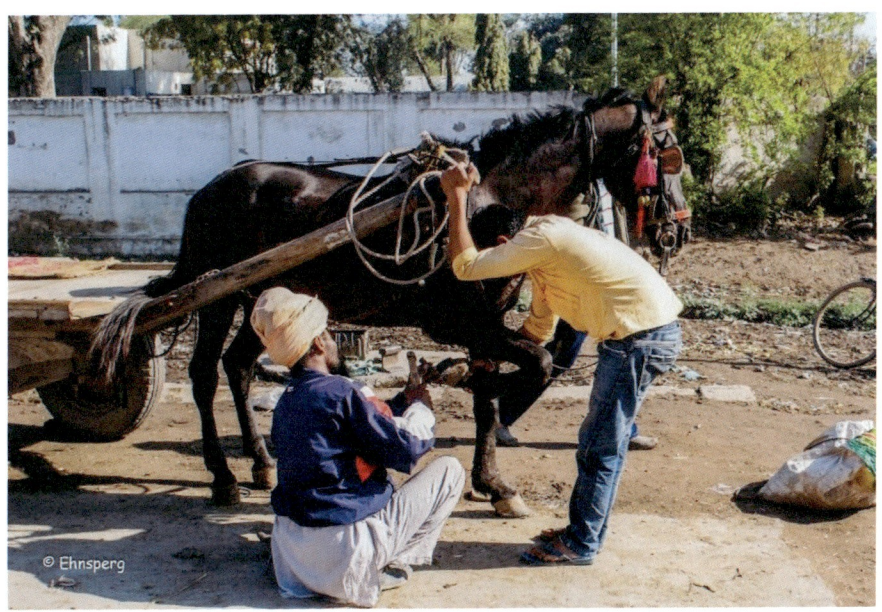

Nachdem mein erster Versuch nicht geschadet hatte, startete ich in *Ambāla* nun den zweiten. Rechnete ich noch *Nizzamuddin* dazu, war es eigentlich der Dritte.
Essen in einem „Non-Veg"-Fastfood-Straßenlokal, wobei ich das Ergebnis hier als durchaus sehr akzeptabel empfand.

Nachdem ich Indiens bürokratische Paranoia schon hinreichend kennen gelernt hatte, überraschte es mich auch wenig, dass ich im hiesigen Internetcafé, meinen Reisepass für die Zeit der Internetnutzung zu hinterlegen hatte. Nachdem kopieren der einzelnen Seiten. Sowie meine Telefonnummern und Anschriften in eines jener üblichen, riesigen Bücher *eigenhändig* einzutragen hatte, um dann, am Ende aller Formalitäten, schließlich die Erlaubnis zu bekommen, einen der Computer tatsächlich einzuschalten.

Inder schienen Formulare aller Art zu lieben. Und dicke, schwere Aktenwälzer, in denen allerlei skurrile Angaben, wie etwa das derzeitige Lebensalter, die Vornamen der Eltern und etliche andere sinnlose und unbrauchbare Angaben für immer festgehalten wurden. Die entscheidende Frage war aber: *für wen*? Würden sich jeweils Heerscharen von Beamten auf den Weg machen, um jene tausende dieser täglich vollgeschriebenen Wälzer, in Hotels, auf Bahnhöfen, in Internetcafés oder sonstigen allgemein benutzten Plätzen, durchzufiltern? Um mit den *abgeschriebenen* Daten dann *WAS* zu machen? Sie vielleicht in andere, mitgebrachte, staatliche Wälzer zu übertragen...?

Im sowjetischen Kommunismus der Fünfzigerjahre konnte es kaum bürokratischer zugegangen sein.

Glücklicherweise, vielleicht aufgrund meiner zahlreichen Reisen in verschiedene Länder, Städte oder vielleicht aufgrund einer erblichen Veranlagung, wie auch immer, verirrte ich mich, auch wenn ich in einer Großstadt das erste Mal drauflosging, eher selten. Wie an einem unsichtbaren roten Faden war es mir häufig möglich mich selbst sozusagen zurückzuspulen. Durch gewisse, optische Anhaltspunkte, wie Gebäudefassaden, Bäume oder Randmerkmale, welche mehr unbewusst als bewusst im Geiste hängen blieben, gelang mir meist eine gute Orientierung. Schwierig wurde es, wie hier in dieser Stadt, wenn man diese bei vollem Betrieb, mit offenen Läden, den Märkten und Ständen auf den Straßen, mit seinen noch beleuchteten Reklamen durchquerte, auf dem Heimweg jedoch, nun plötzlich des Nachts vor geschlossenen Läden, ausgeschalteten Reklamen, völlig leergeräumten Straßen stand.

Die vorhandenen Straßenlampen hatten, wie so vieles in diesem Land, zu irgendeinem Zeitpunkt vielleicht einmal funktioniert, doch nun, seit langer Zeit, vom Staub des Alltags bedeckt, ihren Betrieb längst eingestellt. Die kastenförmigen Betonbauten der neuzeitlichen Verwertungsgesellschaft, schmutzig grau an schmutzig grau, glichen einander wie ein Ei dem anderen. Hier in Indien gelang es nicht nur, mein Geschmacksempfinden täglich neu zu prüfen, sondern man war hier sogar in der Lage meinen Orientierungssinn abzuschalten.

Die schönsten Erlebnisse bringt oft der Zufall. Nicht mehr weiter wissend, nach langem herumirren durch finstere, leere und finstere Gassen und schließlich Vorstadtstraßen, betrat ich ein Lokal in einem Gebäude, in welchem als einzigem weit und breit noch Licht brannte. Eines jener indischen Fastfood-Restaurants à la McDonald's. Ein

Mensch, ein Angestellter unter vielen, strahlte dieses besondere Etwas aus, welches ich aus verschiedensten Situationen so gut kannte. Ein Inder, er mochte etwa 30 oder darüber sein, im weißen Mantel und mit dunkler Haut. Etwas war, das mich sofort und unbeirrt gerade auf ihn zusteuern ließ.

„Ich habe den Weg verloren. Zum Bahnhof – welche Richtung bitte?", erklärte ich unbeholfen, nicht wissend, ob der Mann überhaupt Englisch sprach. Dass ich den Weg verloren und mich verirrt hatte, versuchte ich ihm auch mit Händen umständlich klar zu machen. Diese und jene Richtung, deutete der Mann und sah sich hilflos um, ob ihn jemand der Kollegen bei der mühevollen Übersetzung unterstützte. Diese waren jedoch in ihre eigenen Geschäfte verstrickt. Er nahm also schließlich ein Stück Papier zur Hand, zeichnete allerlei Striche und Linien darauf und schrieb 3–4 km dazu. Am besten jedoch, meinte er besorgt, war es ein Taxi zu nehmen, man konnte ja nie wissen. Die Dunkelheit, die Gefahren des nächtlichen Wanderns, alles war zweifellos nicht ohne Risiko. Das leuchtete ein, hatte ich doch großen Respekt vor jenen, auf den nächtlichen Landstraßen Indiens auf Tuchfühlung vorbeirasenden, hupenden und polterten LKWs und dem was sonst noch alles auf den pechschwarzen Straßen auf einen zuschoss. Mit Beleuchtung oder ohne. Das Berührende nun an dieser ganzen Szenerie, dass ich, nachdem ich den Laden endlich verlassen hatte, den Zettel mit den Strichen in der Hand, auf der finsteren Straße bereits ein stückweit gegangen war, hinter mir jemand laufen hörte. Der Mensch aus dem Lokal in seinem weißen Kittel lief mir Hände wedelnd hinterher.

„Bitte, Sir! Nehmen Sei eine Rikscha oder ein Tucktuck. Und geben Sie acht, dass es in diese Richtung fährt – und zahlen Sie nicht mehr als 10 Rupien...!" sagte er mit allem Nachdruck in der Stimme, und geben Sie acht, einige der Fahrer sind keine guten Menschen, bitte Vorsicht!", erklärte er mir, so gut er in seinem Englisch eben konnte.

So überraschend hob sich hier wieder einer ab, aus der Menge der Teilnahmslosen, der Überlebenskämpfer, der Einschätzer und Verwerter.

So unglaublich in diesem Land, dass mir diese Geschichte noch einmal im Traum erschien. Um halb drei morgens, zwei Stunden nachdem der Rikschafahrer mich schließlich vor dem Hotel abgesetzt hatte. Es war nun genau zur *Magenzeit,* nach traditioneller chinesischer Medizin. Ich war aufgewacht, nahm eine Tablette gegen das Brennen in der Speiseröhre und dies als Anlass, diese ganze Begebenheit nun doch auch für dieses Buch nieder zu schreiben. Keine andere Möglichkeit sah ich mehr, mich für die Herzlichkeit noch zu bedanken, so waren diese Zeilen nun mein Dank. Mochten sie bis zu ihm vordringen. Wie gut doch solche Menschen taten, vor allem hier, in diesem Land. Müde, mit schweren Gedanken und meinem *„Ohne-Nahmen-See"*-Buch, begab ich mich wieder zu Bett. *Gerhard Amanshauser* jener Salzburger Schriftsteller und seine China Reise sollte mich noch, *lyrisch*, in den einsamen Schlaf begleiten.

15. März, Ambāla – Haridwar

Um 4:00 Uhr begannen sie vor dem Hotel mit der geräuschvollen Musik aus den Lautsprechern. In den Straßen ringsum brauchte man gute Stimmung um diese Zeit. Beim geräuschvollen Aufbau der Marktstände entlang der Straßen. Nach der Gelsenplage dieser Nacht oder waren es vielleicht Moskitos und der Armee von Hunden, welche streunend und wie im Chor heulend durch die Stadt gejagt war - die richtige Zeit, um einen weiteren Tag in Indien zu beginnen. Bevor doch noch der Schlaf kam. Langsam bekam ich an einem solchen Morgen das Gefühl, in Indien, vielleicht eines Tages, doch noch irgendwann anzukommen.

Morgens, vor der Abfahrt hatte ich noch einige indische Kuchen probiert. Man lebte in diesem Land entweder sehr scharf oder sehr süß. In beinahe jeder Straße gab es Konditoreien - oder das, was man bei viel gutem Willen so bezeichnen konnte.

Um eine davon zu erreichen sprang ich zum Beispiel, lediglich über eine oder zwei riesige, trübe Pfützen entlang der Fahrbahn, hin auf einen Fleck, der einst ein Gehweg sein sollte. In Indien schied das Begehen desselben jedoch aus, weil vollgerammelt, mit Ständern, Tafeln, Tischen und Gerümpel, Motorrädern oder Autos. Von diesem kleinen Fleck, auf den man ich gesprungen war, brauchte ich nun nur kleine Berge von Kuhmist, Hundekot, Schlamm oder Abfall zu übersteigen, einen Ziegelhaufen oder herumliegende Betonbrocken zu umrunden, zwei, drei bröckelige Stufen zu ersteigen, und stand schon vor allerlei Leckereien. Dort konnte ich mich schließlich, zwischen verstaubten Regalen mit den Utensilien des täglichen Lebens, hinter den trüben Scheiben einer Vitrine für mehr oder weniger verlockend aussehende Kuchenstücke entscheiden. Allesamt waren jedoch derart zuckersüß, dass ich mich trotz dazu gekauftem Dosenkaffee nach wenigen, kleinen Stücken schwer tat, weiter zu essen. Ein Detail, das gut zum Land passte! Zurückhaltung war hier keine Sache. Möglichst alles sollte ausgeschöpft werden, *etwas* Zucker war nichts, wenn, dann so viel als möglich.

Am Fahrkartenschalter des Bahnhofes traf ich diesmal auf eine sehr kompetente und engagierte Dame. Das sonst so trostlose *Ambāla* konnte beinahe noch sympathisch werden. Kurz darauf war ich schon, mit guter Geschwindigkeit in den blauen, rollenden Käfigen Indiens unterwegs. In Richtung *Haridwar*, wo ich endlich an den Ufern des „*Holy Ganga*" (Heiligen Ganges) stehen wollte.

In einem von Indien`s einheitlich schmutzig blauen Eisenbahnzügen, von außen durch die obligate Vergitterung der Fenster eingesperrt, ähnlich wie man sie früher an Viehwaggons sehen konnte, aber mit Türen welche längst nicht mehr geschlossen werden konnten, ging es in Richtung Osten. Das Klischee vom romantischen Eisenbahnfahren durch subtropische Landschaften, vorbei an orientalischen Dörfern

und Städten, war inzwischen einer rauen Wirklichkeit von Elend, Schmutz und menschlichem Fatalismus gewichen. Im Inneren eines jeden Waggons, über den Liegeplätzen befanden sich vierzig riesige, schwarze Ungeheuer von Ventilatoren, welche ihre Dienste, die drückende Hitze dieses Landes etwas zu mildern, allerdings bereits vor langer Zeit für immer eingestellt hatten. Solcherart verstaut, wurde man wie der Inhalt obskurer, rollender Dosen durch die Landschaften gezogen, wach gehalten vom unablässigen Hornsignal des Zuges. Mit seinem ewigem:
„Tuuut, tuuuuhhuuuttt….tuhhuuuhhhuuuuut…….!!

Offenbar war jede Art von Gehupe in Indien auch Zeichen der Ausübung von Macht. Eine leicht erreichbare Möglichkeit dazu. Ähnlich wie das Tragen von Uniformen, verlieh die permanente Lärmabsonderung *Jenen* eine kurze Herrschaft über *Andere*, welche zu einem Zeitpunkt keinen Zugriff auf entsprechenden Apparat oder Kostüm hatten. Für jeden, im indischen Alltag sonst wenig Privilegierten und im Trubel der Massen sonst Unerkannten, boten sich hier leichte Gelegenheiten, die oft gespürten täglichen Demütigungen durch jene mechanischen Ventile auf einfache Weise abzuleiten. Jeder, auch noch so theoretisch im Weg Stehende, konnte hier, in der Anonymität der Führerstände, zum Sprung zur Seite, zur Flucht vor allem, was daher raste, gezwungen werden. Natürlich - eine permanente Anwendung, egal wovon, wurde nach kurzer Zeit inflationär, nach einiger Zeit schließlich wirkungslos. Was diesem Verhalten jedoch hier keinen Abbruch tat. Sondern lediglich, um im ganzen

Lärm noch gehört zu werden dazu anstachelte, nur noch lauter, noch ununterbrochener zu hupen und zu dröhnen. Derart Schall verbreitend brausten wir durch die Landschaft. Vorbei an desolaten Dörfern, an Tümpeln mit badenden

Wasserbüffeln. Und an ausgetrockneten Flussbetten, anstatt mit Wasser, angefüllt mit Unrat, den Verwertungsresten des täglichen Lebens.

Fragmentweise konnte man sich noch die ursprünglichen Landschaften, unberührt im Geiste vor Augen führen. Mit herrlichen Flüssen, sauberen Seen, dichten, mit tropischen Bäumen und Sträuchern, oder von Palmen bewachsenen Wäldern. Zu jenen Zeiten, bevor die Menschen hier ihren Vernichtungsfeldzug gegen die Natur begonnen hatten. Ohne Unterlass schnitt hier ein ganzes Volk an jenen dünnen Seilen, welche gerade noch vorhanden waren, um die Teile des ganzen komplexen Organismus noch am Leben zu erhalten. Welche notwendig waren, das ökologische System vor einer einzigen gewaltigen Implosion zu bewahren.

 Vor der Ankunft in Haridwar geschah noch etwas Seltsames. Lautes Klatschen und rufen drang vom anderen Ende des Waggons zu mir. Zum ersten Mal begegneten mir zwei jener legendären *Hijras*. Jene Ausgestoßenen der Gesellschaft, in eigenen Ghettos an den Rand der Gesellschaft gedrängten Transsexuellen Indiens. Frauen mit männlichen Gesichtszügen und lauten Stimmen. Die fahrenden Züge waren eine ihrer Haupteinnahmequellen. Spezielle Tänze auf Hochzeiten waren eine andere. Ansonsten gemieden und aus dem gesellschaftlichen Leben verbannt, galten sie in gewisser, abergläubischer Weise als Glücksbringer. Wenn sie einem auf die Stirn klopften, wie hier im Zug dabei laut rufend in die Hände klatschten und irgendwelche Sprüche dazu vorsagten. Die ihnen dafür zugesteckten Geldscheine steckten sie als Zeichen ihres Könnens zwischen ihre Finger, wie Trophäen nach erfolgreicher Jagd.

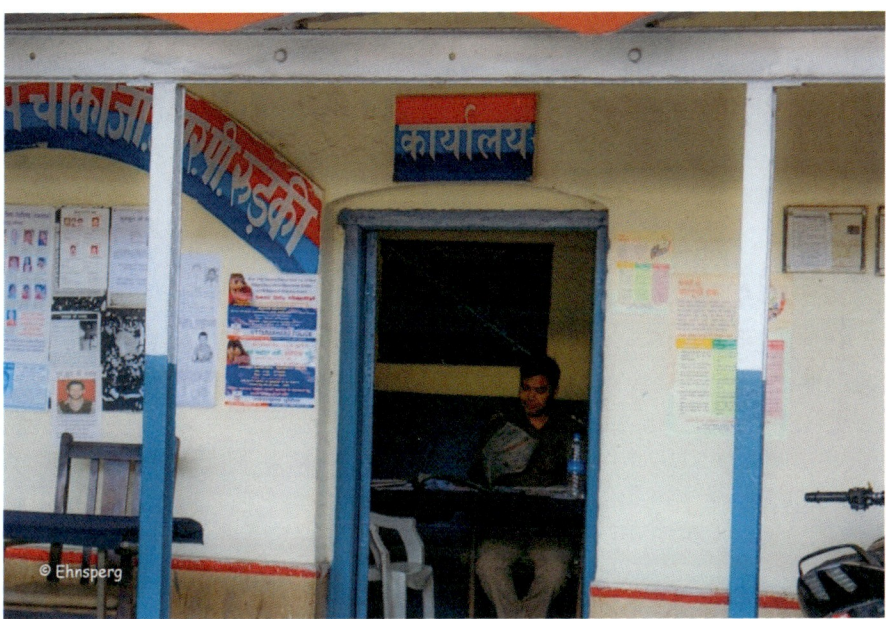

.*Haridwar.*

Hier hatte ich Glück. Etwas außerhalb der Stadt hatte ich im Netz auf gut Glück meine Unterkunft namens *Hotel Urmi* gewählt. Wie sich jetzt zeigte, ein kleines, feines Haus. Neu, gepflegt und stilvoll gebaut. Sogar mit Balkon und einer kleinen Grünfläche innerhalb der Mauern. Alles das, weil selten, stolz im Netz erwähnt, hatte mich veranlasst diese Unterkunft zu wählen und siehe da, diesmal stimmten Fotos und Wirklichkeit auch überein!

Welch schöne, saubere Oase, umgeben von den üblichen staubigen Straßen. Dem üblichen Schutt und Müll. Die Frage, die sich einem westlich denkenden Menschen hierzulande natürlich sofort aufdrängt war: „Wie lange würde diese Oase noch Oase sein?" Reparieren, pflegen oder instand zu halten war die Sache der Inder nicht.

Haridwar war eine Geisterstadt! Geister, Dämonen, Götter, Krishnas und Brahmas, allen wurde hier fleißigst zugesprochen. Abends versammelten sich Tausende; Frauen in bunten Saris, Männer in gewöhnlichem Gewand. Andere, strenger Gläubige, mit nichts als ihren orangen Tüchern umhüllt, saßen auf den Stufen einer künstlich betonierten Insel inmitten des Ganges. Bevor die tägliche Zeremonie begann, sprangen diese oder jene noch rasch in den Fluss, tauchten unter, übergossen sich mit dem trüben, heiligen Wasser, jauchzten und jubelten. Hier im mittleren Norden Indiens, war der Fluss immerhin noch nicht völlig verseucht. Die giftigsten Substanzen, die meisten

Abwässer aus den Kanälen der Städte kamen erst später noch hinzu. Ebenso wie die Teile jener an der Oberfläche treibenden, verwesenden Leichen *Varanassis* .

Keine indische Stadt ohne Bazar, als Mittelpunkt ihres geschäftlichen Treibens. Produziert wurde in Wahrheit weniger als man annahm. Eher verkaufte einer dem anderen. Die Gemüsehändler kauften Gewürze, die Gewürzhändler Gemüse. Der Schmied kaufte Schuhe, der Schuster ließ schmieden usw. De facto betrieb man Tauschhandel im weiteren Sinn. Bananen, Mandarinen, Kohl, Trauben, Knoblauch, Zwiebel und Paprika beherrschten das Sortiment eines jeden Grünzeugmarktes.

An anderen Stellen sah man aneinandergereihte Säcke mit verschiedenen Gewürzen ebenso wie Spielzeug aus Plastik, Souvenirs oder billigen Ramsch aus anderen Ländern Ostasiens. Alles in allem, trotz einer scheinbar unübersehbaren Menge an Ständen und Händlern war die Vielfalt des Angebots dürftig. Ich, darmfloragleschädigter Mensch, vertraute lediglich auf Bananen oder Mandarinen als Obst. Alles was sich abschälen ließ. Vielleicht war ich zu vorsichtig? Doch immerhin, las man dieses oder jenes in Berichten. Bakterien aufgrund mangelnder Hygiene einerseits und zu viel an Chemie und Pestiziden auf der anderen Seite. Zu viel oder zu wenig, wer wusste das schon? Jegliche Verstimmung des Magens oder sonstige Unannehmlichkeiten in den Eingeweiden blieben mir dadurch immerhin während der ganzen Reise erspart.

Alle Bazare bestanden im Großen und Ganzen aus mehreren Teilen. Der größere Teil bestand aus vorhin genannten Verkaufsmärkten, der andere aus Straßenküchen. In welchen jeweils drei oder vier verschiedene Speisen angeboten wurden sowie *Tschaibuden (Teeständen)* oder *„Ind. nonveg. Restaurants"* (Nicht- vegetarischen

Restaurants). In einem wie dem anderen Teil herrschten üble hygienische Zustände. Man fühlte sich nicht nur in dieser Hinsicht oft in das europäische Spätmittelalter zurückversetzt, bevor gesundheitliche Auswirkungen und die Zusammenhänge unhygienischen Verhaltens überhaupt irgendwo erkannt wurden. Nicht nur die üble Hygiene, auch der Gestank dazwischen musste wohl ähnlich gewesen sein. Zwischen den zweifelhaften Düften aus altem Fett Gebratenem, von verschiedenen Pfannen und Töpfen ausgehend, wehten die feinen Ströme von frischen Kuhfladen, Hundekot, Ziegen und Schweinemist oder der weit verbreitete Uringestank.

Neuen und glaubwürdigen Berichten zu Folge, waren im Jahr 2014 noch 700 Millionen Inderinnen und Inder gänzlich ohne Toilettanlagen. Zwangsläufig wurde daher jede Art von Notdurft an allen möglichen und unmöglichen Stellen verrichtet. Jahrelang waren die primitiven Blechnapfe, in welchen man meist das Essen vorgesetzt bekam, in Benutzung, wurden nach dem Essen kurz in einen Eimer mit trübem Wasser getaucht und mit   üblen Fetzen, dessen Anblick alleine Übelkeit bereitete, abgewischt. Das Wasser in diesen Eimern wurde höchstens ein- oder zweimal am Tag gewechselt. Alles, Reis, Nudeln, Gemüse usw. wurde direkt mit den wenig sauberen Händen eines Kochs direkt auf diese Blechteller gepappt. Wobei, wie ich einmal beobachtet hatte, dieser Koch kurz zuvor noch an eine Mauer um die Ecke urinierte und dann anstandslos weiter kochte.

Dazwischen, rundherum die ständig wandernden Kühe, die ewig streunenden Hunde und die andere Tiere der Straßen, welche das Ihre zwischen den Straßenküchen hinterließen.

Morgens, beim Öffnen der Buden, kehrte jeder buchstäblich vor seiner eigenen Tür. Mit fadenscheinigen Besen aus Gras oder Stroh wurde der Boden dürftig abgestaubt, der gröbste Unrat auf einem Haufen hinterlegt, gerade außerhalb der eigenen Sichtweite. Öffentliche Müllentsorgung war unbekannt. Beinahe unglaublich in einem Land, in dem ansonsten jede Art von Bürokratie an oberster Stelle stand.

Doch diese Bürokratie hatte hauptsächlich den Zweck sich selbst zu verwalten. Um die tatsächlichen Probleme des Landes und der Menschen auf den Straßen zu lösen, dafür war sie nicht zuständig. Die Kühe, Ziegen, Hunde holten sich aus diesen Abfallhäufen, das was für sie genießbar schien. In ganz ärmlichen Vierteln fraßen die heiligen Kühe sogar das Zeitungspapier vom Boden. Jene alle Augenblicke vorbeikommenden, zerlumpten Müllsammler, mit großen, fadenscheinigen Säcken, die sie hinter sich her schleppten, klaubten PET-Flaschen, Dosen und anderes Verwertbare heraus. Der Rest, wenn der Haufen irgendwann zu groß war, wurde vor Ort angezündet.

Abwässer aus Städten und Fabriken liefen ungeklärt in die Flüsse, Bäche und Seen. Letztendlich irgendwann ins offene Meer. Entlang des Ganges waren zwar mit großem Aufwand einst mehrere Kläranlagen errichtet worden. Sie rosteten allerdings untätig vor sich hin, wie so vieles im Land. In Betrieb waren die meisten kaum jemals gegangen. Viele waren nach kurzer Zeit mangels Wartung oder Reparatur untauglich geworden, eine Wiederinbetriebnahme inzwischen technisch kaum mehr möglich. Es interessierte auch kaum einen Politiker ernsthaft. Die Bürokraten und Korrupten dieses Landes hatten am Bau der Anlagen oft gut verdient, was danach geschah, war ihre Sache nicht.

Wochen später sah ich einen Bericht über *Varanassi*, auch *Benares* genannt. Immerhin eine der ältesten kontinuierlich bewohnten Städte der Welt! Ihre Kultur war seit jeher eng verbunden mit dem Wasser des heiligen Ganges. Wer Geld hatte, ließ sich hier, an den Stufen der Ghats verbrennen, seine Asche in den *Ganga* (Ganges)streuen. Dafür garantierte man den direkten Weg ins Nirwana, ohne mühsame Umwege über ständige Wiedergeburten. Immerhin legten auf diese Weise die letzte Reise dieses Lebens zwischen zweihundert und dreihundert Verstorbene pro Tag zurück.

Die Feuer *Varanassis* brannten faktisch rund um die Uhr. Wer weniger Bares besaß, musste sich anderes überlegen. Sadhus, ebenso wie Schwangere und Kinder. konnten sich nach dem Ableben direkt in den Fluss werfen lassen. Eingehüllt in Tücher und Binden, beschwert mit Gegenständen. Wie mir *Luke* und *Fiona* erzählten, trieben einem während der Fahrt mit einem Boot über den Ganga immer wieder Gliedmaßen von Toten, auch von Kindern entgegen. Am Ufer nagten Hunde daran. Laut Berichten von internationalen Umweltorganisationen flossen eine Million Liter Abwässer ungeklärt in den gesamten Ganges. Pro Sekunde! Die internationalen Grenzwerte für jene höchst gefähr-lichen *Kolibakterien* in Gewässern betragen 500 Einheiten. In Varanassi maß man zwischen vierzigtausend und achtzigtausend(!) davon. All das ließ mein ursprüngliches Verlangen Varanassi zu besuchen abrupt in den Hintergrund treten.

Während in *Ambāla* für eine Rikscha-Fahrt noch 10 Rupien genügten, waren es hier in *Haridwar* bereits 100 für eine ähnliche Entfernung. Wobei natürlich bei potentiellen Geldeseln aus dem Westen zuerst einmal 400 und mehr angesetzt wurden. Fiel einer darauf herein, war er selber schuld. Jeder wusste schließlich, bei allem in Indien wurde aufgeschlagen sobald man als *nicht Inder* erkannt war. Auch der Staat selbst bediente sich schließlich ungeniert derselben Methoden.
Eintritte in Museen, in Galerien, den Zoo und die meisten anderen öffentlichen Einrichtungen (ausgenommen die Eisenbahn) kosteten offiziell für Ausländer das Doppelte bis Dreißigfache(!) dessen, was Inder zu bezahlen hatten.

Um mir nach einem ersten Rundgang eine kurze Pause zu verschaffen, hatte ich mich Zentrum Haridwars auf die Stufen dieser betonierten Insel am Ganges gesetzt. Andere Plätze zum Ausruhen waren kaum vorhanden. Öffentliche Sitzbänke gab es in einer Stadt wie dieser nicht. In den dürftigen, wenigen Parkanlagen hatte man bestenfalls die Möglichkeit sich auf den Boden zu kauern. Dieser war jedoch übersät mit Müll und

Glasscherben, wie alle öffentlichen Plätze. Kaum hatte ich mich nun gesetzt, hatte mich unverzüglich ein Mädchen erspäht, kam auf mich zu, malte mir wortlos mit irgendeiner Farbe einen Punkt auf die Stirn und machte danach ein eindeutiges Zeichen. Was bedeuten sollte, dies war eine Art heiliger Geste. Um mir natürlich unmittelbar darauf sofort die Hand entgegen zu strecken. *„Rupien, Rupien!"* Ich zog schließlich einen 10-Rupien-Schein aus der Tasche. Sie starrte diesen an, meinte nur schroff: *„Gib mir Hundert!"* worauf sie natürlich mit Null ausstieg.

Doch Bettler, Geldsammler, auch *staatliche,* lauerten in Haridwar an allen Ecken. Den Tarif der Spenden wollte ich immer noch selbst kontrollieren.

Kaum war ich aufgestanden, waren schon die ersten Uniformierten um mich herum und redeten auf mich ein. Alles was ich verstanden hatte, war nur: *50, 100, 400 Rupien!* Irgendetwas hatte ich in ihren Augen falsch gemacht. Die Schuhe nicht ausgezogen, eine Zigarette geraucht oder mich auf die falschen Stufen gesetzt. Die Wegnehmer hielten mir ein vollgekritzeltes Buch unter die Nase, in welches verschieden hohe Beträge gekritzelt waren. Konnte man sich hier die Strafe am Ende selbst aussuchen? Natürlich schlug ich fünfzig vor. Jammernd meinte der Mensch hundert wären doch angemessen. Ich blieb bei fünfzig. Was schließlich akzeptiert wurde und wofür ich auch eine Quittung erhielt. Erfreut über diesen guten Deal zog ich weiter.

Erst einige Zeit später war mir klar geworden, was ich bezahlt hatte war keine Strafe, sondern eine *freiwillige* Spende für irgendetwas, wie das Betreten der heiligen Plattform, ein Geschenk an den Staat, an die hinduistische Kirche, an die Gemeinde oder sonst jemanden. Ich war einfach hereingefallen. Aber immerhin nicht als erster, wie die Bücher deutlich zeigten.

Wie die meisten Menschen, war ich natürlich auch bereit, wenn es angebracht war, von meinem bescheidenen Wohlstand etwas abzutreten. Doch immer dann, wenn und wie viel *ich* für angemessen hielt. Nicht dann, wenn man *Spenden* einfach harsch verlangte.

Ein sehr alter Mensch, runzelig, mit runder Brille und orangem Sari, Hand in Hand mit einer nicht weniger Alten in ebensolchem Gewande, kam leise auf mich zu. Beide ohne Zähne, freundlich lächelnd. Sie standen einfach da, sagten nichts und lächelten. Ich sah ihnen eine Zeit lang in die Augen, wusste nicht recht was tun. *„Bitte, Herr, helfen Sie mir. Ich bin alt und das ist meine Frau"* meinte der Alte mit leiser Stimme. Wie zustimmend nickte auch seine Frau. Ich gab ihnen etwas Geld in die Hand. Schweigend, sich freundlich verneigend, zogen sie weiter, ruhig, Hand in Hand. Ich sollte ihnen noch oft begegnen. Tag für Tag sammelten sie hier zum Überleben. Sie hatten nichts, außer sich selber.

© Ehnsperg

Auch seltsame Blüten trug die Bettelei gelegentlich. Am zentralen Platz, vor einem, einst herrschaftlichen Gebäude, wie alle übrigen dem Verfall preisgegeben, hielt sich eine Gruppe *Sadhus* auf. Jene Gläubigen, welche allen materiellen Gütern der Erde abgeschworen hatten. Tagsüber musizierten sie rhythmisch auf ihren einfachen Instrumenten auf dem Platz. Spielend und trommelnd, die *materialistische* Körperpflege längst aufgegeben, mit langen, verfilzten Haaren und ihren endlosen Bärten. Meist in ehemals farbigen, durch den Lauf der Jahre lange ausgeblichenen Saris, welche nun oft nur in schmutzigen Fetzen an den Körpern hingen, saßen sie in kleinen Gruppen herum, spielten ihre Rhythmen und sammelten Geld dafür. Dann das Überraschende: Abends auf dem Rückweg sah ich sie wieder, in einer großen Gruppe zusammengekauert, vom Müll der Straße umgeben, unter einem großen Baum, im Kerzenlicht hockten sie im Kreis. In ihrer Mitte, am Boden, einen nagelneuen Laptop, aus welchem der *Obersadhu* vom Bildschirm aus, mit flehenden Händen seine weisen Sprüche betonend, absonderte. Wie ein amerikanischer Showprediger. Während alle ringsum im flackernden Kerzenschein gespannt dem Gesagten lauschten. Hunderte andere richteten sich inzwischen ihr Nachtlager. Unter Mauervorsprüngen, in Parkanlagen, unter Fetzenzelten oder einfach an den Rändern der Straßen. Eingehüllt mitsamt ihren ganzen Habseligkeiten.
Arrogante und eitle Polizisten in ihren protzigen Uniformen, bewaffnet mit dicken Bambusstöcken, gingen im Bogen um sie herum, an nichts anderem interessiert, als

das seit ewig herrschende System zu bewahren. Ausgesandt von den wechselnden Politikerkasten, welche sich selbst zu nichts anderem installierten, als ihre eigenen Sippen samt ihren Günstlingen zu bereichern. So viel Geld aus den Kassen zu nehmen, wie in kürzester Zeit möglich war. Der verbliebene Rest reichte weder um die Bevölkerung zu ernähren noch für ordentliche Straßenbeleuchtung, zum Stopfen der gröbsten Löcher in Indiens Straßen, geschweige denn für Gehsteige oder gar eine geregelte Müllabfuhr. De facto für nichts! Wer hier Steuern noch zahlte, konnte seinen Tribut auch gleich direkt an die Mafia überweisen und wusste das auch.

Am Abend, hungrig und im Gewirr der endlosen Gassen und Bazare herum-schlendernd, begegnete mir ein älteres französisches Paar, mit dem ich ins Gespräch kam und später schließlich zusammen speiste, nachdem ich selbst außer Stande gewesen war, ein akzeptables Restaurant zu entdecken. Die Beiden, nun in Pension, ihre Kinder außer Haus, hatten beschlossen, anstatt den Lebensabend zuhause vor dem Fernsehapparat zu verbringen, gemeinsam die Welt zu bereisen. Monatelang. Keines ihrer ersehnten Ziele sollte aufgeschoben bleiben. Asien, Australien, Amerika. Wonach ihnen gerade war. Zeit spielte endlich keine Rolle mehr, da sie nun keine Räder zur Geldeinnahme mehr zu drehen hatten. Fröhlich strahlend verabschiedeten sie sich, voll der gemeinsamen Freude auf ihr nächstes Ziel. Wie Recht sie hatten! Wie gut sie zusammenpassten, alle Strapazen gemeinsam meisterten und so nur die Hälfte von allem zu tragen hatten, aber doppelt genießen konnten.

Was einem oft auffiel in vielen Ländern mit niedrigen Löhnen war, wie zum Ausgleich, auch eine Überbeschäftigung. An jedem noch so mickrigen Stand, an jeder Straßenecke oder irgendeinem Platz, an welchem mit ein paar Rupien zu rechnen war, schmarotzte eine ganze Traube von Nichtstuern mit. Einer verkaufte etwas, zwei, drei saßen daneben, standen herum, rauchten, gaben ihre Kommentare dazu. Meist wusste man nicht, wer eigentlich der Ansprechpartner unter ihnen war. Oft jedoch kam es vor, dass man einen fragte, nach einem Merkmal der angebotenen Ware, und es wussten alle zusammen keine Antwort.

Selbst hier, im netten kleinen und modernen *Hotel Urmi,* ein ähnliches Bild. Kaum hatte man seine Zimmertür geöffnet, schlürfte der Erste in ausgetragenen Pantoffeln vorbei. Grußlos, teilnahmslos. Im Halbstock tiefer lag ein großer Berg Wäsche in der Ecke, auf dem sie zu zweit den Tag verschliefen, ausruhten, von der Untätigkeit des Tages. Dasselbe Bild an der Rezeption, ein Mensch stand hinter dem Pult, drei saßen daneben. Fragte man einen nach der nächsten Bank oder nach einer Ortschaft drei Kilometer entfernt, wusste keiner auch nur die Richtung. Vor dem Hotel lehnte ein Uniformierter, das Schild *Security* am Rock, drei saßen daneben. Am nächsten Morgen betrat ich das seltsame Restaurant des Hotels mit dem Charme einer Bahnhofskantine, und war der einzige Gast, der diese Idee hatte. Acht oder gar zehn Gestalten an Personal zählte ich jedoch, die herum schlürften, herum lehnten im leeren Lokal. Einer, der meinen Teller wegtrug, ein Anderer, der das Glas brachte, ein Dritter, der die Zimmernummer notierte, ein Vierter, der mit einem fadenscheinigen Wedel über die leeren Stühle fuhr, ein Fünfter, der das Ei zubereitete, ein Sechster, der das Geschirr stapelte usw. Das kleine Hotel musste wohl an die 50 Leute beschäftigen, pro Gast also etwa vier oder fünf.

Natürlich, Einem wie mir, als geschäftsmäßiger Ausländer unterwegs, rollten bei solchem Anblick sofort Produktivitätszahlen durch den Hinterkopf. In jedem Augenblick wusste ich, wie man es besser, professioneller machen konnte. Westeuropäische Produktivität 70 %, indische 10 %, was bedeutete, soundso viel Prozent bezahlte man zu viel an Gehältern, soundso viel wurde verschwendet, was wusste man nicht sofort alles besser.

War dem aber wirklich so, war unser westliches System, tatsächlich der Weisheit letzter Schluss? Wer konnte das schon beantworten? Viele von uns waren ihr Leben lang auf schaffen, produzieren und reduzieren programmiert. Inder eben auf etwas anderes. Keiner von uns würde tauschen wollen, bestenfalls die jeweiligen Annehmlichkeiten des Anderen konsumieren.

16. März, Samstag Haridwar

Mit der Gondelbahn zum *Chandi-Devi-Tempel* (चण्डी देवी मंदिर, हरिद्वार)auf der anderen Seite der Stadt, jenseits des Ganges. Angeblich wurde der Tempel 1929 errichtet, die Hälfte der Anlage war jedoch noch roh und unverputzt. Die Ziegel im Laufe der Zeit mehr schwarz als rot geworden. Längst war die Baustelle eingestellt, auch hier. Seltsamerweise sah der ganze Bau kaum älter als 30 Jahre aus, im freudlosen Stil der heutigen Verwertungsgesellschaft. Völlig anders als jene altindischen Bauwerke, welche noch Religion mit Mystik und einer bestimmten Geisteshaltung in Einklang gebracht hatten.

Hier jedoch nichts anderes als trauriger Sammelpunkt für jene, welche schnelle Erlösung oder Vergebung zu finden hofften, von den Härten ihres täglichen Überlebenskampfes. Alles nur ein materieller Abklatsch einstiger Spiritualität, bestenfalls eine Anstalt für finanzielle Abbitte. Oben angekommen, erwarteten einen als Erstes turnende Affen, vorläufig die Echten. Am Tor zu dem Tempel ein Schild: *„Beware of the monkeys"*! *(„Hüte Dich vor den Affen")* Wie treffend!

Kaum hatte ich in Indien Wahreres gelesen. Über die schmutzigen Treppen hinauf auf den Hügel begegnete man rasch jenen anderen, den „verkleideten Affen". Zahlreich hatte man sie hier als Geldabnehmer installiert. Ab einem gewissen Punkt der Anlage wurde man aufgefordert sich der Schuhe zu entledigen, die restlichen, verschmutzten Betonstiegen barfüßig entlang zu gehen. Bis man schließlich eine große, eher baufällige Halle betrat. Eine Reihe hellrot gestrichener Eisengitter durchzogen den Raum, wie Adern in einem toten Organismus. Durch diese hindurch hatte man in Serpentinen weiter zu gehen, ähnlich wie in einem Laufstall, während über uns, von der durchgebrochenen Decke die losen Fragmente des Blechdaches baumelten. Wie geblendet und voll der Begeisterung drängten und schoben sich die Menschenschlangen durch jene Stallungen um endlich oben angekommen, dem Höhepunkt ihrer Schröpfung entgegen zu sehen. Die Gitter mündeten in einem schmalen Durchlass vor einem kleinen eingezäunten Platz an dem nun kein anderes Vorbeischummeln mehr möglich war. Dahinter hockten drei männliche Gestalten auf einem leuchtenden Tuch. Hinter jenen drei Königen im Straßengewand war eine Art beleuchteter Schrein zu sehen, mit Plastikblumen und beleuchteten Heiligen aus Gips oder Plastik, was aus meiner Entfernung nicht ganz zu sehen war.

Der Erste der Männer streifte eifrig die hingestreckten Rupienscheine ein, warf sie sogleich ohne die geringste Regung in einen alten Topf daneben. Der nächste nahm aus der zweiten Hand der Büßer, jene zuvor von den ambulanten Händlern erworbenen Blumenarrangements, warf sie ebenso achtlos in einen großen Korb auf der anderen Seite. War der Korb voll wurde er durch die Hintertür hinaus getragen, wobei ich mich fragte ob die ganze Ladung nicht wieder direkt nach unten zu jenen Händlern ging um einen *heiligen* Kreislauf zu bilden.

Der letzte der drei Männer schließlich übergab zum Dank dafür etwas weißes Pulver an die Zahler, das ähnlich aussah wie kleines Popcorn, während er mit raschen Handbewegungen der Menschenschlange bedeutete sich nicht zu lange aufzuhalten. Den unablässigen Geldfluss keinesfalls zu verlangsamen. Anschließend ging es im Kreis im Inneren des Baues herum bis man auf drei Betonhäuschen in einer weiteren trostlosen Halle stieß. Wieder mit einem beleuchteten Schrein darin, raunte einem jedoch hier noch dazu die gängige, indische *Heiligen-Folkloremusik* aus Lautsprechern entgegen.

In jeder der Hütten wartete ein bunt Verkleideter in Form eines religiösen Geldeinsammlers, winkte die Vorbeiströmenden herein, pries sein winziges Etablissement an ähnlich wie Eintreiber auf der Reeperbahn. Wobei jedem seine Sünden auf spezielle Weise erlassen wurden. In der ersten Hütte wurde verlangt sich nach vorne zu beugen, in dieser Haltung den obligaten Geldschein der Hosentasche zu ziehen und dem Verkleideten mit noch tieferer Verbeugung zu überreichen. Danach wurde ihm mit einem Holzstock auf den Rücken geschlagen, das übergebene Bargeld in einen Eimer geschmissen, der Sünder konnte abtreten, der nächste wurde eiligst herein gewunken.

Im anschließenden, den mittleren Gelass, hatte man anstatt des Stockes einen festen Fingerdruck auf die Stirn zu bieten. Schließlich im dritten und letzten, hatten die Büßer nieder zu knien und einen Gegenstand, welchen ich von außen nicht sehen konnte, an den Mund zu drücken, wobei vom Veranstalter zweimal dazu geklatscht wurde. Jede der heiligen Handlungen dauerte zwei bis drei Minuten, wonach der nun von seinen Sünden befreite sofort rechts aus dem Häuschen treten konnte, während der oder die nächste sich links hineinschob.

Höhepunkt der bemerkenswerten Veranstaltung war für meinen Geschmack jedoch ein abgewetzter Betontiger in der Mitte eines kleinen Raumes, etwa in der Größe eines mittleren Hundes, welcher in den fragwürdigen Genuss kam von allen Vorüberziehenden kniend, am linken Ohr abgeküsst zu werden. Einige schreckten sogar nicht davor zurück, sich vor der Figur mit ausgestreckten Armen hinzuwerfen, mit Tränen der Entzückung in den Augen, während ich dieses ganze, erstaunliche Treiben verblüfft aus der Distanz betrachtete. Immerhin, das Abküssen dieser Betonfigur war als einziges im Tempel *kostenlos*. Man traute seinen Augen kaum.
Der Abgang führte über einen verlotterten, geheiligten Betondurchlass samt rostigem Eisengeländer, allesamt vom Flair eines heruntergekommenen Luftschutzkellers, noch immer barfüßig, hinab zu jenem Platz oberhalb der Gondelbahn, an dem man ursprünglich angekommen war. Hier immerhin bekam man am Ende seine Schuhe wieder, gegen eine heilige Spende selbstverständlich.
Anstatt mein Rückfahrtticket mit der Gondel zu benutzen, beschloss ich den Fußweg nach unten zu nehmen und meine verwirrenden Eindrücke etwas auf die Reihe zu bringen. War es möglich, dass diese tausende von Indern täglich tatsächlich überzeugt waren von derart durchsichtigem Hokuspokus und glaubten sie ernsthaft daran durch diese Form der Geldablieferung von irgendeinem Übel der Welt befreit zu werden? Konnte eine angemalte Betonfigur, abgeküsst oder nicht, dabei helfen auch nur die kleinste irgendwelcher üblen Taten ungeschehen zu machen? Was, wenn nach einiger Zeit, wie zu erwarten war, das passierte was schließlich passieren musste, nämlich nichts. Würden sie irgendwann zur Ansicht gelangen, alles hier an fadenscheinig Gebotenem war nichts als Scharlatanerie, oder vielleicht nur zur Meinung kommen, womöglich nur *zu wenig* Geldscheine abgeliefert zu haben? Das ganze vielleicht nächste Woche zu wiederholen, nur mit mehr Scheinen im Sack? Vermutlich war es wie bei vielen religiösen Massenveranstaltungen in aller Welt. Die Menschen taten was sie bereits als Kinder bei Erwachsenen zu sehen bekamen und was eben alle anderen um Sie herum nun auch taten. Letztendlich war es schließlich auch einfacher die Kraft eines Zementtigers zu beschwören als die Eigene. War ich schließlich selbst von derartigem frei? Waren meine Plastikgötter nicht nur einfach etwas dezenter,

komplizierter und stilvoller aufgebaut, aber schließlich mit derselben Holzwolle gefüllt?

Der Fußweg führte über die Rückseite des Geländes vorbei an jenen Stellen an welchen unübersehbar der Müll der gesamten Anlage den Hang hinuntergekippt wurde. Wo auch der Aufwand des Verputzens der Außenmauern eingespart worden war.

Die Fußwegbenutzer waren schließlich kaum jenes gewinnbringende Publikum, für welches sich ein solcher Aufwand rechnete. Nach einiger Zeit ließ die Vermüllung etwas nach. Nur noch vereinzelt hingen Plastikfetzen in den Bäumen oder lagen entlang des Weges die allgegenwärtigen Reste der Verwertungsgesellschaft.

Unverkleidete Affen, also die echten, holten sich den einen oder anderen Rest daraus hervor, wobei ein überaus großes Exemplar mich entdeckt hatte, und direkt auf mich zu wankte. Angriffslustig sich vor mir auf dem Weg aufbaute und unverhohlen eine Spende einforderte. Als diese auf sich warten ließ, kam er mir mit einem nicht ungefährlich aussehenden Zähnefletschen gefährlich nahe. Ich fühlte mich bereits ernsthaft bedroht. Wenn mich der Affe anspringen oder beißen wollte, wovon ich bereits öfter gelesen hatte, standen meine Chancen denkbar schlecht als Sieger hervorzugehen. Im Gegensatz zu dem großen Tier hatte ich diesbezüglich auch keinerlei Erfahrungen aufzuweisen. Während ich langsam vor dem böse blickenden Affen zurückwich kam dieser immer weiter auf mich zu. Im letzten Moment ertönte von irgendwo her ein Ruf. Ein Inder, etwas weiter unten auf einer Decke kauernd, zwischen ausgebreiteten Decken und Dosen unbekannten Inhalts welche er zum Verkauf anbot, erreichte damit, dass das Tier sich gehorchend zu ihm umblickte und endlich abzog.

Dankbar nickte ich ihm zu, er mir zurück. Ich hätte ihm gerne etwas abgekauft, hatte jedoch weder die leiseste Ahnung was er da überhaupt anbot, noch was es wert sein mochte.

Mulmige Stunden und gemischte Gefühle im Nationalpark.

Auf einem Tucktuck ließ ich mich nun zu einem der Zugänge zum „*Nationalpark Rajaji*" transportieren.

Nationalpark Rajaji

Der einige Kilometer nach Haridwar beginnende, etwa 820 km² große Nationalpark war bereits 1983 aus drei kleineren Schutzgebieten entstanden. Die abwechslungsreiche Landschaft wurde teilweise von Buschwald überzogen sowie den Flussniederungen des Ganges, welcher in der Regenzeiten mitten durch den Park floss und von ausgedehnten Grasebenen. Berühmt war dieser Park für seine wilden Elefanten und einer kleinen Anzahl von Tigern. Sogar Leoparden und Braunbären sollen hier ihren Lebensraum haben sowie Antilopen und verschiedene indische Reh- und Hirscharten. Der Park stellte auch ein Vogelparadies dar. Erlaubt war der Eintritt jedoch nur in Reisegruppen oder durch Mieten eines Jeeps samt Führer.

Beim ersten Versuch am Vormittag, bei dem mich ein Tuck-Tuck Fahrer zu einem kleineren Eingang nördlich von Haridwar gebracht hatte und lediglich zwei traurige Helden in Uniform vor einem verriegelten Tor in ihre Hütte lungerten, um mir nichts anderes mitzuteilen, als dass der Park geschlossen war, kehrte ich unverrichteter Dinge zurück. Man ließ Besucher nur zu bestimmten Stunden hinein, wobei sie erst umständlich nachgeschlagen hatten wann diese Stunden waren. Sie teilten mir schließlich, nach mehrmaligem Nachfragen mit, dass ich außerdem nur mit einem Fahrzeug hineinkäme, welches ich vorher dort zu mieten hatte. Darüber Auskunft zu geben, was überhaupt das Mieten eines der obligaten Jeeps kosten würde überstieg jedoch ihre Fähigkeiten oder ihr Interesse.

Hier, bei diesem größeren Zugang wimmelte es dafür von fragwürdigen offiziellen oder selbsternannten Parkführern. Welche aufgeteilt in verschiedene Gruppen, herumstanden. Jeder dieser Gruppen schien eine Art Bandenchef vorzustehen. Und kaum hatte man mich, wiederum als einzigen Weißen, als potentiellen Geldspender ausgemacht, steuerte schon der erste von ihnen auf mich zu. Mit schmieriger Freundlichkeit und Taschenrechner bewaffnet addierten sie mir ihre entsprechenden Gebühren vor. 500 Rupien für den Eintritt, 800 Rupien als Ausländerzuschlag, 1200 Rupien für einen Jeep, welcher einen in Folge drei Stunden lang transportieren sollte. Zusammen also 2500 Rupien. In meinem *Du-Mont-Reiseführer* waren die Kosten mit 350 Rupien angeführt. Doch eine einigermaßen große Differenz. Als ich einen von ihnen schließlich fragte ob es nicht möglich wäre das Fahrzeug mit anderen, potentiellen Touristen zu teilen brachte man mich in eine nahestehende hölzerne Hütte am Rand des Parkplatzes. Dort saßen rund um einen Tisch bereits einige Inder, alle etwa im Alter von 25-30 Jahren.

Ein merkwürdiges Fragespiel begann: *„Wie bist Du hierhergekommen? Reist Du alleine, wo wohnst Du, wie alt bist Du? Welchen Wert hat Deine Armbanduhr und ob es eine*

Rolex war und woher ich diese Uhr hatte?"

Das ganze Bündel an Fragen erschien mir doch für einen lächerlichen Eintritt in einen öffentlichen Nationalpark mehr als seltsam. Genauso wie die Umgebung, und die Männer unter denen ich mich plötzlich befand. Ich versicherte der Gruppe dass die Uhr keine Rolex sondern ein Geschenk meiner Frau gewesen war, und ich über deren Wert nicht Bescheid wusste. Tatsächlich hatte sie mir die Uhr aus einem bestimmten Anlass in China geschenkt. Sie sah zwar besonders gut aus, war auch kein Billigramsch, aber vom Wert einer Rolex doch sehr weit entfernt. Schließlich verlangte einer von ihnen meinen Reisepass- und bot mir an in einer Hütte gemeinsam mit der Gruppe etwas zu trinken. Was ich schließlich dankend ablehnte, mein Magen erklärte ich, war nicht der beste. Nun war auch noch ein junger Uniformierter hinzugekommen und stellte weitere seltsame indiskrete Fragen. Die ganze Veranstaltung war mir bereits mehr als unbehaglich. Schließlich zog der Anführer wieder seinen Taschenrechner aus der Jacke und rechnete erneut herum. Ein großzügiges Angebot unter *„ guten Freunden",* 1700 Rupien samt Jeep und offiziellem Führer. Schließlich willigte ich ein, welche andere Wahl hatte ich schon, wollte ich nicht unverrichteter Dinge wieder abziehen? Ich bekam einen Zettel auf dem ich unterschreiben sollte über meine Rechte, Pflichten und Gefahren innerhalb der Anlage aufgeklärt worden zu sein und man gab mir, nachdem ich unnachgiebig darauf gedrängt hatte endlich meinen Pass zurück. Darauf verließen wir die zwielichtige Atmosphäre der Hütte. Drei aus der Gruppe am Tisch, der Uniformierte und ich bestiegen einen alten Jeep den man inzwischen von irgendwoher geholt hatte. Einer von ihnen steckte die Rupien ein und wir brausten los. Am Tor gab der Uniformierte ein Zeichen und unser Fahrzeug wurde durchgewunken. Vor uns ein junges russisches Paar, sie fuhren, wie der Mann, ein Muskelprotz mit Bürstenhaarschnitt, mir sagte auf Staatskosten. Um Details wie Fahrer oder Wagen brauchten sie sich im Gegensatz zu mir nicht zu kümmern.

Kaum waren wir im Inneren des Parks nahm die nächste Fragerunde ihren Anfang. Man war interessiert daran ob ich gewohnt sein Alkohol zu trinken, wenn ja, welcher Art und ob ich Marihuana oder sonstige Drogen konsumierte? Alles in allem eine mehr als seltsame Unterhaltung. Vorsichtshalber verneinte ich alles, stellte mich als strikten Abstinenzler dar und erklärte, dass mir jede Art von Drogen ein Gräuel waren, und dass ich schließlich nur noch einige Stunden allein reiste. Solang bis meine Freunde, die drei (wieder aufgewärmten) Boxchampions aus Europa, mit dem Eilzug in Haridwar eintrafen. Diese würden mich nach Ende des Besuches im Nationalpark auch am Tor erwarten. Nun wollten sie auch noch wissen woher meine Freunde kamen, wie sie hießen und wie sie mich letztendlich finden konnten.

Im Erfinden spontaner Geschichten war ich glücklicherweise nicht gerade der Schlechteste. So konnte ich nur hoffen, dass sie mir das alles was sich ihnen auftischte auch abnahmen. Jedenfalls bohrten sie vorerst nicht mehr weiter nach. Nach einigen Minuten über eine holprige Piste, neben ausgetrockneten Flussbetten und durch dürres Gebüsch, zeigte unser uniformierter Fahrer auf ein abseits liegendes großes, zerstückeltes Skelett eines toten Tieres.

„Antilope", meinte er lapidar. *„Tiger essen!".*

Ich schwieg dazu, sah mich vielmehr bereits in düsteren Gedanken, meiner *„Rolex",* der Kamera und den anderen Habseligkeiten entledigt, der abgenagten Antilope am Straßenrand Gesellschaft leisten.

„Dort, dort...!" deutete einer der anderen plötzlich in eine Richtung.

„Ein Hirsch!". Doch so sehr ich mich auch anstrengte, ich sah nichts außer Steppe und Gras. Wir holperten weiter die mit größeren Steinbrocken eingerahmte Piste entlang, wobei ich mich schließlich bald sehr intensiv in eine Fernsehserie aus meiner Kindheit, welche sich *„Daktari"* nannte, versetzt fühlte. Damals waren die Darsteller, eine kleine Gruppe von Wildtierärzten, samt einem zutraulichen Schimpansen auf der Rückbank, in einem wie ein Zebra schwarz-weiß, gestreiftem Jeep durch ähnliche Landschaften gerattert. Die Inder um mich hatten sich ständig irgendetwas zu erzählen, blickten dazu manches Mal verstohlen auf mich, manches Mal nicht. Bis schließlich einer von ihnen fragte ob ich eigentlich in der Lage war ihr *„Hindu"* zu verstehen. Hier konnte ich schwer lügen, denn eine einzige Frage hätte genügt.

Ich fasste im Geiste meine Situation zusammen: Ich befand mich mitten im tiefsten Indien, unterwegs in einem mehr als betagten Fahrzeug dessen Herkunft nicht weniger fragwürdig war, mit einer Gruppe völlig unbekannter dubioser Gestalten mit denen ich, aus Gründen die mir wenig klar waren im selben Fahrzeug saß. Wenn es darauf ankam, war ich auf mich allein gestellt in einem menschenleeren Park in dem es wilde Tiere gab. Dazu noch ohne gültige Eintrittskarte unterwegs. Kein Mensch wusste von meinem Aufenthaltsort. Der einzige Hinweis auf meine Existenz hier war ein Zettel, auf welchem ich unterschrieben hatte selbst für alle Vorkommnisse verantwortlich zu sein, und der sich nun Gott weiß wo befand. Die seltsamen, ständigen Fragen und das unverständliche Gerede über mich in ihrer Sprache stärkte mein Vertrauen in das ganze Unternehmen nicht gerade.

Irgendwann tauchte in Sichtweite von uns ein zweiter Jeep auf, was mich angesichts meiner Gedankengänge nicht wenig beruhigte. Schließlich holten wir den anderen Jeep ein und beide Fahrzeuge hielten wenig später vor einem länglichen, heruntergekommenen Betonbau, samt einigen wackligen Bänken davor. Zahlreiche Männer hockten dort herum und starrten uns beim Entsteigen der Jeeps an, als wären wir eine aufgegabelte, seltene Spezies von Nationalparktieren. Etwas abseits gab es einen hölzernen Aussichtsturm, den ich bestieg, um jedoch nichts als dürre Graslandschaften, ausgetrocknete Flussbette, abgebrannte Baumstrümpfe und in weiter Ferne etwas Wald zu erkennen. Nach 15 Minuten kehrte die Mannschaft unseres Autos zurück, wobei mir nicht klar war, wo sie eigentlich inzwischen gewesen waren. Wir fuhren langsam los.

Nach einiger Zeit raschelte etwas im dichter werdenden Gebüsch.

"Ein weißes Schwein", wie man mir erklärte. Es war nur in Umrissen zu erkennen.

Sehr gefährlich war dieses Tier, behauptete unser Führer, sobald man darauf schoss, lief es in rasantem Tempo auf einen zu, wobei ich hoffte, dass keiner auf die Idee kam zu schießen.

Als hätte er meine Gedanken gelesen, fragte der uniformierte Ranger ob ich eine Waffe besaß. Keine Waffe, meinte ich kurz, weder hier noch zuhause, das war in Europa nicht erlaubt. Aber in jenen Filmen, welche er kannte wurde ständig geschossen, meinte jener mit seiner schwarzen Piratenhaube, der aussah als wäre er eben von einem Banküberfall zurückgekehrt.

Möglich, meinte ich dazu, aber die Filme die man in Indien zeigte, stammten zumeist aus Amerika. Nun kam die überraschende Frage:

„ Aber Du hast gesagt, Du kommst aus Australien. Australien und Amerika sind nicht dasselbe?" Mühsam versuchte ich zu erklären, dass ich weder Australier noch Amerikaner war sondern Österreicher! (*„I am from Austria!"*, wie schon Reinhard Fendrich einst gesungen hatte). Und auch das AUSTRIA mitten in Europa lag, und

Australien schließlich woanders lag als Amerika. Seinem Blick nach zu urteilen war ich mir nicht sicher ob er mir Glauben schenkte. Und ob er überhaupt jemals eine Landkarte in seinen Händen gehabt hatte.

Die ganze Grassteppe war am Boden schwarz, zahlreiche Bäume ragten als kahle, wie abgebrannte Gerüste in die Landschaft. Ich wollte wissen ob der Nationalpark öfter Opfer von Feuerstürmen wurde. Zu meiner Verblüffung erklärte der Uniformierte, dass die Nationalparkverwaltung selbst von Zeit zu Zeit Teile des Parks anzündete(!).

Auf diese Art und Weise, versicherte er mir, wurde am besten für neues Wachstum gesorgt. Tatsächlich entdeckte ich zartes Grün unter der rußigen Erde hervorsprießen. Ich hatte keine Ahnung wie man Nationalparks pflegte. Diese Art der Behandlung ließ im Hinterkopf jedoch eher den Verdacht aufkeimen auf diese Weise, wie üblich, einfach den eigenen Arbeitsaufwand zu minimieren. Vielleicht lag ich mit meinen Vermutungen auch ganz falsch. Wer konnte das schon wissen?

Plötzlich war in einer gewissen Entfernung vor uns der zweite Jeep wieder aufgetaucht, stand hinter einer Gruppe einzelner Bäume.

„Elefanten!", rief unser Anführer.

Tatsächlich sah man mit scharfen Augen etwas weiter entfernt zwei oder drei dieser Tiere mit ihren Rüsseln an den Ästen der Bäume reißen. Hauptsächlich sah ich aber nur die Köpfe und wie die Bäume sich bewegten. Nach einigen Minuten fuhren wir weiter, der vordere Jeep setzte sich wieder ab.

Zu meiner Überraschung fragte mich der Ranger nun:

„Welche Tiere willst Du jetzt sehen?"

„Jene, welche es im Park eben gibt" antwortete ich auf die seltsame Frage.

„Ok", meinte er lapidar. Offenbar mit der Antwort zufrieden.

Wie ich mich erinnerte waren auf einem riesigen Plakat vor dem Eingang zum Park Fotos von allerlei Tieren zu sehen gewesen, die ich nun vergessen hatte. Seltsamerweise auch von einer riesigen Meeresschildkröte. Im Text war von einem einzigartigen Elefantenparadies die Rede gewesen, auch von indischen Tigern. Mangels Meer oder einem Gewässer überhaupt, bezweifelte ich sehr, dass es hier irgendeine Art von Meeresschildkröten zu sehen gegeben hätte. Aber ich wollte auch nicht danach fragen. Wie viele Tiger eigentlich im Park unterwegs waren, das immerhin wollte ich wissen. Sechs Tiere, meinte daraufhin unser Fahrer, würden irgendwo herumstreifen. Ich überlegte wie glaubwürdig diese Angaben waren und wie sie etwa zu dieser Zahl gekommen waren. Traten die Tiere vielleicht wenn sie aus dem Wald hervorkamen immer gemeinsam auf, alle sechs zusammen? Bekam man sie denn nicht lediglich als einzelne Schatten aus der Ferne zu Gesicht? An *gechipte* Tiere konnte ich angesichts der Zustände hier kaum glauben. Der Ranger meinte, lediglich alle paar Jahre hatte man einen zu Gesicht bekommen, wie also hätte man die Tiere jemals einfangen und kennzeichnen können? Aber was wusste ich schon hier – außer aus einem Land zu stammen, in dem Österreich nicht Amerika war.

 Nach einiger Zeit bog unser Fahrzeug plötzlich von der Piste ab, auch von dem zweiten Fahrzeug das vor uns sein musste, war nichts mehr zu sehen. Wir kamen zu einer Einfahrt, hinter welcher einige hässliche Betonklötze standen, umgeben von einer Mauer.

„Machen Pause", war die lapidare Auskunft.

Einer der hinteren Männer in einer Trainingshose bezeichnete sich nun schließlich auch als *Ranger* und hauste nach eigenen Angaben ständig in einem dieser Bunker. Man bot mir wieder Getränke an die ich jedoch ebenso dankend wieder ablehnte. Durch die offene Zimmertür konnte ich einen Blick in das Innere des Raumes werfen, wo zwei dürftige Liegestätten und ein Tisch zu sehen waren. Im ganzen Zimmer lagen leere Gläser und Flaschen, Zigarettenreste und schmutzige Kleidungsstücke chaotisch verstreut. Muffiger Geruch drang durch die Tür. Von irgendwoher tauchte schließlich noch ein weiterer, junger Uniformierter als sogenannter Ranger auf und setzte sich zur Gruppe oben auf die dürftige Terrasse. Es wurde viel geredet, gedeutet und geraucht. Ich hielt mich unten auf, besah das Gelände ringsum und hielt mich vorsichtshalber in der Nähe des Fahrzeuges bereit. Was, dachte ich, wenn nun einer mit dem Wagen hier mitten im Nichts verschwand? Mir fiel dabei nichts Besseres ein, als das von Hand aufgemalte Kennzeichen unseres Jeeps zu fotografieren und ich fragte nochmals nach oben was wir hier eigentlich zu suchen hatten.

„Machen Pause. 10 Minuten!" kam die gleiche Antwort. Als hätten meine Gehirnwindungen telepathische Fähigkeiten, war inzwischen der neu hinzugekommene *Ranger* an mir vorbei von hinten in den Jeep gekrochen. Ich fragte auf die Terrasse hinauf ob wir nun endlich weiterfahren würden.

„Unser neuer Freund fährt ab jetzt den Jeep!", rief mir der bisherige Fahrer von oben zu.

„Kein Problem" meinte ich, und wollte auch hineinklettern.

„Nicht Du!" kam die Antwort von oben, *„Er macht nur eine Probefahrt, einen Test…"*

„Test? Wozu…??" fragte ich nun bereits äußerst harsch.

Keinesfalls wollte ich in einem dieser stinkenden Zimmer hier mein Licht ausgehaucht wissen. Dann lieber im heiligen Ganges, wenn es schon sein musste. Ich fragte mich, ob ich aber vielleicht an Paranoia zu leiden begann. So plötzlich wie der *Test* notwendig geworden war, ließen sie ihn nun jedoch wieder ausfallen. Kommentarlos fuhren wir weiter.

Eine Herde Rehe war zu sehen, eine Rasse mit weißen Punkten. Der Umriss eines Tieres welches sie im Vorbeifahren als *Schwarzantilope* bezeichneten, auf die Entfernung jedoch keinen Unterschied zu einer gewöhnlichen schwarzen Straßenkuh erkennen ließ, bewegte sich im Gebüsch hin und her. Aber schließlich war ich Laie.

Später begegneten wir tatsächlich etlichen domestizierten Hauskühen welche im Nationalpark weideten. Was für die Tiere, mit oder ohne Tiger, paradiesisch sein musste im Vergleich zu ihren Müll und papierfressenden Kollegen in Delhi. Dennoch erschien es mir seltsam, einen Nationalpark, in welchem angeblich die gefährlichsten Tiere des Landes umherstreunten, den angrenzenden Bauern als Kuhweide zur Verfügung zu stellen.

Dann endlich das Erhoffte; nach der Fahrt über ein fast ausgetrocknetes Flussbett, wonach die Piste eine Biegung um einen Hügel herum machte, vor uns, mitten auf der Piste ein Riesenelefant, aus 30-40 m Entfernung im Galopp auf uns zulaufend! *„Oh, ooohh!"* rief unser Fahrer. *„Es ist ein Mann. Sehr gefährlich, sehr, sehr gefährlich er sucht Sex!!* Wobei er wie von der Tarantel gebissen am Steuer riss und versuchte das Fahrzeug auf der Piste zu wenden. Währenddessen gelang es mir noch einige gute Aufnahmen zu schießen. Schließlich war dieser Elefant endlich das erste, eindeutig erkennbare Tier auf dieser ganzen Fahrt gewesen. Als wir es schließlich geschafft hatten das Fahrzeug zu wenden und mit Vollgas in die Gegenrichtung zu preschen, bog der Elefant ins Unterholz ab und verschwand aus unseren Augen. Mit uns, wie es immerhin schien, wollte der Elefant keinen Sex. Als wir weiter gefahren waren begegneten wir noch einem kleinen Trupp mit weiblichen Elefanten, ebenso auf der Suche nach Sex, wie der Ranger betonte. Sodom und Gomorrha also im Nationalpark.

Am Ende kamen aber alle lebend davon. Hände wurden geschüttelt, mit „Mein Freund" auf die Schultern geklopft und seltsam gegrinst. Alles war ganz harmlos, aber schließlich - man wusste ja nie.

Da sich am Tor inzwischen kein Fahrzeug mehr befand legte ich die sechs oder sieben Kilometer nach *Haridwar* zu Fuß zurück. Nun war es fast Abend geworden. Entlang der Straße bemerkte ich noch verschiedene Rehe und Wildschweine welche sich laut grunzend in verschiedene Richtungen absetzten. Trotz der vergleichsweise abendlichen Kühle, waren die Temperaturen auf dem Asphaltband noch immer ziemlich hoch, sodass mir nach kurzer Zeit der Schweiß über das Gesicht zu rinnen begann, während ich aus der Ferne, vom anderen Ufer des Flusses, wo *Haridwar* lag, das rhythmische Singen und Wogen der Massen von den Stufen des Ganges vernahm. Wieder würde ich zu spät gekommen sein um diese tägliche Zeremonie mit eigenen Augen zu beobachten.

Eineinhalb oder zwei Stunden später überquerte ich endlich den Ganges über die Brücke eines mehr als baufälligen Wasserkraftwerks, welches sich quer über den Fluss erstreckte. Das Ganze machte den Eindruck als stamme es noch aus Nehru`s Zeiten. Ob damit noch irgendeine Art von Strom produziert wurde war mehr als zweifelhaft.
Einige Zeit streifte ich noch im Bahnhofsviertel umher, nahm irgendwo eine kleine Mahlzeit ein und ließ mich müde und erschöpft nachhause transportieren.

Wobei das nun Bemerkenswerte war: Der Mann welcher das Tuck-Tuck steuerte, ein gepflegter, intelligent aussehender Mensch um die dreißig, mit dem Gesicht eines Ingenieurs der sogar weiße Handschuhe trug, verwandelte sich nicht sobald er am Steuer saß in einen rasenden Irren und schaffte es dabei sogar während der ganzen 15 Minuten in behutsamer Fahrt kein einziges Mal auf die Hupe zu drücken.

Doch auch ohne das permanente produzieren von Schall und Lärm, gerieten wir weder in Massenkarambolagen, noch pflasterten Leichen den Weg hinter uns, wir waren eine rollende, friedliche Oase inmitten des täglich unablässig dröhnenden Hupkonzertes rings um uns.

17. März, Sonntag. Haridwar

Der heutige Tag sollte der Ruhe, dem Schreiben auf dem kleinen, freundlichen Balkon aus dunklem Granit im liebenswerten *Hotel Urmi* dienen. Sorglos und ohne Programm wollte ich heute leben. Weder Tempelanlagen, Kirchen oder Moscheen noch Bazare besichtigen, das Unentdeckte weiter nicht entdecken, mich nur ziellos herumtreiben, faulenzen, bestenfalls den einen oder anderen spannenden Menschen betrachten, dessen Gesichte mit der Kamera festhalten, bestenfalls das! Ob aus alldem was ich hier trieb schließlich am Ende ein Buch werden würde war noch dahingestellt. Daran fest zu arbeiten hatte ich mir jedenfalls vor Beginn der Reise vorgenommen, deshalb war ich schließlich unter anderem hier. Die Rückseite Indiens, sozusagen das was täglich hinter den Bühnen und abseits des Rampenlichts vor sich ging, das sollte zu Papier gebracht werden. Um eines Tages, vielleicht erst in vielen Jahren, von jemand in irgendeinem Zug aufgeschlagen zu werden. Jenem Interessierten welcher dann darin las, wollte ich eine Möglichkeit geben zu vergleichen, zwischen dem was *dann* damals sein würde, aber *hier und nun* heute war. Genauso, wie ich es in meinen freien Minuten machte, in diesem Zimmer hinter mir und einem vor rund 25 Jahren verfassten Buch: „Der-Ohne-Namen-See" von *Gerhard Amanshauser*, mit seinen fein formulierten Eindrücken seines ungewöhnlichen Aufenthaltes bei Indiens riesigem Nachbarn, China. Der Autor war längst verstorben, doch mir bot sein bescheidenes Werk, Jahrzehnte danach, Gelegenheit zu vergleichen, meine Erlebnisse und Impressionen, das, was jenes heutige China einem Fremden zu bieten hatte, mit jenem Land, welches er zu seiner Zeit betreten hatte. Dieses mir bei all meinen Besuchen so spannend und interessant erschienene Land. China mit all seinen Gegensätzen sowohl an Schlechtem als auch an Gutem. Oft auch abstoßend und doch grenzenlos anziehend zugleich.
Würde sich vielleicht Indien eines Tages auch solcherart widerspiegeln in meinen Gefühlen? Bereit dazu war ich jedenfalls.
Anschließend schlenderte ich frei von solch komplizierten Überlegungen die dörflichen Seitenstraßen hinter dem Hotel entlang. In Richtung Ganges. Hier gab es, konträr zu den üblichen, schlecht gebauten und abstoßenden Zweckbauten, eine Reihe neuerer, gepflegter Häuser für ein oder vielleicht zwei Familien. Mit breiten Einfahrten und umgeben von hohen Mauern mit goldfarbenen Gitterstäben darauf. Alles jedoch auf sehr kleinen Grundstücken. Ärzte, Juristen und andere wohlhabende Inder waren die Besitzer, wie auf kleinen Täfelchen neben den Eingängen zu lesen war. Jedoch unmittelbar außerhalb der Mauern ringsum wieder dasselbe Bild. Vermüllte, unbefestigte Wege zwischen stinkenden Rinnsalen, wandernden Kühen und streunenden Hunden.

Selbst als Wohlhabender, ja gar als Reicher, war man in diesem Lande, in Indiens Städten nicht in der Lage, das Elend rundherum aus vergiftetem Wasser, von in Urin getränkten Mauern und den ständig wachsenden Müllhalden, sich weiter als wenige Meter auf Distanz zu halten. Man konnte sich bestenfalls eine winzige Insel zwischen alldem errichten.

Patrik Ehnsperg

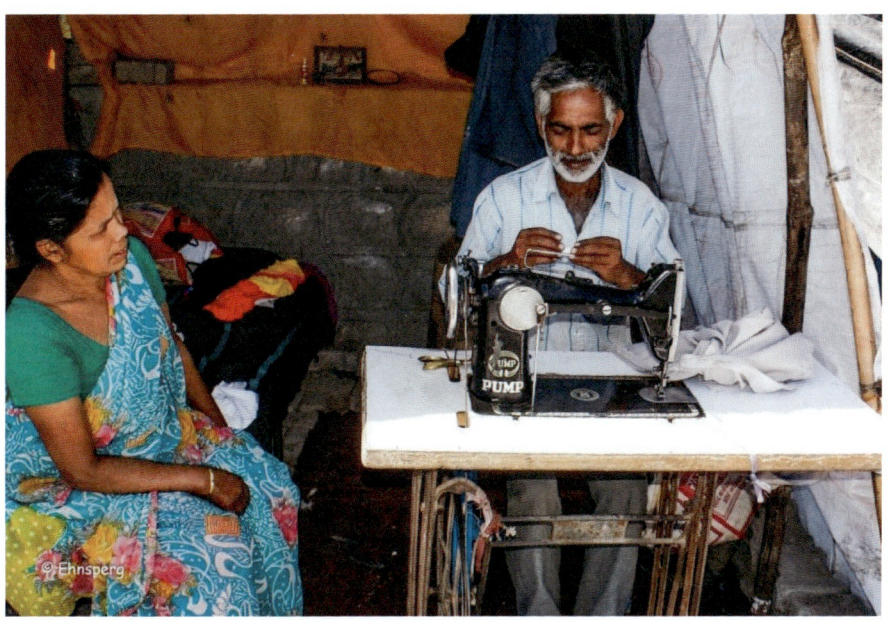

Etwas später kam ich an einem der üblichen kleinen Läden vorbei, wo ich auf dessen kleinem Vorplatz etwas für Indien erstaunliches zu sehen bekam. Ein Mann der einen Hund wusch und einseifte! Was auf mich, in diesem Land der Millionen einsamer Streuner schließlich einen erfreulichen, fast vertraut menschlichen Eindruck machte.

Als Tierfreund betrachtete ich natürlich den täglichen, für alle unausweichlichen Umgang eines Volkes mit seinen oft unfreiwilligen *„Lebensgefährten"* in besonderem Maße. Indien ging behutsam, oft auch gleichmütig mit seinen vierbeinigen Mitbewohnern um. In den meisten Fällen waren sie einfach da. Gewollt oder ungewollt.

Man ließ ihnen im wahrsten Sinne einfach *freien Lauf*. Abends wurden aber oft Speisereste in kleinen Schüsseln vor die Haustüren gestellt. Dass man sie absichtlich schlecht behandelte oder gar drangsalierte bekam ich kaum zu Gesicht. Selten wurde eine überfreche Kuh, die einem Gemüsekorb zu nahe kam, mit einem nassen Fetzen verjagt. Mochte es die Religion sein oder das lebenslange Miteinander, im gemeinen Alltag wurden Tiere gut behandelt.

Entlang des heiligen Ganges, zu welchem ich inzwischen gelangt war, reihten sich Hindutempel an Hindutempel, fast bis in das Stadtzentrum hinein. Die meisten mit farbigen, großen und kitschigen Statuen vor den Eingängen. Man schien sich fast in eine Art religiöses Disneyland versetzt.

 Hinter einem aufgeschütteten Erdwall am Ufer des Flusses badeten Menschen wie an einem Strand. Unmittelbar überkam mich als Europäer natürlich ein gewisser Ekel ob des ganzen auf dem Fluss dahin treibenden Mülls, den Plastik und Stofffetzen auf dem trüben Wasser mit seinen Schaumkronen und dem was sonst noch alles daherkam.

Doch hier am nördlichen Teil des Flusslaufs war alles vielleicht sogar noch zumutbar, im Vergleich dazu was sich hunderte Kilometer weiter südlich im selben Fluss abspielen mochte. Ich spazierte weiter die Straßen hinab ins Zentrum und bekam in der schwülen Hitze des Vormittages Lust darauf, einen jener herrlich erfrischend aussehenden Limonendrinks zu probieren, welche überall am Straßenrand angeboten wurden. Auf einem kleinen Karren mit zwei Rädern waren unter einem Sonnenschirm auf der rechten Seite einer Glasvitrine ein Stapel frischer Zitronen sowie auf der linken Seite eine Reihe durchsichtiger Glasflaschen ausgestellt. Verlockend wie alles aussah, wollte ich sofort davon kosten. Gleich neben dem Karren wurde eine altertümlich wirkende Maschine, welche von einem Dieselmotor angetrieben war in Betrieb gesetzt. Dicke Bambusrohre wurden von dem Ungetüm verschlungen um dafür am vorderen Ende einen merkwürdigen Brei aus Fasern mit einer flüssigen Substanz auszusondern. Die *Bambusrohre* waren in Wahrheit jedoch Zuckerrohr, was man ob der Dicke und trockenen Festigkeit kaum vermuten konnte. Das Ganze wurde gemischt, gestampft, dies und jenes zugeführt sodass es wie in einem Hexenkessel brodelte, zischte und rauchte. Der Brei und die Flüssigkeit wurden in ein Blechgefäß gefüllt, alles gemixt gerührt, einiges davon wieder weggeschüttet, der Rest umgefüllt in einen Becher und das Ergebnis dann mir in die Hand gedrückt. Alles für zehn Rupien, also etwa € 0,15. Kaum jemals hatte ich jedoch gekostet, musste ich verblüfft feststellen, selten etwas Ekelhafteres, Bittereres und zugleich Salziges in meinen Mund gespürt zu haben.

Da der junge Bursche, der dies alles ganz sorgfältig zubereitet hatte, ein sehr liebenswürdiger und freundlicher Mensch war, wollte ich ihn jedoch nicht beleidigen und spukte das grässliche Zeug erst sobald er sich umgedreht hatte, hinter mir auf den staubigen Boden. Mir war, als hätte ich pures Geschirrspülmittel gegurgelt.

Dankend und ihm die Hand reichend verabschiedete ich mich, nicht ohne dem Jungen zu versichern alles habe ausgezeichnet geschmeckt. Eilte nur schleunigst weiter um die Ecke, zum nächsten Stand um mit einer Flasche Fanta den entsetzlichen Geschmack wieder aus meinem Mund zu bekommen. Müde von der Hitze und vom Gehen wollte ich die letzten Kilometer bis in die Stadt nicht mehr zu Fuß zurücklegen sondern engagierte mir einen Rikschafahrer, welcher mich jedoch nachdem er die vereinbarten 50 Rupien kassiert hatte, bei nächster Gelegenheit unter fadenscheinigen Ausreden wieder ablud und sich eiligst mit dem Geld davon machte. Was mich zwar einigermaßen in Ärger versetzte, aber angesichts dessen, dass ich dort schließlich umgeben war von mehreren seiner Zunftsgenossen, ich mir nicht zu protestieren erlaubte. Viele von ihnen waren üble, grobschlächtige Gesellen, manche auch angetrunken. Man musste eben vorher besser wählen zu wem man sich ins Gefährt setzte.

Am Bahnhof von *Haridwar*, den ich schließlich wieder zu Fuß erreichte, herrschten unglaubliche Zustände. Am Vorplatz rannte mir schon der erste Trupp von vielleicht domestizierten Wildschweinen über den Weg um in einem Müllberg am anderen

Ende zu wühlen, die sich dann einiges davon hervorzogen, um schließlich kurz darauf hinter Schutthäufen in einer der zahlreichen, ewigen Baustellen wieder zu verschwinden.

Im Inneren des Gebäudes lagerten, eingehüllt in Decken die Menschen kreuz und quer auf dem Boden.

Beim Anblick jener verwahrlosten, noch niemals mit Putztüchern in Berührung gekommenen Schalterhallen und seinen unvermeidlichen Menschenschlangen, eingepfercht und zwischen den eisernen Wartestangen Drängenden, verspürte man nichts als die Lust unverzüglich wieder umzukehren. Jene bevorstehenden, langwierigen Diskussionen mit oft unfreundlichem, überfordertem Personal, verschanzt hinter ihren Gitterstäben über den schmutzigen Scheiben und nur ansprechbar durch winzige Luken, zu denen man sich als Fahrgast hinunter zu beugen hatte.

Hatte man Pech erhielt man die Antworten noch dazu in kaum verständlichem Englisch und erfuhr kaum etwas anderes als das Desinteresse auf seine Fragen oder gar an irgendwelchen Lösungen.

Da Sonntags der Personalstand der Fahrkartenverkäufer noch dünner war als an den anderen Tagen und Ticketreservierungen an diesem Tag offenbar überhaupt unmöglich waren, blieb mir nichts anderes übrig als mich am nächsten Tag erneut her zu bemühen um ein weiteres Mal vorzusprechen. Wovor mir im selben Moment bereits graute. Wieder am heißen, staubigen Vorplatz angelangt, zwängte ich mich vorbei an der Wand aus den üblichen, unvermeidlichen händeausstreckenden und zurufenden Schlepperhorden, Rikschafahrern, Bettlern und Hotelanbietern auf die Hauptstraße und zog durch den Bazar in Richtung Zentrum, wo um 18:00 Uhr wieder das zeremonielle Spektakel zwischen den Brücken auf der betonierten Insel seinen täglichen Lauf nehmen sollte.

Hunderte hatten sich eingefunden, hockten auf den Stufen am Flussrand und ließen sich von bissigen Wärtern wie Herdentiere zusammentreiben. Während auf der gegenüberliegenden Seite etwa zehn Mönche, einige davon in orange Gewänder gehüllt im Rhythmus ihre Suren zu leiern begannen, sprangen die uninformierten Wärter mit Trillerpfeifen herum, pfiffen (*mangels Hupen*) wie wild in die Menge, gestikulierten und belehrten die Frommen über geziemliches Verhalten auf derart geheiligtem Gelände oder wiesen sie barsch zurecht und machten sich auf alle Art wichtig.

Hier und dort durfte man sich ihrer Meinung nach nicht hinsetzen, keinesfalls irgendwo anlehnen sondern hatte sich genau dorthin zu hocken, wohin einen die Aufpasser mit ihren Fingern einen Platz zuwiesen. Als schließlich der Gesang auf der anderen Seite einen gewissen Höhepunkt erreichte, sprangen die Wärter nun in die Mitte der Knienden und Hockenden und begannen auf diesen oder jenen Gläubigen durch die Musik hindurch laut einzubrüllen, wobei ich nicht erkennen konnte, was im Einzelnen deren Verfehlungen gewesen waren. Einige hatten sich offenbar nicht nahe genug zusammengedrängt oder nicht euphorisch genug an den entsprechenden Stellen der Rhythmen die Hände in die Höhe gerissen.

© Ehnsperg

Der Gesang wurde nun rasch lauter und die Töne aggressiver. Bald klang alles für mich wie eine orientalische Marschmusik in welche ein Vorsänger durch sein lautes Geschrei einen gewissen Rhythmus einbrachte. Wobei auf dem Höhepunkt der Strophe die Anwesenden eine Art von Antwort, laut schreiend oder singend zu erwidern hatten. Das Ganze machte für mich den Eindruck eines wilden Kasernenhofes wo einige Anführer ihre Befehle brüllten während die Masse unter ihnen begeistert die Hände in die Luft zu reißen hatte. Die ganze Veranstaltung wurde mir bald über alle Maßen widerwärtig und erschien mir, so gänzlich bar jeglicher spirituellen Stimmung, eher als eine Versammlung unter militanten Hasspredigern als eine geistig, religiöse Zeremonie. Die Mehrheit der schunkelnden Massen jedoch hob und senkte begeistert ihre Arme auf Befehl und schrie ehrgeizig die passenden Antworten.

Tat dies einer nicht, sprang unverzüglich einer der Wärter herbei und teilte zu aller Absurdität Strafzettel aus. Jeder solchermaßen Bloßgestellte musste noch dazu vor allen anderen eine lautstarke Rüge über sich ergehen lassen.

Unverständlich allessamt!

Schließlich verließ ich den üblen Zirkus und stieß etwas weiter vorne auf eine kleine Gruppe von etwa fünfzehn am Boden hockenden *Hare Krishna* Anhängern. Überwiegend ältere Frauen sowie einem jungen Trommler und gleichzeitig Vorsänger, in der Mitte ihres Kreises. Leise und rhythmisch wurden hier die Strophen gesungen, fröhlich lächelnd machten alle mit, sangen und klatschten leise dazu: *„Hare Krishna, Hare Krishna, Krishna Krishna, Hare Hare, Hare Rama, Hare Rama, Rama Rama, Hare Hare..."*

Wie angenehm, fröhlich und fast ehrfürchtig ging man hier miteinander um.

Im Vergleich zu jenem ekelhaften Getöse des Massenauftriebes am anderen Ende der Insel.

Man konnte sich dabei jene, in letzter Zeit häufigeren Übergriffe Extremistisch er Hindus im Norden Indiens gegenüber verschiedenen Andersgläubigen gut vor Augen führen. Jegliche derartiger Massenkundgebungen samt ihrem Getöse, auf welchen versucht wurde, die Menschen durch zugebrüllte Befehle und die daraus entstehende Gruppendynamik dazu anzutreiben dieses und jenes zu tun oder zu unterlassen, waren mir auf das Tiefste zuwider. Viele Menschen schienen jedoch weltweit das genaue Gegenteil zu empfinden. Sie fühlten sich nur wohl inmitten einer dumpfen Menge gleichgesinnter, leidenschaftlicher Befehlsempfänger. Dort wurden sie schließlich nicht dazu aufgefordert, das zu tun was solchen Menschen oft am schwersten fiel, nämlich eigenen Verstand oder Urteilsvermögen einzuschalten. Sie fühlten sich am sichersten, in dem sie genau das taten, was alle anderen vor und neben ihnen machten, dasselbe schrien was alle anderen schrien!

Über alle Stiegenaufgänge verstreut wartete schon die übliche Schar der Bettlerinnen, der Verkrüppelten und der Leprakranken denen alle möglichen Gliedmaße, meistens die Finger, fehlten. Ich hatte keine Ahnung ob oder auf welche Weise die Krankheit dieser armen Leute vielleicht ansteckend war, konnte nur ihren Mut dafür bewundern, in derart entsetzlicher Hoffnungslosigkeit auf Besserung, jeden neuen Tag weiterleben zu wollen. Immer wieder kamen einem auch jene verwahrlosten Frauen entgegen, in nichts als dreckige Fetzen gehüllt, welche nicht davor zurückgeschreckten ihre nackten, schmutzigen Babys allen Vorbeikommenden entgegen zu strecken, zu profitablem Werkzeug degradiert. Nichts anderes als Geldeintreibungsmaschinen für ihre Mütter zu sein. Einer von jenen schenkte ich das letzte Stück saubere, weiße Babykleidung, welches ich noch in meiner Tasche hatte. Das Weib lachte mir nur seltsam entgegen, hängte das Stück teilnahmslos über ihre Schulter und streckte mir ungerührt die Hand entgegen: *„Rupie, Rupie..!"*. Mochte jemand diesen Frauen auch noch so viel Gewand schenken, die Babys würden jeden Tag von neuem nackt sein, denn nackt bedeutete - mehr Rupien. Keine echte *Mutter,* eine welche diese Bezeichnung auch verdiente und sei sie noch so arm, würde derartiges ihren Kindern antun. Das Paradoxe auch hier in Indien war, je ärmer die Frauen, desto mehr Kinder gebarten sie. Kinder ohne jede Hoffnung, ohne jede Chance auf Ausbildung. Vom ersten Tag ihrer Geburt an auf vorgestellten Weichen, den Wegen und dem Schicksal ihrer Erzeuger unausweichlich nachfolgend.

Eine Generation von Habenichtsen und Bettlern erzeugte drei weitere. Die dürre Wiese im Anschluss an die Brücke hinter dem Platz glich einer großen Müllhalde. Ungeklärt sah man daneben eine üble Brühe aus zahlreichen Abflussrohren in den Fluss rinnen. Gleich dazwischen badeten und wuschen sich nicht nur ganze Familien sondern füllten stolz und mit strahlenden Gesichtern eben dieses Wasser jenes *„Holy Ganges"* sogar in Flaschen ab, um es anschließend abzutransportieren. Andere wiederum schütteten es sich über ihre Körper und Gesichter, rieben sich jauchzend damit ein. Man fühlte sich am anderen Ende der Welt.

Auf dem Nachhauseweg war mir ein großer, vergitterter Gefängniswagen aufgefallen, einer von der Sorte, wie sie sonst nur noch in sehr alten Filmen zu sehen waren. Aus ihm strömten zahlreiche, mit ihren obligaten Bambusstöcken bewaffnete Polizisten, um die freilaufenden Bösewichte Haridwar`s einzufangen und dingfest zu machen. Das Fahrzeug, die Polizisten und ihre Ausstattung erinnerten an Szenen der Panzerknacker aus Mickymaus.

Ob unter den Tausenden von Strolchen dieser Stadt tatsächlich die wahren Verbrecher herausgefiltert wurden, war schließlich mehr als zweifelhaft. Nachdem was ich bisher mitbekommen hatte, vermutete ich eher, dass sie täglich um eine bestimmte Zeit auszogen um eine vorher festgelegte Anzahl an Leuten abzuführen um damit ein gewisses *Plansoll* zu erfüllen. Um ihre Arbeitsplätze zu rechtfertigen und bestimmte Prämien und Beförderungen einzustreichen. Bisher waren mir die Uniformierten in ihrem ganzen postkolonialen Gehabe, mit ihren glänzenden Rangabzeichen und Bambusprügeln, mit welchen Sie arrogant grinsend einher stolzierten, nur entweder durch absolute Ignoranz der wahren Probleme rundum, durch Untätigkeit oder andererseits durch willkürliches Wegnehmen von Rupienscheinen aufgefallen.

18. März, Haridwar – und Rishikesh!

Der Tag meiner Abreise aus dieser ungewöhnlichen Stadt war gekommen, vor allem jedoch aus diesem sympathischen, sauberen kleinen Hotel, welches ich hier zurücklassen musste.

Ich fragte unten den Portier, der immer morgens bis eines der Mädchen kam, in seinem ewig gleichen, roten Hemd Dienst machte, ob ich hier im Hotel oder wo in dieser Stadt ich sonst Geld wechseln konnte. Verblüfft starrte er mich an, als hätte ich ihn um einen Stadtplan von Moskau gefragt. Hätte ich anstatt ihn, den nächstbesten Straßenkehrer draußen vor dem Hotel befragt, die Reaktion wäre wohl eine ähnliche gewesen. Hilflos blickte er sich um ob einer der üblichen Herumlehnenden, von denen natürlich keiner eine Ahnung hatte worum es überhaupt ging, ihm bei dieser komplizierten Frage weiterhelfen könnte. Doch selbst aus dem mobilen Hoteltelefon auf dessen Tasten er eine Zeitlang völlig sinnlos einhämmerte kam keine Antwort. Als letzten Ausweg auf meine anscheinend unlösbare Frage, rief er das Mädchen vom Nachtdienst zuhause an und riss sie aus ihrem Schlaf. Ich hörte sie, noch halb benommen von der Nacht einen Ort nennen, an dem Geld gewechselt wurde. Überraschenderweise war das im Hotel selbst nicht möglich. Doch einige Stunden später sollte ich verstehen warum.

Ich bat den Mann mir den Namen dieses Ortes oder der Straße für ein Taxi auf einen Zettel zu schreiben. Aber selbst das überforderte seine Möglichkeiten hoffnungslos. Schließlich holte er einen jungen Burschen aus der Küche, welcher die schwierige Aufgabe, die notwendigen Buchstaben auf einen Zettel zu kritzeln einigermaßen zustande brachte. Mich erstaunte seit ich dieses Land betreten hatte nur mehr wenig. Dieser (für uns) krassen Form von Hilflosigkeit, selbst bei den einfachsten Handlungen des Alltags, begegnete man in Indien alles andere als selten. Der Großteil der Leute erledigte tagein tagaus dieselben drei oder vier Handgriffe, beantwortete die immer gleichen Fragen. Auch nur das Geringste darüber hinaus glich für viele einer Reise zum Mond. Was im Übrigen jenen Ort ziemlich genau benannte, zu dem ich derartiges Personal in solch zeitraubenden und nervenaufreibenden Situationen gerne geschossen hätte. Aber wer war ich schließlich, außer ein ahnungs - und verständnisloser Gast in diesem Land.

Dennoch würde ich dieses feine, kleine Hotel, vor allem den sonnigen Balkon von meinem Zimmer und selbst den Blick auf den winzigen grünen Rasen doch vermissen. Von allen bisherigen Hotels zuvor hatte ich bestenfalls den Blick auf eine rostige

Abwasserleitung im Hinterhof genossen. Falls überhaupt irgendwohin. Das war das Los, wenn man eben wie ich, *„Mittelklasse und Mittelbudget"*, also nah am Volk reiste. Jene Billigstunterkünfte unter 10 Euro, welche ich bisweilen zu Gesicht bekommen hatte, gar nicht zu erwähnen.

Am Platz vor dem Bahnhof erwartete mich schon die bekannte Truppe von Wildschweinen. Diesmal sogar samt zahlreichem Nachwuchs und verschwand nach kurzer Zeit in der nächsten Baulücke.

Im Inneren des Bahnhofsgebäudes, dessen Alter man schwer abschätzen konnte herrschte nur das übliche Gedränge vor jenen drei geöffneten Schaltern, hinter deren trüben Scheiben man nichts als die Umrisse der schwitzenden und überlasteten Beamten erkennen konnte. Dreißig oder mehr Wartende schoben und drängten hinter jeder Absperrung.

Ein Großteil jener öffentlichen Bauwerke hier, verbreitete nach zehnjähriger reinigungs- und reparaturloser Benutzung oft den Eindruck einer siebzig oder achtzigjähriger Geschichte. In Wahrheit waren sie nicht selten älter als zehn oder zwanzig Jahre.

Die sinnlosen und überdimensionalen, schmutzigweißen Gitterstäbe vor sämtlichen Glasscheiben der Bahnhöfe machten eine Reinigung derselben ohnedies von Beginn an unmöglich. Die Farbe von den Wänden war längst abgeblättert. Die ohnedies niemals ordentlich im Boden verlegten Platten hatten breite Risse. Mehrere fehlten überhaupt.

Die Beleuchtung war desolat, die Türen klemmten und der Uringestank war obligat. Die Verantwortlichen im ganzen Land waren vor allem in einer Kunst geübt: Das Unübersehbare täglich von neuem zu übersehen!

Nach dem dritten erfolglosen Versuch die *richtige* Schlange zu finden hinter welche ich mich anstellen musste, begab ich mich zu einem der zahlreichen geschlossenen Schalter hinter dem ich eine langweilig lümmelnde Beamtin entdeckte. Die einfache Frage nach dem richtigen Schalter zu stellen blieb jedoch erfolglos. Auf meine Frage blickte sie mich arrogant und verständnislos an, warf mir noch herablassende Blicke zu, stand auf und ging wortlos davon. So machte ich mich schließlich auf die Suche nach besseren Lösungen.

Diesmal war es das *„Chief-Ticket-Inspector-Office"* in dem allerdings zwei junge Schnösel in glänzenden Uniformen weder auf mich noch auf sonstige Störenfriede warteten. Mir daher bei meinem ungefragten Eintritt nur verblüfft entgegenblickten. Mein Anliegen, die Unterstützung beim Kauf eines Liegewagentickets nach *Lucknow* stieß hier auf denkbar wenig Begeisterung. Die unerwartete Ausrede: *„Derartige Wünsche ließen sich erst ab 12:00 Uhr mittags erledigen, genauer gesagt zwischen 12:00 und 14:00 Uhr.* Worauf ich sie hinwies, das mir gestern geraten wurde heute, *ab 8:00 Uhr früh* diesbezüglich hier vorzusprechen.

„Ja" meinte einer der beiden Schnösel genervt, *„zwischen 8:00 und 9:00 vormittags ist es auch möglich…"* Es war genau 9:20.

Wenig erfreut verließ ich den Bahnhof mit dem Ziel nun endlich mein Geld zu wechseln. Im Vorbeifahren war mir gestern auf dem Weg zum Bahnhof ein Schild mit dem Hinweis auf eine Bank ins Auge gestochen.

Die meisten Schilder waren außer dem einen Wort, *„Bank",* gänzlich auf indisch verfasst und zwischen jenen tausenden von anderen Schildern entlang der Häuserfronten nur schwierig auszumachen. Dazu kam, dass durch die übliche Verschmutzung oder Rost einzelne Buchstaben verblasst oder völlig unleserlich waren. Dennoch gelang es mir das besagte Schild zu entdecken.

Allein, alles herum erweckte den Eindruck, das Institut wäre gar nicht geöffnet. Das rostige Scherengitter war zwar einen Spalt breit auseinandergezogen, was jedoch kaum als *geöffnet* gedeutet werden konnte. Dennoch spähte ich hinein. Tatsächlich saß einsam im Inneren ein grimmiger, bärtiger Wärter auf einem hölzernen Stuhl, samt riesiger Schrotflinte. Schließlich fasste ich Mut und zwängte mich seitlich gehend durch den schmalen Spalt. Unbeholfen fragte ich den Bewaffneten ob dies eine Bank sei? Wortlos nickte der Mann. Hinter einem Schreibtisch saß tatsächlich ein Mensch und dahinter noch weitere. Ansonsten war alles menschenleer. Ich trug freundlich mein Anliegen vor, wollte Geld wechseln. Ein derart seltsamer Wunsch war in dieser Bank offenbar niemals zuvor ausgesprochen worden. Einer blickte den anderen staunend an, als hätte ich nichts weniger verlangt als alle sollten sich nackt ausziehen. Aber in Indien wusste man immer Rat. Allerdings immer denselben. Auf Bahnhöfen, in Banken oder Hotels. Alles, nur bloß selbst nicht *zuständig* sein. Denn die *Zuständigen* waren am besten immer woanders zu finden, nur nicht dort wo man gerade war! Sie waren auf Urlaub, beim Mittagessen, kürzlich verstorben oder gerade einfach unauffindbar. Noch etwa zehn Häuser weiter und dort gab es die *„Commercial- India- Official- Bank"*. Dort war ich sicher richtig versicherte man mir zweifelsfrei.

Von weitem erkannte ich das Scherengitter, und den Spalt dazwischen. Nur hier war man noch eine Stufe vorsichtiger. In der Mitte des schmalen Spaltes, zwischen den beiden Gittern, auf Fußhöhe waren zusätzlich zwei eiserne Ketten zwischen die offenen Gitterstäbe gespannt! Um alle lästigen, vielleicht als Kunden getarnten Störenfriede von vornherein fernzuhalten. Dafür war der Einfallsreichtum aller indischen Bank- und sonstigen beamten schier unerschöpflich. Außer dem obligaten Schrotflintenträger war ich wieder der einzige, welcher die Idylle jener zahlreich hinter ihren Schreibtischen Verschanzten zu stören wagte. Dasselbe Spiel begann von neuem. Lediglich drei oder vier Häuser weiter, in jener Richtung aus welcher ich gekommen war, linker Hand, dort müsste ich hin, dort würden meine Wünsche freudig erfüllt, hier leider sehe man sich außerstande. Nachdem ich mich dort schließlich, erschöpft, an der dritten Schrotflinte vorbei, durch den dritten Scherengitterspalt hindurch gezwängt und mein Leid deponiert hatte und mich der Geschäftsführer oder jedenfalls jemand

© Ehnsperg

mit einem derartigen Auftreten, mit dem *„drei- Häuser- weiter-Spiel"* wieder hinaus zu komplimentieren versuchte, war meine Geduld erschöpft. Nun sollten sie gefälligst stärkere Geschütze auffahren, um an ihre geliebten Schlafplätze zurückkehren zu dürfen! Ich war böse und wollte nicht mehr locker lassen. Doch die rettende Ausrede hier konnte sich immerhin sehen lassen: Von sich und der Welt überzeugt verkündete der Mensch, stolz über seinen Schachzug: „Allein die *„National-Bank-of India"* besitze die staatliche Befugnis ausländisches Geld auch nur annehmen zu dürfen. Diese, meinte der nun fröhlich gelaunte Direktor befinde sich zu meinem Glück ohnedies lediglich zwei oder drei Kilometer entfernt, in jener Richtung, aus der ich gerade gekommen war.

Inzwischen waren - für indische Verhältnisse nichts - mehrere Stunden vergangen und es schien tatsächlich, als wäre ich meinem Ziel, Geld, lächerliche Euros, gegen wertvolle indische Rupien wechseln zu dürfen, bereits greifbar nahe.

So fragte ich mich auf den Straßen also durch. Bei notorisch Ratlosen. Einige waren sich immerhin bewusst, dass in Indien eine *Nationalbank* existierte!

Allein, einige Zeit später stand ich wieder vor dem Bahnhof den ich einst zum Zweck des Geldwechselns verlassen hatte. Alles was sich üblicherweise auf Indiens Straßen bewegte oder dort niedergelassen hatte, hatte ich inzwischen gesehen. Mit Ausnahme der *National Bank*! Irgendwann, nach einer weiteren halben Stunde des Suchens und Umherirrens, fand ich mich in einer schmalen, staubigen Seitengasse wieder, in welcher immerhin sogar die Hälfte der Straßendecke einen festen Belag aufwies. Von der indischen *Nationalbank* hatte ich naiver Mensch zwar nicht das Prunkgebäude einer westeuropäischen *Nationalbank* erwartet. Aber doch keinesfalls das was mir hier gegenüberstand.

Als ich vor dem elenden Bau mit einer vor Schmutz fast undurchsichtigen Glastür stand, was hier der Eingang zu sein schien, ohne Scherengitter zwar, aber die sich vor Altersschwäche und dem Mist, welcher sich im Laufe der Zeit unter der Tür angesammelt hatte, gerade so weit aufzwängen ließ, dass es mir als dünner Mensch der ich inzwischen glücklicherweise bereits wieder geworden war, hinein zu schlüpfen gelang. Plötzlich, eine leichte Explosion unmittelbar daneben. Ein Anschlag? Schwarzer Rauch nahm mir kurzzeitig die Luft. Sollte ich mich auf den Boden werfen? Als der Rauch sich verzogen hatte kannte ich die Antwort. Rechts neben mir hatte einer die Starterschnur gezogen um einen altersschwachen, dieselbetriebenen Notstromgenerator in Betrieb zu setzen, nachdem es im Inneren der Bank gerade finster geworden war.

War ich in den meisten der vorher betretenen Banken, bei welchen man mich wegen Unzuständigkeit höflich abgewiesen hatte, jeweils der einzige Besucher gewesen, war hier in der *Nationalbank* geradezu die Hölle los. War ich hier auf eine aufgebrachte Masse von notorischen Geldwechslern gestoßen, welche mit ihren Zetteln und Formularen bewaffnet damit durch die Luft wedelte und wild durcheinander rief?

Am berühmten *schwarzen Freitag* der Dreißigerjahre musste in den Banken seinerzeit ähnliche Stimmung geherrscht haben. Irgendwo entstand schließlich im Gedränge eine schmale Lücke, durch die ich mich bis zu einer Beamtin hinter einem Tisch vordrängen konnte und das übliche Gedicht aufsagte. Um endlich meine Euroscheine loswerden zu können. Und hier geschah nun, was ich kaum noch erwartet hatte. Wie oft diesem Land. *WIE UNENDLICH OFT IMMER!*

„Hier sind Sie falsch! " - In der *„National-Bank-of-India"* hatte man keine Befugnis Euroscheine anzunehmen!"

In diesem elenden Laden, der eher einer heruntergekommenen Westernspelunke glich, als einer Bank, besaß man keine verdammte staatliche Befugnis einen einzigen, elenden 100 Euroschein entgegenzunehmen!!

Ich war erschöpft und meine Geduld am Ende, ich hasste dieses System.

Allein die obligate, hinter der johlenden Menge hervorragende Schrotflinte neben dem Eingang hinderte mich daran meiner Stimmung freien Lauf zu lassen. Aber diesmal sollten sie büßen. Ich verlangte vor allen lautstark von dem desinteressierten Weib an ihrem Tisch eine Adresse!

Und zwar auf Papier. Handschriftlich, in Blockbuchstaben, mit der genauen Anschrift, einer ZUSTÄNDIGEN BANK, mit Name und allen Einzelheiten, samt ihrer eigenen Unterschrift! WO und WER war jener staatlich befugte Mensch in dieser ganzen Stadt, der meinen einzelnen Geldschein gegen 6850 Rupien eintauschen durfte? Überraschenderweise zeigte man dafür Verständnis. Auf ausgefüllte Zettel war man schließlich spezialisiert, in diesem Land in dem man kein Straßenbahnticket erwerben konnte ohne den Namen und Vornamen der Großmutter in Blockbuchstaben irgendwo einzutragen. Das Unglaubliche: die Beamtin erhob sich von ihrem ramponierten Stuhl und fragte herum wie sie diesen Wahnsinnigen vor ihrem Schalter, der in einer Nationalbank Euro gegen Rupien zu tauschen hoffte, am schnellsten wieder loswerden konnte. Da Sie mir meine Verbissenheit ansah, nicht von der Stelle zu weichen ohne diesen Zettel in der Hand. Schließlich kitzelte sie tatsächlich alles rasch auf ein Papier. Es war eine Filiale dieser Bank, auch eine *Nationalbank of- India*. Aber eine aber Nationalbank mit anderen Aufgaben, anderen Rechten, anderen Befugnissen. Das einzige Problem war - diese Bank lag etwa 8-10 km entfernt in einer Nachbarstadt namens *Ranipur!*

Der Name dieser Bank war schlicht die: *„Ranipur-Nationalbank-SBI-Branch, Sektor-S".*

„Gegenüber dem BHEL Haupttor, nahe dem BHEL Stadion", war noch auf dem Zettel zu lesen. Obwohl ich gebeten hatte, das alles so hinzuschreiben das auch ein Taxi oder Tuck-Fahrer es verstehen konnte, waren sowohl ihr Verständnis und ihre Geduld nun endgültig erschöpft gewesen. Mit einer Handbewegung in Richtung Flinte zeigte sie mir an, das unser Gespräch nun beendet war.

Mehr als sie getan hatte konnte in Indien schließlich von niemandem verlangt werden. *„Nehmen Sie ein Taxi oder ein Auto"* rief sie mir mit schlechtem Gewissen noch hinterher.

Mit dieser Empfehlung und dem Zettel in der Hand zwängte ich mich vorbei an der drängenden Masse wieder durch den Schlitz in der Türe hinaus ins Freie. Selbstverständlich war dieses Papier kaum von Wert, kein Fahrer konnte es entziffern. Doch mehr zu verlangen war unmöglich gewesen. Erschöpft bestieg ich das nächstbeste Tuck-Tuck und zeigte müde in jene Richtung in welcher ich *Ranipur* von der Landkarte her, welche ich ungefähr im Kopf hatte, vermutete.

Ein *BHEL* Haupttor oder Stadion war dem Fahrer unbekannt, aber er entließ mich an einer Stelle an der man solches vielleicht vermuten konnte.

Wenn du glaubst es geht nicht mehr kommt von irgendwo ein Lichtlein her. An diesen Spruch aus meiner frühesten Kindheit musste ich denken.

Worauf ich längst nicht mehr gehofft hatte, geschah. Bereits in der zweiten Bank, die ich in *Ranipur* betreten und in der ich mein Gedicht aufgesagt hatte – plötzlich ein zustimmendes Nicken. Zuerst meinte ich natürlich der Mensch hätte überhaupt nicht verstanden, was mein Anliegen war. Doch - er hatte. Hier wurde tatsächlich gewechselt. Im Keller allerdings! Durch eine Hintertreppe, vorbei an ausrangierten Aktenschränken und unbenutzten Schreibtischen stieg ich die Treppen hinab ins Kellerbüro.

Ein Raum mit vier Schreibtischen, vier Angestellten und 50 % Frauenquote. Plus einem Störenfried - mich! Ich begrüßte alle Anwesenden herzlich, sprach meine Erleichterung aus, endlich am Ziel meiner Wünsche angekommen zu sein, hier, in diesem wunderbaren, klimatisierten Keller. Erzählte meine Odyssee, von der zehnten Bank zur elften geschickt worden zu sein und wieder zurück. In dieser Stadt, diesem Land der notorisch Unzuständigen! Alle hörten gespannt zu – und lachten – laut, herzlich und aus vollem Hals! Sie kannten dieses Land.

Ich lachte mit. Was hatte ein lächerliches Ausländerlein, ein Ungläubiger, schließlich erwartet in Indien vorzufinden? Ein durchschaubares System? Das weibliche Viertel der Quote schickte sich an, meinen Wunsch tatsächlich zu erfüllen. Freudig übergabe ich meinen 100-Euro-Geldschein samt meinem Reisepass, von deren erster Seite inzwischen die zwölfte oder fünfzehnte Kopie angefertigt worden war, ebenso wie von jener Seite auf der sich das indische Visum befand. Selbstverständlich war man nur berechtigt Geld zu tauschen wenn man im Besitze eines nicht abgelaufenen Visums war. Welches mein Heimatland war, fragte die junge, elegante und hübsche Dame hinter dem Schalter, um meine Angaben in irgendeinem Formular einzutragen. Austria, meinte ich, identisch mit jenem Land, welches auf der Kopie meines Reisepasses, die sie neben sich liegen hatte, angeführt war.

„Ja, möglich…", meinte die Dame in gutem Englisch, aber ihr war nicht klar was die Worte in meinem Pass bedeuteten. Wofür ich natürlich Verständnis hatte.

Schließlich nahm sie den grünen Geldschein in die Hand, betrachtete ihn erstaunt von allen Seiten fragte zu meiner Verblüffung:

„Das ist österreichisches Geld?"

„Ja, das auch. Europäische EURO!"

War es tatsächlich möglich, dass ich, als erster Mensch aus Europa, hier in dieser Stadt mit ihren über hunderttausend Einwohnern den Wunsch gehabt hatte Bargeld zu wechseln? Vorsichtsmaßnahmen sind die Mütter aller Porzellankisten und wurden in indischen Banken nicht nur durch Scherengitter und Ketten an den Eingängen unterstützt. Speziell wenn eine Bankbeamtin etwas derart exotisches wie einen *Einhundert Euroschein* persönlich in die Hand nehmen musste, war am besten noch zusätzlich ein kurzes Telefonat ratsam.

„Ja, Österreich! … mhmm….ein grüner Geldschein…." war das, was ich aus ihrem Gespräch ungefähr heraus hörte.

Nachdem die Echtheit des Geldscheines somit durch eine telefonische Ferndiagnose bestätigt worden war, hatte ich anschließend nur mehr mit acht Unterschriften den Geldwechsel auf verschiedenen Zettel zu bestätigen. Sowie schriftlich, die Echtheit der vorhin *eben hier angefertigten(!)* Kopien meines Reisepasses zu dokumentieren. Anschließend natürlich noch die Echtheit des indischen Einreisevisums und nicht zuletzt *die Echtheit der leeren Rückseiten(!!!!)* sämtlicher kopierter Zettel.

Dann hatte ich noch die Richtigkeit der errechneten Summen und aller Angaben im Gesamten sowie den Erhalt des Geldes zu bescheinigen. Damit stand dem glücklichen Ende dieser unglaublichen Transaktion schließlich nichts mehr im Wege! Endlich! Fertig. Ich konnte mich zurückziehen, wie man mir mit einem Handzeichen bedeutete.

„Aber wo ist das Geld…?"

Alle Teilnehmer verstummten, blickten mich an und lachten wieder lauthals in geselliger Fröhlichkeit.

„Hahahaaa….aber wo ist das Geld? Wo ist das Geld… hahahaaa..!"

Wie klug war doch diese Frage in Indien! Noch dazu von einem Ausländer.

„Hahahaaaaa.."

Das gute Ende der Geschichte folgte schließlich zu ebener Erde, zurück die Treppen hinauf, vorbei an den ewigen Aktenschränken und ausgemusterten Schreibtischen, durch die Hintertür wieder hinein in die richtige Bank, zum richtigen Schalter, zu den richtigen Bündeln und Stapeln mit indischen Geldnoten.

1000 Rupien waren in Indien die größte Geldeinheit, also etwa € 15. Man konnte sich die Plastiksäcke und Koffer vorstellen wenn man etwa zum Erwerb eines Fernsehgerätes, eines Kühlschrankes oder gar Kleinwagens eines ein Geschäft betrat. Das allerdings hatte das Land mit China gemeinsam.

Das einzige was mir somit an diesem Tag noch fehlte, war ein Zugticket zur endlichen Weiterfahrt. Inzwischen war es bereits nach 12:00 Uhr mittags also war jene Zeit wieder vorüber zu welcher man am Bahnhof bereit war, mir im *„Chief-Ticket-Inspector-Office"* ein Ticket im zu verkaufen.

Wie bereits Stunden zuvor waren die beiden eleganten jungen Herren *„Chief-Ticket-Inspector`s"* wenig erfreut mich dennoch eintreten zu sehen. Dieselben Fragen, dieselben Antworten, schließlich füllte man gemeinsam mit mir die nötigen Formulare aus, trug Zugnummern, Abfahrts- und Ankunftsbahnhof ein, zeigte mir wo meine Adresse in Österreich, wo jene in Indien, wo diese und jene Telefonnummern, Namen usw. auf dem Zettel einzutragen waren. Jene Buchstaben welche ich gemalt hatte, wurden noch einmal von des *Chiefinspektor`s* Hand fest übermalt, und auch noch dazu dick unterstrichen!

Doch anstatt mir nun endlich das nötige Ticket auszustellen, teilte man mir lapidar mit, am *„Reservation-Office-Counter No: 561"* würde man nun mein Anliegen mit dem, von den Herren nun übermalten und unterstrichenen Zettel gütlich behandeln.

Nachdem man mich nun endlich wieder und noch deutlicher hinaus komplimentiert hatte, zogen die beiden Herren in ihren nagelneuen und eleganten Uniformjacken an und begaben sich hinter mir her. Dehnten und streckten sich am Bahnsteig, waren froh, den anstrengendsten Kunden dieses Jahres endlich losgeworden zu sein und machten sich auf zu einem ausgedehnten Spaziergang entlang des Bahnhofes. Welchen sie sich nun redlich verdient hatten.

Fleiß wurde in Indien schließlich belohnt. Am Ticketschalter Nummer 561, hinter einer jener drei geöffneten Luken, befand ich mich nun zum dritten oder vierten Mal in einer Schlange, diesmal mit dem unterstrichenen Zettel. Nur um 30 oder 40 Minuten später nichts anderes zu erfahren, als dass der nächste freie Platz nach *Luknow* am 6. April, also etwa in drei Wochen zu haben sei, und ob mein Interesse für dieses Datum aufrecht war? Jenes Datum schrieb der Schalterbeamte auch siegessicher auf mein Formular. Und unterstrich es!

War *Haridwar* nun das Ende meiner Indienreise? Sollte ich vielleicht am besten per Autostopp mein Glück zurück nach *Delhi* versuchen um schließlich den Heimflug am 1. April nicht zu verpassen? War *Haridwar* etwa die geheime Sackgasse aller Indienreisenden aus welcher es kein Entkommen mehr gab?

Wie jede indische Stadt (*woran ich zu diesem Zeitpunkt noch glaubte*) hatte Haridwar auch zahlreiche „*Tourist Office*" zu bieten. Etwa alle paar 300 Meter eines. Die meisten bestanden aus nichts als einem abgewetzten Tisch oder Pult und einem Drucker und einem Telefonapparat. Einige sogar mit Computerbildschirm, wie jenes, welches ich nun auserwählt hatte. Ich erzählte meine Story, mein Unglück der ausgebuchten Züge und siehe da, nach kaum 20 Minuten, dem anfertigen der nun 16. oder 17. Kopie meines Reisepasses, der Angabe der üblichen Daten, lag vor mir ein Zettel mit Zugnummer, Abfahrtszeit, um dem Nummer eines Liegeplatzes. Sogar zwischen „*Aircondition*" (AC) und „*No Aircondition*" (No AC) also mit oder ohne Klimaanlage, konnte ich noch wählen. Und nicht für den 6. April in drei Wochen, nein, für morgen oder sogar noch für heute! Der jeweils letzte freie Platz, wie mir versichert wurde. Immerhin war ich natürlich ein besonderer Glückspilz, was er nicht zu erwähnen vergaß. Auch das.

„*Du bist ein wirklich glücklicher Mann!*" behauptete der Mensch von Touristenbüro.
„*No AC.*" Ohne Klimaanlage, entschied ich mich diesmal, ich wollte schließlich SEHEN - und auf *indisch* reisen.
Ich hoffte nur, das Ticket war echt.

Gegenüber dem Bahnhof von *Haridwar* lag der Busbahnhof der Stadt.

Was man kaum erwarten konnte: die öffentlichen Busse hier waren übler noch zugerichtet als die Waggons der staatlichen indischen Eisenbahngesellschaft!
Sämtliche Fahrzeuge hier machten den Eindruck als wären sie kurz zuvor vom nächstbesten Schrottplatz gezogen worden. Nachdem sie sich zuvor zwei- oder dreimal überschlagen hatten. Das erstaunliche war, dass sie überhaupt ansprangen.
Der Fahrpreis war daher denkbar niedrig.
Mein Ziel war *Rishikesh*. 22 km Entfernung, 35 Minuten Fahrzeit.
Die Fahrt ging über Landstraßen welche aussahen als hätten sie gerade mehrere Bombenangriffe hinter sich. Die Italiener in Shimla hatten nicht übertrieben. Busse und Straßen waren von selber Qualität.

Rishikesh

Am Ziel wollte ich mir nach dem ganzen elenden Gerüttel nun etwas gönnen. In einer Straßenbude, gegenüber dem dortigen Busbahnhof bestellte ich einen Tschai, im abgewetzten Zahnputzglas serviert. Dazu einige Stücke dieser erfreulichen Kokoskuchen. Alles am Straßenrand, mit Plastiksessel und Plastiktisch, auf welchen immerhin noch die ursprünglich helle Farbe zu erkennen war, unter der inzwischen vom Staub und den Abgasen der Straße schwarz gewordenen Schicht.

Ich vermutete, in welcher Richtung in dieser Stadt sich etwa der Ganges befinden musste und zog los. Vorbei an der Müllkippe beim Busbahnhof, welche einmal ein Park gewesen war und hinter den Hauptstraßen der Stadt kam ich in enge Gassen die tatsächlich betoniert (statt asphaltiert) waren.

Das Erstaunliche: zwischen niedrigen, freundlichen Häusern war alles sauberst gekehrt und frei von Müll oder Schmutz. Noch ungewöhnlicher als die Gassen aus Beton aber war, vor einigen der Häuser hatte man tatsächlich Blumenschmuck angebracht. In bunten Farben sprossen allerlei Pflanzen, aus Töpfen herabhängend über die Mauern oder Fensterbänke. Rot leuchteten die Blumen aus dem einen oder anderen adrett gestalteten Vorgarten. Wer mochte hier wohnen? Welche außergewöhnlichen Menschen mochten sich darum sorgen, dass ein kleines Viertel in einer Stadt so völlig anders, so nett, direkt gepflegt aussehen mochte.

Das zweite Wunder folgte auf den Fuß. Ich fragte einen Menschen auf einem Motorrad sicherheitshalber nach der Richtung, in welcher sich der Ganges befand. Was die Richtung betraf hatte ich richtig vermutet, bei der Entfernung schien ich mich aber etwas geirrt zu haben. Wie immer, und das erstaunt in Indien, hatte man auch hier sofort die Anzahl der Kilometer parat. Fünf oder sechs km bis zum Ganges, meinte der Mann, viel zu weit zum Gehen.

„Setz Dich hinten auf mein Motorrad" meinte der freundliche Mensch. Sanft und schwungvoll steuerte er an all den Hindernissen vorbei und ließ mich nach etwa ein oder zwei Kilometer vor einer der Bazarstraßen absteigen und erklärte mir noch in welche Richtung ich mich weiter zu wenden hatte.

Keine ausgestreckte Hand, kein Betrag, kein Wunsch nach zehn oder fünfzig Euros.

„Danke vielmals!" brachte ich noch hervor.

„Kein Problem…" sprach er noch und brauste schon davon.

Kaum jemals war ich so sanft und freundlich befördert worden.

Tatsächlich, nach einigen hundert Metern war ich am Fluss. Hinter einer betonierten Plattform, auf welcher man erfreulicher Weise weder gezwungen war sich seiner Schuhe zu entledigen, noch sonst irgendetwas abzugeben. Über Steine und Schlamm watete ich zum Flussbett. Etwas oberhalb, an jene Plattform angeschlossen war man dabei eine Art Promenade entlang des Flusslaufes zu bauen.

Wer jemals *Asterix & Obelix* gelesen hatte und dabei jene Sklaven, welche an den Römerstraßen bauten, , der hatte nun ein ähnliches Bild vor Augen. Von dem wie hier wie lächerliche zweitausend Jahre später unverändert ans Werk gegangen wurde. Ein einzelner Mensch hatte hier vermutlich bei dem Tempo und der Herangehensweise seine Lebensaufgabe gefunden. Doch immerhin, man brauchte dann in Zukunft entlang des Flusses nicht mehr durch Lehm, Abfall oder Gerümpel flanieren.

Den *Holy Ganga* sah man von weitem hinter einer langen Biegung hervorkommen. An dessen gegenüberliegender Seite war ein fadenscheiniges Wäldchen zu sehen, welches sich über einen kleinen Hang hinauf erstreckte.

Das letzte Wunder des Tages schließlich: Es gab hier tatsächlich Sitzbänke! Kaum jemals hatte mich der Anblick normaler Parkbänke derart entzückt. Der Bürgermeister oder irgendein Mensch dieser vorzüglichen Stadtregierung musste ein Revoluzzer sein, einer der das hatte, was Millionen andere in diesem Land nicht hatten. Er hatte Gestaltungswillen! Entlang dieser Promenade, welche an ihrer Hinterseite an eine hohe Betonmauer grenzte über der sich die Dorfstraße befinden musste, die Gelegenheit zu geben sich auszuruhen.

Den Besuchern dieser Stadt oder den Einheimischen welche abends hier vorbei flanierten, auf feinen, grünen Bänken zu sitzen. Diese Stadt hatte Stil. Das musste unverzüglich genutzt werden.

Die Fototasche als Kopfkissen und ausgestreckt auf einer der Bänke für mich ganz alleine. Und den lieben Gott, Brahma, oder sonst wen, für einige Zeit einen guten Mann sein lassen. *Endlich Ruhe!*

Keinen Lärm, kein ständiges Gehupe wollte ich heute mehr hören, nicht ersticken zwischen Menschenmassen, nichts mehr sehen, nichts entdecken und nicht glauben irgendetwas zu versäumen.

Den *DuMont* auf dem Bauch und nichts als den lauen Wind genießen. Das Rauschen des Ganges, die herrlich warme indische Sonne mitten im März.

In diesen wunderbaren zwei bis drei Stunden, welche ich auf dieser Bank halb lesend, halb schlafend verbrachte, spürte ich eine Verwandlung meiner westlichen Seele - langsam und sicher - in eine indische. Keine lähmenden, hässlichen Gedanken über Lärm, Schmutz, Abgase, Armut, Elend oder Krankheiten, über alles Mögliche, störten diese Idylle hier. Nein, nur *Ich* war, das Rauschen des Flusses, die herrlich wärmende Sonne und der kühlende Wind. *Carpe diem - pur!*

Eine große innerliche Freude überkam mich, dass ich Indien, nach allem Gesehenen, Erlebten unversehrt überstaden hatte und noch im Besitz meiner sämtlichen Gliedmaßen war. Kein geliebter Finger der fehlte, kein Bein. Alles war wo es sein sollte.

Etwas Geld in der Tasche, die Kamera unter meinem Kopf, mein Heft, meinen Schreiber. Es gab nichts was ich in diesem Moment darüber hinaus vermisste.

Völlig unverhofft war es hier auf dieser Bank, wie von Zauberhand plötzlich möglich, mein kleines Leben zu genießen, völlig in mir zu ruhen, sich des Sonnentages zu erfreuen und der Tatsache dass ich sicher und wohlbehalten einfach leben durfte.

Für einige Stunden verschwand dieses ewige aufreibend westliche Denken, irgendetwas, was gerade nicht zur Verfügung war zu vermissen. Ständig nur *das* zu sehen was gerade *nicht* funktionierte oder *weniger* schön war.

In solcher Stimmung war es möglich auch alles sonst Unübersehbare in Indien eine Zeitlang zu übersehen. Gerade hier, auf einer gewöhnlichen, grünen Bank sollte mich Indien, das wahre Indien für eine Zeitlang erfassen.

Natürlich strömten immer wieder Bettlerinnen vorbei, hielten ihre Büchsen her, vierbeinige herrenlose Hunde liefen vorüber, auch ein Dreibeiniger. Spielende Kinder, und orange bekleidete *Sadhus*, aber sie alle waren Teil dieses Ganzen, gehörten nur dazu und vervollständigten das Bild.

Schließlich zog ein größerer Trupp Kinder heran, wobei eines von ihnen, mich, den Weißen auf der Bank liegenden sofort entdeckte und auf mich zulief. Und mir mit ausgestreckter Hand das übliche *„Rupien, Rupien"* entgegen warf. Die anderen, vielleicht sieben oder acht, von unterschiedlicher Größe und Alter zogen sofort nach, bauten sich dicht gedrängt um mich und meine Bank auf. Rückten näher und näher, riefen lauter und lauter auf mich ein, bis das Ganze einen mehr und mehr aggressiven Unterton annahm. Bevor die Situation außer Kontrolle geriet oder tatsächlich bedrohlich wurde, blieb mir nichts anderes übrig als mich rasch aufzurichten, und die Kinder lautstark und deutlich zu vertreiben. Keinesfalls durfte man in solcher Situation den Fehler machen, eine Geldtasche herauszuziehen oder damit beginnen Geld zu verteilen. Denn ein Ende einer solchen Umverteilungsaktion würde nicht abschätzbar sein.

Das Ganze hat sich danach schnell wieder beruhigt. Selbst dieser etwas unangenehme Vorfall konnte mich nicht aus meiner friedvollen, seligen Stimmung reißen, hier am heiligen schmutzigen Ganges.

Als die Sonne langsam unterzugehen begann, machte ich mich auf, zurück in Richtung Zentrum. Unterwegs, bevor ich vom Fluss abbog sah ich dieselbe alltägliche Zeremonie am Wasser, dieselben Lieder, rhythmisch gesungen von den Einwohnern dieser Stadt, nur hier etwas friedlicher, überschaubarer als in *Haridwar*. Ich trottete durch den weitläufigen Bazar zurück, vorbei an alten, einstmals eleganten Gebäuden früheuropäischen Baustils oder noch älter. Errichtet zu Zeiten, in der die Menschen welche hier lebten und tätig waren, noch durch eine Art von übersinnlichen Fäden verwoben waren mit einem größeren Ganzen. Aus dem sich jene Gefühle für Schönheit ableiten mussten, dessen Anblick noch heute im Stande war Augen und Geist der Vorüberziehenden und natürlich der darin Lebenden wohlzustimmen. Dasjenige zum Ausdruck zu bringen womit der Mensch sich letztendlich vom Tier unterschied. Jenem Sinn für Kultur, für Kunst und einer Ahnung dessen, was auf dieser Welt noch eine Verbindung vielleicht zum ursprünglich Göttlichen sein mochte, wenn man daran glaubte. Fern ab von den heutigen riesigen Plastikfiguren in den Tempeln, den Missionierungspredigten der Geldeintreiber oder religiöser Massenhysterien. An irgendeinem Tag am Beginn der sogenannten modernen Zeit schien jenes Gefühl für diese dünnen Fäden, welche die Menschheit mit dem Überirdischen verband, plötzlich verlorengegangen zu sein. Der letzte Faden abrupt gerissen. Was heute aufgemauert wurde, aber nicht nur hier in Indien sondern überall auf der Welt waren nichts mehr als primitive Zweckbauten. Doch gerade hier in Indien spürte man den Unterschied vielleicht umso deutlicher und erschreckender. Fern ab von jeglichem Kulturgefühl entstanden um uns reihenweise jene hässlichen Betonbunker der heutigen Verwertungsgesellschaft.

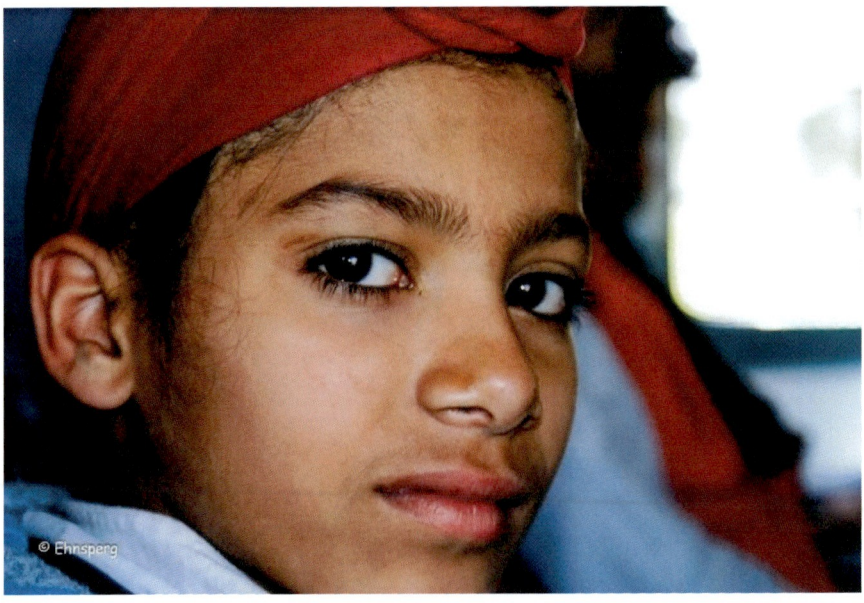

19. März, Haridwar

Die Tage vergingen langsam, sobald man außerhalb des Gewohnten zu Gast war. Jede Minute mit wachen Sinnen durch die Gegend zu laufen, an jeder Ecke neue Eindrücke und Erfahrungen aufzusaugen, ließ die Zeit langsamer laufen, hielt wach und machte müde zugleich. Anders als in der üblichen Routine des Alltages, wo man am Abend nicht mehr wusste, womit man am Morgen den Tag begonnen hatte. Reiste man alleine umso mehr. Was gut, was auch übel sein konnte. Hier fühlte ich beides gleichermaßen. Die durch die Tage stärker werdende Sehnsucht nach meiner Heimat, wo alles im gewohnten Stil ablief, ohne ständige Anspannung, ohne all die unliebsamen Überraschungen.

Vor allem der sehnliche Wunsch, nach unverwüsteten Landschaften, grünen Wiesen, sauberem Wasser, menschenwürdigen Verkehrsmitteln. Einem verständlichen, formularlosen Leben, in dem nicht jeder Hinz und Kunz meine persönliche Datenbank brennend interessierte, der Schaffner eines Zuges nicht auf Offenlegung meines momentanen Alters, meiner permanenten Adressen und aller möglichen anderen Angaben herumritt. Die Gedanken an meinen grünen Garten mit seinen sechs Enten, die zuhause herum watschelten, meinen müllfreien Wald, dem Bach darin, meine klugen Kinder - das Wissen und vor allem die Hoffnung all das wiederzusehen.

Anders jedoch, wertvoller, als ich sie und alles vor Wochen verlassen hatte. Unglaublich wertvoller!

Mir war nicht annähernd klar was in dem Hof und dem gemauerten Gebäude, gegenüber des Balkones meines Hotels in Haridwar, vor sich ging. Autos fuhren aus und ein, Kinder liefen hin und her, verschiedene Menschen gingen in das Gebäude, andere kamen bald wieder heraus, mehrere standen jeweils gleichzeitig im Hof herum, diskutierten und gestikulierten über irgendetwas. Es war mir nicht möglich irgendeinen Sinn in ihren Handlungen zu erkennen. Der ganze Bau vermittelte äußerlich einen vagen Eindruck jenes Gebäudes, welches man einst in den Zeitungen zu sehen bekam, aus dem heraus Osama bin Laden verhaftet wurde. Lediglich etwas kleiner. Aber Bauten wie diese gab es häufig. Pakistan war schließlich nur ein anderes Indien. Eine alte vermummte Frau trat nun aus der Einfahrt, warf ihren Müll direkt vor der Mauer des Hauses auf die Straße und ging weiter, ohne auch nur eine Sekunde ihre Handlung zu überlegen. So wie dies auch unzählige andere jeden Tag taten.

Was mich am meisten verwunderte bei diesen Zuständen, war, dass es nicht ringsum von Ratten wimmelte. Vielleicht hatten die Hunde damit zu tun?

Neuerlich begab ich mich in jene Gegend, die hinter dem Hotel anschloss, in

Richtung Fluss. Wobei mich hier spontan einiges an die Nordprovinzen Thailands erinnerte. Die Straßenszenen mit den zahlreichen Ständen, das Angebot der angepriesenen Waren. Der ambulante Haarschneider, welcher Zeitung lesend auf seinem ausgemergelten Stuhl unter der wackeligen Zeltplane an der Mauer auf Kundschaft wartete. Oder jener Junge, Tag für Tag am selben Ort, inmitten seiner Auswahl der täglich selben Gummipantoffeln, Socken und Kappen,. Wie gut mochten solche Geschäfte laufen, in einer Gegend in der kaum Fremde unterwegs waren, die Bewohner rundherum aber mit dem hier Angebotenen bereits reichlich versorgt waren? Noch dazu wo er im weiteren Umkreis nicht als einziger das Besagte feilbot. Schaffte er es an guten Tagen zwei oder drei der Gummipantoffeln loszuschlagen, an anderen Tagen mehr oder auch weniger.

Was blieb am Ende von dem Eingenommenen übrig? Wie mochte sich ein derartiges Leben anfühlen, das zum großen Teil aus *Warten* hinter einem Berg immer gleicher Sandalen bestand? Gab es am Ende einen Trick, und er wartete nicht - sondern *lebte* einfach? Das schien mir gut möglich, dass nur wir Europäer *warteten*, auf Kundschaft, auf Morgen, auf bessere Zeiten. Inder aber lebten einfach. Am Ende eine nicht unerhebliche Frage, die ich gerne mit ihm besprochen hätte, doch leider gab es keine Möglichkeit sich zu verständigen.

Die dahinterliegenden Tempelanlagen waren weitläufig. Auch sie erinnerte mich wieder an jene, in denen ich vor gut 25 Jahren im Norden Thailands, an den Grenzen

zum damals streng kommunistischen Laos gewandelt war. Vielleicht sogar mit
ähnlichen Überlegungen. Ich konnte mich jedoch nicht mehr daran erinnern. Nur ein
vertrautes Gefühl war noch im Hinterkopf vorhanden. Die zahlreichen Gebäude der
Tempelanlage mochten neueren Datums sein. Durch die obligat mangelhafte Bauweise
sowie die allgemeine Verwahrlosung, konnte man jedoch dem Gefühl erliegen in einer
schon alten Anlage zu sein, in der noch ein spiritueller Ansatz vorhanden war. In
Wahrheit war dieser aber längst verflogen. Was man noch verspürte, war bestenfalls
ein Gefühl dafür wie es einmal gewesen sein konnte.

Weiter unten reihten sich dann Ashram an Ashram, von wo laute rhythmische Musik von
früh bis spät aus Lautsprechern dröhnte, sodass dies schließlich jene Klänge waren, die
ich bis zum Hotel hin hörte. Zum ersten Mal in meinem Leben betrat ich nun einen
solchen nun durch ein großes offenes Einfahrtstor. Und war davon überrascht gleich
hinter dem Eingangstor, eine Tafel vorzufinden, auf welcher alle möglichen Ziele jener
hier geübten Religion aufgeführt waren, und dazu die Wege und Preise in Rupien, mit
denen man diese erlangen würde. Dazwischen auch gleich die Namen von zahlreichen
Banken die auf irgendeinem Weg mit dem Ashram in Verbindung standen. Weiter vorne
auf weißen Plastikstühlen, im Halbkreis, saß eine kleine Anzahl Leute vor einer Bühne wie
vor dem Beginn eines Konzerts, wo man nur noch auf den Auftritt eines Superstars
wartete. Einige von ihnen tippselten dabei auf ihren Mobiltelefonen herum während

leise andere miteinander schwätzten und wieder andere beiläufig in Zeitungen blätterten, wie im Wartezimmer eines Zahnarztes. Alles schien für mich weit entfernt von irgendwelcher spiritueller Empfindung. Die letzten Stunden in Haridwar schlenderte ich noch einmal entlang des Ganges, kam im Zentrum an den Rand eines Parks wo Menschen in Elendshütten zwischen dem üblichen Müll hausten. Zusammengezimmert aus Abfallteilen und Plastikplanen und eingezäunt mit Holzstecken, beinahe wie eine kleine Schrebergartensiedlung. Wobei an den improvisierten Türen sogar kleine Vorhängeschlösser angebracht waren, was etwas seltsam anmutete. Was war hier zu holen?

Am anderen Ufer des Ganges wuschen Menschen im Wasser des Flusses ihre Autos und sogar einige Autobusse. Ein Stück weiter unten wurde im selben Wasser gebadet. Dahinter schichtete man Holzklötze zu einer Art Scheiterhaufen auf, welchen man kurz später anzündete. Soweit ich erkennen konnte, wurden darauf jedoch keine Leichen verbrannt wie es zuerst den Eindruck erweckte. Unablässig, wie Arbeiterameisen trugen die Inder Holzpflöcke um Holzpflöcke aus einem Gebäude etwas oberhalb, warfen sie auf die Scheiterhaufen, kehrten zurück um neue zu holen. Nichts von alledem was ich in den letzten Stunden beobachtet hatte, wäre in irgendeiner Weise in Europa zu sehen oder auch nur im Entferntesten möglich gewesen. Man fühlte sich wie eine Sonde von einem fremden Planeten, das rätselhafte Treiben fremder Wesen beobachtend.

Ich setzte mich in eine der Straßenbuden und aß etwas aus dem üblichen Angebot. Leicht verbrannte Pfannkuchen ohne Geschmack tauchte man in eine gulaschartige Sauce mit Linsen. Als ich mich nach dem kurzen Essen aufmachte ein letztes Mal durch den weitläufigen Bazar *Haridwar's* zu spazieren und an der Hinterseite der Stadt, hin zu einer Hügelkette kam, entdeckte ich eine Menschenschlange entlang eines Gebäudes und hatte richtig vermutete. Hier wurden Tickets verkauft und zwar für eine

Gondelbahn. Diese war in Wahrheit nun eigentlich jene, welche in den Broschüren und Reiseführern im Hotel erwähnt wurde und die nicht diejenige beschrieben hatten, auf der anderen Seite des Ganges, außerhalb der Stadt mit der ich gestern gegondelt war. Ein Irrtum war nun aufgeklärt.

Oben angekommen, der übliche Tempel, dieselbe Gelderleichterungsveranstaltung. Wobei man mir diesmal etwas auf die Stirn klebte oder malte, in der Hoffnung auf eine großzügige Geldabsonderung meinerseits.

Die Hitze des Tages hatte inzwischen ein sehr großes Ausmaß erreicht, sodass ich gleich wieder beschloss mich auf eigenen Füßen abwärts zu bewegen, anstatt das Retourticket der Gondelbahn zu benutzen. Wobei man hier mehr als anderswo penibel darauf achten musste ja keinen Fußbreit vom Trampelweg abzuweichen, da man sonst unweigerlich knöcheltief im Müll landen würde. Nicht nur die zahlreichen ausgetrockneten Flussbette wurden als billige Mülldeponien missbraucht, auch sämtliche Hügel rings um die Stadt wurden zu diesen Zwecken der Verwertungsgesellschaft geopfert. Am Ende blieb rund um jede Siedlung beinahe kein Quadratmeter unverwüstetes Land zurück.

In der Mitte des Hügels, auf einer Treppe, machte ich erschöpft und schweißgebadet eine kurze Rast, während unten der Moloch bebte und als gesammelte Geräuschkulisse bereits den Hang herauf tönte. Unten angekommen wurde mir die Hitze der engen Gassen, verbunden mit dem permanenten Gestank und Lärm inzwischen beinahe unerträglich. Das Elend in diesen Städten war, dass keinerlei *soziale* Komponenten existierten. Einfachste öffentliche Einrichtungen oder menschliche, soziale Begegnungsstätten wie Parks, Alleen, Grünflächen irgendeiner Art, die diesen Namen auch verdient hätten waren so gut wie nirgendwo vorhanden. Nicht einmal Bänke am Straßenrand. Was man bestenfalls zu sehen bekam, waren mit Unrat übersäte, dürftige Grasflächen ohne jegliche Möglichkeit sich zu einer noch so kleinen Ruhepause irgendwo niederzulassen. In der ganzen Umgebung war mir inzwischen nur ein einziger Ort bekannt in dem dies halbwegs möglich war.

Ich nahm ein Fahrzeug zurück in meinen Vorort und versuchte jene Plattform zu finden, die ich gestern, „schuhlos" betreten durfte. Und tatsächlich, nach einiger Zeit war es mir gelungen, diese durch das verwirrende Labyrinth aus Häusern, engen Gassen und Wegen wiederzufinden. Völlig erschöpft und mit von der Hitze pochendem Kopf streckte ich mich auf einer der Metallbänke, die es hier gab, aus. Ich konnte jedoch nicht annähernd jene Entspannung wieder finden, wie gestern in *Rishikesh*. Zu viele Menschen trieben sich hier auf dem schmalen Platz herum und das Flussufer war einfach stark zu verschmutzt um es betreten zu können. Doch sah ich hier im Moment die einzige Möglichkeit die verbleibende Zeit bis zum Abend auf dieser Bank, fernab vom Trubel, Lärm und der mörderischen Hitze der Stadt zu verbringen.

Mit Einbruch der Dämmerung versammelte sich neben mir eine kleine Menge aus alten Leuten sowie eine Gruppe junger Hinduschüler aus einer der zahlreichen religiösen Schulen in der Umgebung, um später eine Zeremonie auf der Plattform mit dem üblichen Gesang und bei Kerzenlicht abzuhalten. An einer Feuerstelle darunter wurde begonnen Räucherstäbchen anzuzünden.

Am Ende war es eigentlich kaum etwas anderes als eine Abendmesse von Katholiken, wobei hier anstatt der Predigt eines schwarz verkleideten Pfarrers, ein Vorsingen in Orange stattfand.

Hier wie dort hoffte man auf Verbesserungen von oben. Würden sie dadurch kommen?

Ich verließ den Platz, holte mein Gepäck aus dem Hotel und machte mich mit flauem Gefühl auf den Weg zum Bahnhof.

Dort erwartete mich als einzigen Weißen die Masse jener tausenden von herumliegenden Indern. Bereits auf dem Boden des Vorplatzes und in der Halle. Dichtgedrängt bis auf die Bahnsteige. Hier musste ich nun zuerst das Kunststück vollbringen, mein Gepäck nicht aus den Augen zu lassen, irgendwo eine Erfrischung zu erstehen, und gleichzeitig den richtigen Bahnsteig zu finden.

Schließlich kam der ganze, endlos lange Zugtross, ohne Unterlass hupend und dröhnend, im Schritttempo einher gerollt. Der reservierte Platz war, entgegen meinen Befürchtungen vorhanden, doch in Wahrheit war es kein richtiger Liegeplatz. Bestenfalls einer für die Größe eines Kindes. Für einen Erwachsenen noch dazu mit Rucksack und Handgepäck war es so gut wie unmöglich sich darauf auszubreiten. Ich hatte nicht vermutet, dass ein Abteil ohne „AC" (Aircondition) nicht nur eben ohne „AC" war sondern anscheinend auch gleichzeitig noch einige entsprechend kleinere Plätze bot.

In den indischen Waggons befanden sich im Inneren keine Türen, außer zu den

Toilettanlagen welche aus einem Loch im Boden bestand   sodass nicht nur die Zugänge zu den Betten, sondern auch zu den anschließenden Waggons völlig offen waren. Längs zum Gang, lag diesmal mein Liegeplatz. Nicht nur wie die meisten anderen breiteren Plätze quer zum Waggon, lag mein Schlafplatz nun in Fahrtrichtung. Jedoch derartig schmal und kurz, sodass ich nach abstellen des Rucksackes und der Taschen gerade noch so viel freien Platz auf dem schmutzigen, plastiküberzogenen Liegebrett hatte, wie etwa ein mittelgroßer Hund benötigt hätte um sich hinzulegen. An irgendeine Art von ausgebreitetem Liegen war nun kaum zu denken, an Schlaf natürlich überhaupt nicht.

Die einheitlichen Waggons der indischen Staatsbahnen mochten - wie gesagt - etwa 20-30 Jahre alt sein, allein es wurde niemals ein Fenster geputzt, (was ob der außen angebrachten Gitter vor den Fenstern von vorneherein unmöglich war). Das allein verlieh ihnen antiquarisches Aussehen. Man erspähte die langen Züge bereits lange bevor sie unendlich langsam in die Bahnhöfe einrollten während die Massen bereits versuchten sich hineinzuzwängen, während die anderen, drinnen   drängenden versuchten sich gleichzeitig hinauszuzwängen.

Die gleichen Zuggarnituren fuhren ungeputzt und in gleichem Zustand wieder ab - zurück dorthin von wo sie gekommen waren. Bei der Beschaffung von Zügen und Waggons, ebenso wie auch beim Bau von Bahnhöfen und anderen öffentlichen Gebäuden, mochten alle möglichen Überlegungen eine Rolle spielen, der Preis, persönliche oder politische Beziehungen zu den beteiligten Firmen samt Korruption und Bestechung, alles Mögliche - allein an eine etwaige spätere Instandhaltung oder gar Reinigung oder Pflege danach wurden in diesem Land selten Gedanken verschwendet.

Hinter mir, an der Wand meines Waggons hatte sich eine Platte von der Wandverkleidung gelöst, sodass je nach Geschwindigkeit mehr oder weniger kalte Luft während der Fahrt hereinströmte. Zum Ausgleich dafür, dass jedes Mal wenn jemand die Toilettentür im Vorraum vor mir öffnete, sich derart bestialischer Gestank in Fahrtrichtung (nämlich zu mir) breit machte, das ich meine Reisedecke über den Kopf ziehen musste um eine abrupt aufkommende Übelkeit zu bekämpfen. So war ich also von der Vorderseite her mit der Hitze sowie dem Gestank des Zuginneren gesegnet, dafür hinten, am Rücken, mit kalter Zugluft. Dazu kam noch die Aussicht, dass ich schließlich aufgrund meines engen Platzes, zusammengekauert wie ein Straßenköter, eingeklemmt zwischen meinem Gepäck, die nächsten 11 Stunden Fahrt bis zu meinem Ziel auf diese Weise verbringen durfte.

Halb im Schlummer, halb bei Bewusstsein, entging meinen Sinnen keiner der zahlreichen, im Laufe der ganzen Nacht draußen lautstark vorbeidonnernden Gegenzüge, welche sich schon von weitem durch ihr dauerhaftes Dröhnen bemerkbar machten. Ebenso wie unser eigener Lokführer natürlich freudig hupend antwortete. Rauschend und donnernd rasten sie in kurzen Intervallen an meiner lückenhaften Wandverkleidung vorbei. Plötzlich wurde mir bewusst, dass bei einem der berüchtigten und nicht seltenen Zugunglücke in diesem Land, mein Platz der Schlimmste von allen war. Bei einem Zusammenstoß würde ich unweigerlich durch den leeren Türrahmen vor mir, hinaus auf den Gang und gegen die Ecke der Toilettenwand geschleudert werden. Sodass es dabei so gut wie unmöglich war, dass dabei auch nur ein einziger Knochen heil bleiben würde.

Nun war mir auch völlig klar warum trotz des ausgebuchten Zuges, gerade diese eine Bank noch zu haben gewesen war. Nur ein Wahnsinniger hätte sich freiwillig auf diesen Platz begeben!

Die permanenten Überlebenskämpfe der vergangenen Tage, beim Überqueren von Indiens Straßen, die Absturzgefahr in die Kanalisation beim Begehen von dunklen Gehsteigen, die endlosen Menschenmassen welche mir, seit ich Indien betreten hatte, permanent auf den Leib gerückt waren, dazu nun dieser Hundeschlafplatz - gleichsam wie auf dem Löffel eines gespannten Katapultes verfolgten mich nun im Halbschlaf. All das war vermutlich dazu geeignet, einen Grundstein für eine zukünftige, lebenslange Paranoia zu legen. Mit solcherlei, wenig fröhlichen Gedanken im Kopf brachte ich schließlich diese Nacht herum.

Irgendwie schaffte ich es gerade eine gute Stunde, bis etwa 5:00 Uhr morgens zu schlafen, als mich von den Beinen herauf starke Kälteschauer wieder weckten. Durch jede der unzähligen Ritzen und Öffnungen des Waggons blies mir wie ein Sturm eiskalter, nächtlicher Fahrtwind entgegen. Die Züge konnten auf gewissen Streckenabschnitten durchaus gute Geschwindigkeiten erreichen. Anschließend stand man jedoch wieder aus unersichtlichen Gründen auf unbedeutenden Bahnhöfen endlose Zeit herum ohne dass sich irgendetwas weit und breit bewegte. Vermutlich, damit ein mögliches, zu frühes Ankommen auf alle Fälle verhindert wurde. Möglicherweise waren für Indiens berüchtigt lange Fahrzeiten nicht nur die schlampige Bauweise der Infrastruktur auf Grund von Korruption oder der schlechte Zustand der Züge verantwortlich, sondern auch noch die dazwischengreifenden Hände der Eisenbahnergewerkschaft. Je langsamer ein Zug schließlich fuhr, desto mehr Personal wurde benötigt, desto mehr Stunden wurden ausbezahlt, desto besser für die Gewerkschaft. Dieses Phänomen allerdings war auch in Europa nicht unbekannt.

So legten wir in dieser Nacht läppische 430 km in der sagenhaften Zeit von über 12 Stunden zurück.

Im Nachbarland China auf neuen Hochleistungsstrecken würde man für eine vergleichsweise große Distanz weit weniger als 2 (!) Stunden benötigen. Aber Indien war schließlich nicht China und noch weniger Westeuropa.

20. März, Lucknow

Noch zittrig von den nächtlichen Strapazen verließ ich den Zug am Bahnhof von Bahnhof *Lucknow*. Natürlich war ich sofort – wie üblich – sobald man mein westliches Gesicht erspäht hatte, von zahllosen Rikschafahrern, Hotelanbietern und sonstigen *Hilfreichen* umzingelt war.

Meine ganzen Reisen waren solchermaßen aufgebaut, dass, bevor ich eine neue Stadt bereiste, an einem der Tage zuvor in einem Internetcafé oder seltener an einem verfügbaren Hotelcomputer, ein geeignetes Hotel für die erste Nacht in einer neuen Stadt reservierte. Diese Methode, Hotels im Vorhinein über Internet, meist über einen vertrauten Anbieter zu reservieren verwendete ich bereits über viele Jahre hinweg auf all meinen Reisen. Wobei zum Unterschied von europäischen Hotels, jene hier in Indien, bis auf wenige Ausnahmen, dann tatsächlich grober von dem was online angepriesen wurde, abwichen. Hier waren nicht die Fotos der Anbieter verblasster als die Realität sondern umgekehrt.

Mein Hotel hier in *Lucknow* war nun also genau das Gegenteil vom feinen *Urmi* in *Haridwar* und trug das Seine dazu bei, um meine Stimmung in Grenzen zu halten. Zu behaupten es wäre eine kleine, elende und räudige Hinterhofabsteige war vielleicht übertrieben, jedoch nicht allzu sehr.

Nach den üblichen vier oder fünf Passkopien, meiner Registrierung im Computer, dann jenen eigentlichen, handschriftlichen Eintragungen in das obligate, riesige und abgeschmierte Hotelmeldebuch sowie zwei oder drei noch von mir auszumalende Formulare samt Durchschlag, (sogar den Namen und Vornamen meines vor 25 Jahren verstorbenen Vaters wollten Lucknow's Bürokraten hier noch einmal wissen) - dann lediglich noch mehrere Unterschriften und man war auch schon bereit, mich hier als zahlenden Gast aufzunehmen.

Bei der Ankunft hatte ich beschlossen, um den vorprogrammierten Verschleiß von Zeit und Nerven beim Kauf eines Zugtickets für die Weiterfahrt in Grenzen zu halten, den Bahnhof mit seinen Fahrkartenschaltern außer Acht zu lassen und mich gleich direkt an ein Touristenbüro zu wenden. Dabei hatte ich die Rechnung natürlich ohne Indien gemacht. Reihte sich den Städten Indiens, die ich bisher betreten hatte, ein fadenscheiniges Touristenbüro an das nächste, so war ausgerechnet hier, in der 2,5 Millionen Einwohner zählenden Hauptstadt der Provinz *Uttar Pradesh* kein einziges zu finden.

Bis ich zu neuerlichem Kampf um eine Fahrkarte bereit war sollte daher vorerst die kulturelle Seite *Lucknow's* zu ihrem Recht kommen. *Du-Mont* zeigte eine interessante Abbildung der Hauptattraktion dieser Stadt, man konnte es beinahe ein Wahrzeichen nennen; die mit zwei Minaretten ausgestattete *Asafi- Moschee*, welche von *Ungläubigen* jedoch gar nicht erst betreten werden durfte.

Luknow bestand aus zwei Stadtteilen, dem historischen Kern *Husainabad* und dem nichtssagenden modernen Zentrum *Hazatganj*. Der Vorteil lag darin, dass somit ein Großteil aller sehenswerten und historischen Bauwerke in einem kleinen, zu Fuß begehbaren Umkreis lag und der Rest der Stadt, mit seinen üblichen, der Profit und Verwertungsgesellschaft entsprungenen Betonkastenobjekten getrost vernachlässigt werden konnte.

Ihren geschichtlichen Höhepunkt erlebte diese Stadt im 19. Jahrhundert, während des so genannten *Sepoy-Aufstandes*. Einer Meuterei *indischer* Soldaten innerhalb der *britischen* Truppen und jene in der Folge von ihnen angezettelte, 89 Tage lang dauernde Belagerung der britischen Residenz *Lucknow's*, in welcher sich mehr als 3000 Menschen, darunter 237 Frauen sowie 260 Kinder verschanzt hatten. Die herangeführten britischen Hilfskräfte konnten zwar nach heftigen Scharmützeln bis zu ihren Landsleuten vordringen, wurden nunmehr aber selbst weitere 53 Tage zusammen mit den Überlebenden eingeschlossen. Noch heute liegen, mitten im Zentrum der Stadt die Ruinen jener britischen Residenz haargenau so zerstört und ausgebrannt, wie sie 1856 verlassen wurde. Auf dem Friedhof davor befinden sich die Gräber jener 2000 bei der

Belagerung Verstorbenen, darunter auch jenes des Befehlshabers *Henry Lawrence*, welcher am 4. Juli 1857 nach heftigen Kämpfen hier ablebte. Bis zur indischen *Unabhängigkeit 1947*, also 90 Jahre lang, wehte anschließend Tag und Nacht über den Ruinen der Residenz die britische Flagge, in Erinnerung an jene für das britische Empire gefallenen Menschen.

Wie überall gab es auch hier kein Entrinnen, dasselbe Spiel, kaum hatte man einen Fuß auf die Straße gesetzt, war man umringt.

„Sitzen, sitzen…!" deuteten die Schlepper und Rikschafahrer sofort mit ihren Fingern auf die zerfledderten Bänke ihrer Räder. Ich zeigte dem Erstbesten das Foto jener *Asafi-Moschee* in meinem *DuMont,* nannte den darunter stehenden Namen und noch jenen der Parkanlage davor.

„Sitzen, sitzen…!" war die Antwort

Als ich nach dem Preis fragte, meinte der Mann nachdem er scheinbar mit sich selbst gerungen hatte, 250 Rupien. Als ich dankbar abwinkte und mich auf den Weg machte lief er natürlich hinter mir her.

„Sir! Zehn Kilometer – sehr weit…!"

Mit wenig Lust mich auf langandauernde Verhandlungen einzulassen einigten wir uns auf 100 Rupien für *sehr weit…*

Dass es mich nach der dreißigsten Rikschafahrt noch immer überraschte, dass der Mensch in Wahrheit nicht die leiseste Ahnung hatte wohin ich eigentlich wollte, ist hier müßig zu erwähnen. Nur so viel wusste er, dass es weit weg und somit zumindest 100 Rupien wert sein musste. Das ließ mich langsam an meiner eigenen Menschenkenntnis gravierend zweifeln. Kaum losgestrampelt, blickte er schon verzweifelt hin und her, wartete auf Einwände von mir, ob er überhaupt in der richtigen Richtung unterwegs war, begann mir allerlei zuzurufen von dem ich kein Wort verstand. Es ließ mich jedoch ahnen, was wieder einmal ablief. In gleicher Weise war ich schließlich vor einigen Stunden vom Bahnhof zum Hotel transportiert worden.

Zu allererst wurde einmal ein horrender Preis ausgespuckt. Welchen man dann mühsam herunter zu schrauben hatte, dann ein großes Gejammere über die riesige Entfernung des erwähnten Zieles. Als letztes, nach dem Einstreifen der bezahlten Summe, ein rasches Losstrampeln - um dann erst alle möglichen Leute entlang der Straße zu befragen wo und in welcher Richtung das Ziel überhaupt lag.

Ich mischte mich nun nicht mehr weiter ein und lehnte mich auf der Riksch entspannt zurück. Wenn ich schon der willkommene Zahler war, so sollte der Empfänger sich wenigstens um Weg und Richtung kümmern. Schließlich gab ich dem Menschen meinen ganzen *DuMont* nach vorne samt jenem groß auf der aufgeschlagenen Seite abgebildeten Foto mit der Hauptattraktion dieser Stadt. Er eilte nun damit zu Fuß los, um sich irgendwie bei Passanten und Straßenbudenbesitzern durchzufragen, erntete jedoch nichts anderes als allgemeines ratloses Kopfschütteln. Kaum vorstellbar, man würde in Wien ein Foto des Stephansdomes oder etwa in Paris einen abgelichteten Eiffelturm herumzeigen, um nichts anderes zu erreichen als verständnisloses Staunen und Ratslosigkeit. Der zehnte oder fünfzehnte Mensch, einer der gerade sein Motorrad bestieg, war endlich in der Lage unser Ziel zu erkennen und den Weg dorthin sowie eine Richtung anzugeben. Nun begann der Rikschafahrer mir heftig Vorwürfe zu machen, ich hätte ihm den Namen jenes Parks *vor* dem Mausoleum nicht richtig ausgesprochen! Mit ihm zu diskutieren, dass dieser Name ohnedies fett unter dem riesigen Foto zu lesen war, wäre vermutlich müßig gewesen. Hauptsache wir fuhren endlich, wenn auch schimpfend und fluchend los. Indien war eben anders.

© Ehnsperg

Lucknow wies im Übrigen eine durchaus große Zahl von eindrucksvollen historischen Bauwerken auf. Im Vorbeifahren waren zahlreiche einst beeindruckende Paläste, Moscheen und gründerzeitliche Wohnhäuser im britischen Empire Stil zu sehen. Was ich an Rikschafahrten trotz allem genoss, war nicht nur, dass man auf halbwegs einfachem Wege von *A* nach *B* kam, sondern auch währenddessen, in vorzüglicher Weise eine Stadt und ihr natürliches Treiben beobachten konnte. Bei gemächlichem Tempo gelang es immer wieder hinter endlosen, hässlichen und unvermeidlichen riesigen Plakatwänden, welche einfach über die Häuserfronten genagelt waren, das eine oder andere spannende Bauwerk, meist aus britischer Zeit, zwar desolat, oft halb verfallen aber immerhin einen ursprünglichen Stil bewahrend, zu entdecken. Dadurch war es möglich sich hie und da Eindrücke vom einstigen, stolzen Aussehen einer Stadt vor das geistige Auge zu rufen. Bevor überall jene widerwärtigen, allerorts sich auslassenden Zweckbunker alles verdrängt hatten und jede Form von individueller Gestalt verschwunden war.

Das Mausoleum *Bara Imambara*, Aufbewahrungstätte des einstigen lokalen Herrschers *Asaf-du-Daula`s* war ein hundert Meter langes Grabmal und lag nun da, als unschuldig ererbte aber nun gut verwertbare Einnahmequelle.

In Fragmenten herübergerettet aus vergangenen glorreichen Zeiten, während ringsum jedes kulturelle Empfinden und jeglicher Geist des einstigen Glanzes allerdings verloschen schien. Nichts als die traurigen Hüllen der Gebäude und deren leergeräumter Räume und das langsame Abbröckeln ihrer Farben und Fassaden empfingen einen hier. In großen Nischen da und dort, in welchen einst prunkvolle Kunstwerke gestanden haben mochten, befand sich nun Leere oder schlimmer noch, widerwärtiger Schnickschnack, wie bunt beleuchtete Plastikstatuen oder rücksichtslos montierte Anzeigegeräte mit digitalen Leuchtdioden, permanent irgendwelche unbeachteten Werte mitten im Verfall absondernd. Im hinteren der Räume des Palastes führten noch Treppen in obere Stockwerke. Nun jedoch waren sie völlig im Dunkel und überhäuft mit Gerümpel und Schutt, das auch nur ein vorsichtiges Betreten unmöglich machte. An allen Ecken und Enden lungerten die militärisch Verkleideten herum, verbarrikadierten sich zu viert oder fünft hinter allen Eingängen um sich bei jeder auffälligen Regung eines Besuchers wichtig hervorzutun. Um jedoch nur den gröbsten, seit Jahrzehnten angehäuften Müll oder Schutt aus dem hinteren Teil des ehemaligen Palastes zu schaffen, dafür waren sie natürlich nicht zuständig. Auf das Wegnehmen von, angesichts dessen völlig überschätzten Eintrittsgeldern vornehmlich von westlichen Pauschaltouristen, darauf verstand man sich allerdings bestens.

Man stelle sich vor, in diesem Zustand war die Hauptattraktion in dieser riesigen Stadt! Wie ungewollte Stiefkinder, zu welchen man zwar kaum persönlichen Bezug hatte, die aber nun einmal vorhanden waren und sich gleichzeitig noch sehr gut als praktische Melkmaschinerien moderner Zeiten solange verwenden ließen, bis sie irgendwann ausgepresst und leergeräumt und selbst als künstlich verlotterte Ruinen keinen leichten Gewinn mehr erhoffen ließen. An der eigenen Geschichte und einstigen Hochkultur war man hier über weite Reihen ähnlich desinteressiert und geistig fern, wie die heutigen Ägypter an ihren Sphinx oder mumifizierten Pharaonen und diese fast wie als Überbleibsel einst in die Flucht geschlagener Außerirdischer nur verständnislos betrachteten. Als hätten in fernen Zeiten längst ausgestorbene, außerirdische Rassen von anderen Planeten jene zurückgelassenen Denkmäler abgeworfen oder hier eingepflanzt.

An den Außenmauern der schmalen Gassen, rund um jene Denkmäler, die die einstige Großmacht zu Zeiten der Mogule symbolisierten, klebten jetzt die Fetzenzelte der Ärmsten, jener, welche nichts anderes als Wohnstätten fanden, als fünf oder sechs Quadratmeter an Straßenfläche, mit primitiven Planen und Fetzen überdacht. Erstaunlicherweise vernahm man jedoch im Vorübergehen Fernsehgeräusche aus der einen oder anderen dieser Behausungen, woher auch immer der Strom dazu kommen mochte.

Bahnhof *Lucknow*. Eine neue Stadt - ein neues Spiel! Der ewige Kampf um eine Zugfahrkarte. Um, wie gesagt, dem sinnlosen Warten vor ewig falschen Schaltern am Bahnhof nun auszuweichen, machte ich mich auf die Suche nach einem „*Chief* –

Station- Manager"... oder einer ähnlichen Person und stieß dabei zu meinem großen Erstaunen auf einen separaten Bau mitten in der Bahnhofshalle, mit den unglaublichen Worten: *„Tourist Information Center"*.

Sollte diese Oase der Kundenfreundlichkeit ausgerechnet hier in dieser Stadt, in *Lucknow*, ein fremder Geist als Fahrgastservice in die Bahnhofshalle geweht haben? Doch meine Vorfreude wurde rasch gedämpft. Skepsis war in Indien und speziell auf Bahnhöfen selten fehl am Platz. Schon bei meinem Anblick schien der hinter seinem riesigen Schreibtisch ruhende Beamte höchst erfreut, was allein schon Grund genug war, sämtliche Alarmglocken eines Bahnreisenden in Bewegung zu setzen. Ein Inder, locker in einen Plausch mit jenem Beamten verstrickt, wurde sofort und ohne Übergang aus dem Bau verscheucht. Mich forderte man mit einer Handbewegung freundlichst auf, doch auf dem einzigen Besucherstuhl Platz zu nehmen. Nach allem was mir bisher auf Bahnhöfen Indiens widerfahren war, kam mir automatisch die Vermutung hier in einem falschen Film gelandet zu sein. Umständlich kramte der Beamte ein riesiges Buch hervor, und mir schwante dabei auch schon, was hier Sinn dieser Veranstaltung war. Die freundliche Bitte alle Zeilen in jenem großen Buch auszufüllen, mit den üblichen sinnlosen Fragen wie an jedem beliebigen Schalter Indiens staatlicher Eisenbahngesellschaft. Wie viel Dutzend Mal in meiner Zeit hier hatte man das alles schon erfasst? Kaum hatte ich in Blockbuchstaben in allen Kästchen vermerkt wohin ich wollte, warum und woher ich kam, wer ich war und wie man mich telefonisch oder per E-Mail erreichte, aus welchem Hotel ich zuletzt kam und in welches ich als nächstes wollte, wo ich geboren war, war der kurze Zauber verblüffender Gastfreundlichkeit vorüber. Ein Amtsdiener wurde herbeigerufen, eskortierte mich rasch bis auf die Straße hinaus und zeigte mit den Fingern auf ein Gebäude auf der gegenüberliegenden Seite.

„Reservation Office..." Das also war des Pudels Kern. Der ganze, als Touristenservice verkaufte Zirkus hatte keinen anderen Zweck als dass ein weiterer, überzähliger Bürokrat, vermutlich ein noch unterzubringender Verwandter irgendeines Höhergestellten seinen Platz fand. Brachte er seine täglichen Seiten in dem Buche mit ausländischen Unterschriften voll und sein Arbeitsplatz, einer unter den 1,6 Millionen, war für die nächsten Jahrzehntee gesichert. Dafür hatte man also meine Zeit verschwendet. An jenem Schalter, ebendieses *„Reservation Office"*, dem letzten in der ganzen Halle, an den man mich schließlich verwiesen hatte, jener mit der Nummer 501, wartete ein jüngerer Europäer vor mir in der Schlange. Ein Finne, jener, dessen Unterschriften und Angaben ich, in dem riesigen Buch vorhin, gerade oberhalb der meinen gelesen hatte.

Erst Stunden später sollten wir gemeinsam dieses Gebäude verlassen. Mit je einem Ticket für einen falschen Zug in Händen und für einen Sitzplatz, anstatt einem Bett.

Denn, nachdem die Tickets am Schalter 501 nach großen Mühen und Erklärungen endlich in unseren Händen waren und bessere, nach allem was wir verstanden hatten, nicht zu bekommen waren, hatte uns der Beamte von 501 mit unseren Zetteln an einen weiteren Schalter am anderen Ende der Halle verwiesen. Wieder war ich, gemeinsam mit dem Finnen nun der letzte Mensch in dieser neuen Warteschlange. Wie man uns mitgeteilt hatte, mussten wir unsere soeben zäh erworbenen und bezahlten Tickets, noch zusätzlich an einem anderen Schalter *beglaubigen* lassen und erst dann hatten sie Gültigkeit erlangt. Doch so einfach konnte das natürlich in Indiens labyrinthischem Fahrkartensystem nicht vor sich gehen. Bereits ein nächstes Problem warf seine übermächtigen und dunklen Schatten zwischen mich und die finster blickende Beamtin auf der anderen Seite des Verschlages. Nachdem vorher, am Schalter 501, mein Reisepass bereits genauestens durchfiltert worden war, war die Arbeit dieser Beamtin hier am *Eisenbahn-Ticket-Beglaubigungsschalter* natürlich - was hatte ich erwartet - nun die wichtigsten Seiten meines Passes nun zu *fotokopieren*. Die Katastrophe dabei hatte ihr geschultes Auge schnell ausgemacht. Zwei oder drei Buchstaben meines Familiennamens auf dem Ticket waren verdreht. Fassungslos wies sie auf die Ungeheuerlichkeit hin, indem sie wirsch mit ihren Fingern auf die Seite zwei meines Reispasses klopfte. Ratlosigkeit in allen Augen. Weder sie noch ich oder gar der Finne wussten hier einen Ausweg. Entweder, ich wandte mich zurück zum Schalter 501, stellte ein Ansuchen um Stornierung des Tickets und Rückerstattung des Betrages auf ein indisches Konto, was vielleicht in wenigen Stunden beantragt werden konnte, und erstand im Anschluss daran, ein anderes, neues Ticket, mit richtig gedrucktem Namen, falls natürlich dann wenn alles endlich soweit war, ein anderes, freies Ticket noch zu haben sein sollte, was jedoch eher unwahrscheinlich war - oder ich brachte der Beamtin schleunigst bei, dass der Name auf dem Ticket zwar richtig - aber jener *in meinem Reisepass* falsch geschrieben war! Die zweite Möglichkeit erschien mir, bevor meine
überstrapazierte Geduld endgültig zu Ende war - oder ich vor dem Schalter an Erschöpfung zusammenbrach, aber angesichts all dessen doch als die wesentlich einfachere Methode. Zu meiner Verblüffung akzeptierte sie die Geschichte. Stempelte ihre amtliche Beglaubigung darüber, tippte die Daten in ihren Computer und schob mir kommentarlos alles durch den dafür vorgesehenen schmalen Schlitz zurück.
Unsere Fahrt, weiter in Richtung Osten war nun jedoch, wie wir erst jetzt, beim genauen Lesen der Angaben auf dem Fahrschein bemerkten, als alles andere tatsächlich gelöst. Wir wollten einen am nächsten Morgen abreisen, hatten nun jedoch die Fahrkarten für einen Zug erst spät in der Nacht in der Hand.
Als der Finne und ich uns nun nochmals an jene Beglaubigungsfrau zu wenden erlaubten, war ihre Geduld erschöpft.

„*KEIN ANDERER ZUG!!!*" schleuderte uns die Angestellte entgegen, verließ flugs ihren Platz hinter der Glaswand und ward nicht mehr gesehen. Die Vorstellung war für sie – und somit auch für uns - beendet.

Auch dem Finnen war die falsche Uhrzeit auf den Tickets entgangen.

Einem nervlichen Kollaps nahe, die falschen Tickets beglaubigt und bestempelt in der Tasche, begaben wir uns gemeinsam auf die Suche nach einem wohlverdienten Essen in einem annehmbaren Restaurant. Es war inzwischen später Nachmittag, und die Mahlzeit für uns beide die erste an diesem Tag.

Spät abends und erschöpft, mit Dosenkaffee und Zigarette, ging ich im schmuddeligen Zimmer des Hotels zu Bett. In der Hoffnung alles wäre heute nur ein übler Traum gewesen, aus dem ich schließlich am nächsten Morgen erwachte. Doch so sehr ich es auch versuchte, das lausige Bett und alles andere um mich herum in diesem kargen, abgewetzten Raum, waren nichts als graue Realität.

21. März, noch immer Lucknow

Ich hatte mir vorgenommen jede Minute bis zum Ablauf meiner Zimmerreservierung um genau 12:00 Uhr, im Hotel zu verbleiben, um der mörderischen Hitze des Tages und dem Staub draußen in dieser Stadt möglichst lange zu entgehen, hatte ich doch anschließend noch bis Mitternacht samt meinem Gepäck auf den Beinen zu bleiben. Gestern hatte ich endgültig beschlossen, dem *Taj Mahal* in *Agra* mit seinen wartenden Hundertschaften an Touristenfängern sowie *Varanassi* mit seinen umher schwimmenden Leichenteilen nicht die Ehre meines Besuches auf dieser Reise zu geben. Mein Interesse daran war nun erloschen. Es sollte lediglich Abend werden, und etwa das erfrischende Rauschen eins Meeres sollte endlich irgendwann kommen.

Lange war es in dem traurigen Zimmer nicht auszuhalten. Bald machte ich mich entgegen meiner Absichten doch zu einem Rundgang durch das Viertel auf, um Frühstück zu besorgen und vielleicht in der näheren Umgebung noch einige Aufnahmen zu machen.

Eines worauf sich Inder verstanden war Kuchen zu machen. Bald stieß ich unweit des Hotels in einer staubigen Seitengasse auf einen Mini Supermarkt - vor dem ich prompt in einen Haufen von frischem Kuhmist stieg. Dafür gab es aber im Inneren eine kleine Auswahl köstlicher Torten. Von denen ich dann mangels Sitzgelegenheit auf den Stufen des Ladens, im Stehen, eine kleine Auswahl zu mir nahm.

Wieder stieß ich hier, in dieser sonst farblosen Stadt auf einst elegante Gründerzeitgebäude. Mit kunstvoll geschnitzten Balkonen aus Holz mit stolzen

Gesimsen und Ornamenten an den Fronten. Nun harrten sie halb verfallen und bröckelnd ihrem Untergang und damit dem einer ganzen Kultur entgegen. In zehn oder spätestens 20 Jahren würden sie alle verschwunden und jenen neuzeitlichen, billigst erbauten Betonklötzen gewichen sein. Nicht selten lebten hier noch Mensch und Tier in diesen alten Bauten in aneinandergrenzenden Räumen zusammen.

Scharen von Bettlern auf ihren morgendlichen Streifzügen begegneten einem hier, die vor mir ihre Finger zum nun wohlbekannten Zeichen vor den Mund hielten.

Zurück an der Hauptstraße betrachtete ich einen Verkehrspolizisten inmitten einer Kreuzung auf seinem Podest stehend, mit Handzeichen dieses und jenes gestikulierend, jedoch war er bereits um diese frühe Zeit auf verlorenem Posten im Kampf gegen jenen, täglich neu kollabierenden Verkehr. Ein einsamer Kampf, den er an dieser Front alleine zu führen hatte, während die Nomenklatura in ihren endlosen Büroschluchten längst resigniert hatte. Nur mehr ihren Schein, in überbordender Bürokratie zu wahren versuchte, allein als Rechtfertigung ihrer eigenen sinnlosen beruflichen Existenz.

Einige Schritte weiter wurde ich Zeuge einer komischen Situation. Ein Uniformierter irgendeiner Verwaltungseinheit war in einen öffentlichen Bus gestiegen, ein Stapel Formulare unter dem Arm. Kaum aber drinnen, begann wildes Gezeter, wüste Beschimpfungen und schließlich sogar zu Handgreiflichkeiten als deren Ergebnis der Beamte kurzerhand mit einem Fußtritt wieder aus dem Bus befördert wurde, wobei ihm, im Losfahren noch etliche Fäuste nachwinkten. Dafür hatte ich Verständnis, und auch die anderen Umstehenden taten, was sie in solchen Situationen immer tun. Sie lachten dazu. Der Beliebtheitsgrad der indischen Beamtenschaft mochte sich, wie es schien wohl kaum zu Unrecht, in engen Grenzen halten. In der nächsten Gasse überraschte mich eine schweigende Demonstration. Etwa 100 Menschen marschierten für etwas, dessen Sinn ich nicht erkennen konnte. Ich bewunderte nur den ungebrochenen Glauben dieser Leute an so etwas wie Gerechtigkeit in diesem Land.

Ein immer wieder zu beobachtendes, erstaunliches Gegenbeispiel, zum ringsum herrschenden Fatalismus. Ein fragwürdiger Vorteil jener sogenannten Demokratie Indiens, gegenüber dem mächtigen und rasant davonziehenden Nachbarn China. Wo zwar keine Demonstrationen geduldet wurden, dafür jedoch ein Großteil der Bevölkerung durch vorausschauendere Planungen der Regierung auf vielerlei Weise zusehends und spürbar eine Verbesserung ihrer Lebensumstände registrieren konnte. Im *freien* Indien konnte man zwar seine Ansichten offen und fast überall kundtun, allein die Auswirkungen waren meist gleich Null. Dadurch auf wirkliche Verbesserungen zu hoffen, konnte wohl nur Weltfremden realistisch erscheinen.

So seltsam dies für Außenstehende und mit dem tatsächlichen chinesischen System weniger Vertraute klingen mochte; ich hoffte natürlich auch China würde doch einen offeneren, toleranteren Weg im Umgang mit kritischen und besorgten Mitbürgern gehen und Freiheiten wie jene hier, mochten sie Umweltschutz, Menschenrechte oder Korruption betreffen, den Menschen zugestehen. Im Großen und Ganzen aber für die nächste Zeit, doch dabei an ihrem System grundlegender Stabilität und Planung samt ihrer oft kritisierten politischen Konstellation unbeirrt von äußeren Zurufen festhalten. Würde nämlich China auch nur annähernd derart chaotische Zustände ungehindert zulassen, wie sie in diesem nicht weniger riesigen Land an allen Ecken und Enden abliefen, die gesamte Welt würde unweigerlich ins Wanken geraten.

Auch der ehem. deutsche Kanzler Helmut Schmidt betonte dazu in einem Buch über China zwar das ideologische Vakuum hinter dem System der Einheitspartei, zog jedoch trotzdem die Schlussfolgerung: „Die politische Stabilität, die dieses System gewährleistet" erschien ihm „als zweckmäßig, ja wohltuend – sowohl für das chinesische Volk als auch für seine Nachbarn". (Tageszeitung: Der Standard v. 17.9.2013)

Während China seit Jahren erfolgreich die größte Armutsbekämpfung weltweit betrieb, erfuhr Indien, das Gegenteil: „Armutsproduktion" im unglaublichen Ausmaß. Die Geburtenrate Indiens lieferte dafür auch unaufhörlich Nachschub.

„CSIR.Nat.Bot.Res.Inst".

Vor der Weiterfahrt hatte ich mir vorgenommen den botanischen Garten in der Nähe des Ganges zu besuchen. Wie üblich in diesem Land der Beamten und deren Wunsch nach Arbeitserleichterungen war auch dieser Versuch natürlich mit erheblichen Schwierigkeiten verbunden.

Der Botanische Garten war, wie mir von einem der drei oder vier Türwächtern versichert wurde, die hinter dem *ohnedies verschlossenen* Tor wachten, für Besucher nur für kurze Zeit wieder geöffnet: *Morgen, wenn Werktag, zwischen 6:30 Uhr und 8:00 Uhr!*

Mangels weiterer, größerer Attraktionen in dieser Stadt und da ich den langen Weg hierher nicht umsonst gemacht haben wollte, beschloss ich, keinesfalls der Bürokratie nachzugeben. Ich verwandelte mich daher kurzerhand in *Mr. Ehnsperg, den österreichischen Journalisten und anerkannten Botanikfachmann,* wollte nun als dieser um Einlass bitten.

Immerhin, durch mein Auftreten und die passende Visitenkarte etwas verunsichert, fertigte man mich nun nicht mehr einfach durch ein Handzeichen ab sondern verwies mich sicherheitshalber und höflich an die Institutsleitung im nahe gelegenen Verwaltungskomplex. Man wusste ja nie.

Ein grandioser Zirkus nahm nun seinen Anfang. Hier bewachten gleich fünf oder sechs der mit Uniformen Verkleideten das vergitterte Einfahrtstor hinter Schranken und Eisentor. Als befürchte man jederzeit einen Angriff auferstandener britischer Soldaten aus jenen nahegelegenen Ruinen des zerstörten Forts. Nach Aufsagen meines Verses geleiteten mich schließlich zwei von ihnen in ein größeres Portiersgebäude hinter ihren Absperrungen, und innerhalb dieses, nach zahlreichen Erklärungen an einen Zwischenportier in einen großen Büroraum, in welchem offenbar der Leiter dieser ganzen Wachtruppe seinen nicht unluxuriösen Arbeitsplatz innehatte. Nachdem ich auch ihm meine ganze Story erneut aufgetischt hatte, mich als populärer, österreichischer Reporter ausgewiesen hatte, der sich allein deshalb nach Lucknow begeben hatte um über diesen in ganz Europa gerühmten botanischen Garten dieser Stadt zu berichten und jene seltenen hier ausgestellten Pflanzen zu fotografieren, welche in dieser hier gehegten Anlage so großartig zu wachsen schienen, war ich am Ende meiner Kunst. Ich tischte mein ganzes Repertoire auf, das mir schon mehrmals den einen oder anderen Zutritt zu ansonsten geheiligten Räumen verschafft hatte.
Indien war auch hier anders.
„6h30-8h00. Morgen!" sprach der Herrscher der Wachtruppe ungerührt hinter seinem pompösen Schreibtisch. Man sehe sich außerstande außerhalb dieser Zeiten irgendjemandem Zutritt in die geheiligten Areale dieses wissenschaftlichen Institutes zu gewähren. Erschwerend kam hinzu, dass der zuständige Minister oder sein für Ausnahmen zuständiger Büroleiter sich gerade auf Urlaub befand und daher natürlich ohne deren schriftliche Anweisungen, jegliches, vom Üblichen abweichende Verhalten ohnedies in keiner Weise zur Diskussion stehen konnte. Selbst wenn es nur um Minuten ginge. Immerhin, soviel stand schließlich in seiner Macht, konnte er mir erlauben zwei Gedenktafeln als Zeugnisse an die gefallenen britischen Soldaten im Kampf um die Residenz, im Hinterhof seines Institutes, gegenüber den Parkplätzen der Beamten, in Begleitung zweier Uniformierter zu besichtigen!
Als ich bereits resigniert hatte und mich auf dem Rückweg von den glorreichen Tafeln

befand, lief mir ein eleganter Mensch im Anzug aus dem Portiersgebäude entgegen. Man verlangte mich nun persönlich am Telefon zu sprechen. Offenbar wollte man doch kein Risiko eingehen, einen vielleicht mit vermeintlichen Beziehungen ausgestatteten Ausländer in eigener Verantwortung zu verscheuchen. Hatte man eventuell sogar den Minister im Urlaub mit der Frage der Eintrittszeiten belästigt? An Stimme und Tonfall erkennbar, war nun zweifellos jemand der obersten Etagen für mich am Apparat.

Also die ganze Geschichte wieder von neuem. Doch vermutlich hätte man selbst der Queen of England nicht gestattet, *Lucknow`s* botanisches Gesträuch außerhalb der in Stein gemeißelten Besuchszeiten zu besuchen. Von den damit tangierten Beamten ganz zu schweigen.

„Absolut unmöglich!" war nach langen Erklärungen die kurze aber eindeutige Information aus dem Hörer.

„Sie müssen verstehen – die Regeln...!"

Der Größe des Verwaltungskomplexes im Hintergrund der Anlage nach zu schließen, arbeiteten mehrere 100 Leute in diesem Institut, in ihren Büros - und an den *„Regeln"*. Somit blieben die Sensationen des *„CSIR.Nat.Bot.Res.Inst"*- Gartens, wie der offizielle Name auf den Tafeln lautete, auch weiterhin der übrigen Menschheit verborgen. Ihre Chance hatten die Inder jedenfalls gehabt.

Bevor ich das Gelände verließ, kam jedoch das Witzigste. Der elegante Mensch im Anzug aus dem Obergeschoss lief mir bis zu den Schranken hinterher, holte mich vertraulich auf die Seite und fragte, ob dies in meiner Tasche wirklich meine Journalistenkamera sei und ich tatsächlich ein Reporter aus Europa, wie er gehört hatte. Und ob er, der Held des Tages, auf einem Foto unterkommen konnte? Höflich, wie ich nun einmal war, fotografierte ich ihn zwei oder dreimal in verschiedenen Posen mit oder ohne nach oben gezogenen Mundwinkel, lächelte ebenfalls dazu und versicherte ihn, meiner Unvergesslichkeit seiner hilfreichen Unterstützung. Erfreut wie ein kleines Kind grinste er, drehte und wendete sich vor meiner Kamera.

Überraschend entdeckte ich gleich um die Straßenecke, gegenüber dem botanischen Garten, sozusagen an der Hintermauer, an welcher sich die Gedenktafeln befunden hatten, einen netten und bestens gepflegten kleinen Park. Dies war immerhin in Indien`s Durchschnittsstädten eine Seltenheit - in etwa so als würde man auf dem Mond eine Orange finden. So setzte ich mich in vollem Bewusstsein ob dieser wundervollen Gelegenheit, auf die erste, nicht renovierungsbedürftige Sitzbank seit meiner Ankunft in diesem Land, genoss den Schatten der Palmen, die Ansicht des kleinen vor mir stehenden Gebäudes* aus fernen Zeiten. Während draußen unermüdlich der Verkehr tobte und dröhnte beobachtete ich das Auf und Ab, das spontane Hin- und Herlaufen eines kleinen lieblichen Streifenhörnchens im Gras.

Sikanderbagh Building - Lucknow: Das Gebäude wurde errichtet unter Qudh Wajid Shah (1822–1887). Die Anlage war um 1800 als königlicher Garten errichtet worden. 1857 als die Ost-Indien-Kompanie die Regierungsgeschäfte an die brit. Krone übertrug, und es infolgedessen zum sogenannten Sepoy-Aufstand kam, wurde während dieser Kämpfe die Anlage von hunderten von indischen Sepoy-Kämpfern gegen die britischen Truppen verteidigt.
Am 16.November wurde der Kriegsschauplatz schließlich von britischen Bataillonen überrannt. Heute ist nunmehr dieser kleine Teil der Anlage erhalten.

Auf dem Weg zum botanischen Garten war ich zuvor irgendwann auch am, wie ich vermutete riesigen Komplex der hiesigen Provinzregierung vorbeigekommen. Es war jedenfalls eines der wenigen, in völlig renoviertem Glanz erstrahlenden Bauwerke in der ganzen Stadt. Prunkvoll und protzig, von goldfarbenen Gitterstäben eingerahmt und umzingelt von einer Armee Bewaffneter. In etlichen bereitstehenden Feuerwehrautos saßen die dazugehörigen Mannschaften in Bereitschaft ebenso wie in zahlreichen, mit Polizisten in und ohne Uniform voll besetzten Einsatzwagen. Man wollte schließlich für alle Eventualitäten gerüstet sein, damit nichts war – falls einmal etwas wäre. Alles in allem wohl eine Hundertschaft die hier vor dem Gebäude ihre Tage über die Runden brachte. In der indischen Bürokratie spielte Geld und Sinnhaftigkeit schließlich kaum eine Rolle!

Nach dem gescheiterten Versuch in den botanischen Gartens zu kommen begab ich mich an dessen Mauer entlang in Richtung Ganges. Dabei konnte ich den einen und anderen Blick darüber, in das Innere des Gartens werfen, in welchem nichts als verfallene Gewächshäuser inmitten ungepflegter Wiesen und wucherndem Gestrüpps ihr Dasein fristeten, zwischen rostigem Gerümpel und dem üblichen Unrat. Angesichts dessen, was ich von hier aus überblickte, erschien es mir nicht ausgeschlossen, dass schließlich der gesamte Zustand von Garten und Anlage Grund dafür sein mochten, so wenig als möglich Ausländer in das Innere vor zu lassen. Wobei man natürlich in Wahrheit unter solchen Gesichtspunkten konsequenterweise ein Betretungsverbot für einen großen Teil des gesamten restlichen Landes hätte erlassen müssen.

Am Flussufer gab es eine wilde Wiese, die ausnahmsweise nicht zur Gänze als Mülldeponie genutzt war und in welcher ich mich nun, etwas geschützt von der inzwischen fast unerträglichen Hitze der Mittagszeit am Boden niederließ. Eine Herde von kleinen Ziegen leistete mir Gesellschaft, während sie, genügsam wie sie waren, das Laub der von den Bäumen fallenden Blätter auffraßen.

Als ich einige Stunden später Lucknow's Zoo erreichte, wieder einmal *DuMont* und dem darin abgebildeten Stadtplan sei Dank, war dieser natürlich bereits geschlossen, obwohl sich noch reichlich Menschen davor und darin befanden. Der Wächter vor dem Eingang schickte mich mit kurzen Handzeichen zu einem gegenüberliegenden, ob seiner Winzigkeit und des äußeren Zustandes kaum wahrnehmbaren Ticketschalter in einer riesigen Mauer aus verfallenen Backsteinen. Dort erklärte mir der Mensch von dem ich nur die Stimme vernahm, ihn aber nicht sehen konnte, aus seinem Verlies heraus natürlich, dass der Park bereits geschlossen war und somit keine Tickets mehr verkauft würden. Wozu der Mann dann noch an seinem Schalter hockte, der aus nichts als einem düsteren Loch in der verrotteten Mauer bestand, konnte man auch hier, als Ausländer einmal mehr nur erahnen. Er gab mir jedoch immerhin den Tipp, es bei den Wächtern zu probieren. Was ich letztendlich auch tat, indem ich einfach erhobenen Hauptes und ohne rechts oder links zu blicken, an ihnen vorbeischritt, ihr Rufen und Deuten ignorierte, schnurstracks weiterging und bald in der Menge der Besucher im Inneren des Zoos verschwand.

Die Anlage war in besserem Zustand als ich eigentlich erwartet hatte.

Während aber die großen Tiere in ihren Gehegen über ausreichend Platz verfügten, mussten die Kleinen in engen rostigen Käfigen ihr Dasein fristen.

Was das Leben der indischen Gesellschaft außerhalb der Zoomauern nur repräsentativ widerspiegelte. Am eindrucksvollsten war ein einsames indisches Rhinozeros, das mit seinem urgeschichtlichen Panzer allein durch sein Gehege stapfte. Es repräsentierte eine Zeit in welcher solch gewaltige Tiere noch Macht und Stärke widerspiegelten, während sie heute nur noch als zufällig überlebende Repräsentanten längst verloschener Epochen ihrem unaufhaltsamen Ende entgegen trotteten.

*„Es ist das einzige Mal gewesen, dass ich in Indien einen Tiger in der Freiheit erblickt habe. Ich lehnte mich an den Stamm des Baumes, schloss die Augen und öffnete sie wieder und sah hinauf, wie einer der sich von Blicken betrogen glaubt." Niemals werde ich die hellbraunen Felswände vergessen, das Morgenlicht in der Steinkuppel und vor ihr wie auf einem Marmorsockel als Thron, im Schutze eines steinernen Baldachins, die ruhende Sphinxfigur des Tigers". „Der Anblick dieser großen Katze in der Sonne, hoch in der Felsenfreiheit, über dem unruhig gärenden Bett der Vielerlei kleinen Geschöpfe und Pflanzen des Dschungels, trug meinen Geist über die Geschicke der Zeiten fort, zurück bis an jenen ältesten Stein der Menschheitserinnerung.. So erschien das herrliche Tier in seiner Vereinsamung, wie ein später Nachkomme einer versunkenen Zeit...." *(Waldemar Bonsels „Indienfahrt". 1918)*

In einem betonierten Becken im Zentrum des Parks standen Tretboote aus Plastik zur Verfügung, mit denen indische Familien fröhlich durch das dunkelschwarze Wasser strampelten.

In einem anderen Becken schwammen träge zwei oder drei Nilpferde. Man musste bedenken, dass noch vor 100 Jahren all diese Tiere sich inmitten einer farbenprächtigen botanischen Vielfalt bewegen konnten und in großen Herden frei durch unberührte Gebiete liefen. In, denen sie kaum durch die damals wenigen Menschen belästigt wurden. Nur über einen geschichtlich derart kurzen Zeitraum hatten sie jedoch beinahe den gesamten Teil ihrer einstigen Lebensräume eingebüßt, durch die sogenannte moderne fortschrittliche Menschheit, welche nun dort wütete und weite Flächen des riesigen, indischen Subkontinents – abgebrannt, umgewühlt oder zu öden, vergifteten Müllhalden umgestaltet hatte. Dessen Rekultivierung weder absehbar, vermutlich auch kaum machbar war. So konnte man nur sagen: Bravo Planet Erde, weit hast du es gebracht!

An der *Gandhi Road,* gegenüber des eindrucksvollen *„Lucknow Post Office"* mit seinem großen weißen Glockenturm, am Anfang jener alten *Shoppingmall* mit ihren fein gestalteten Gründerzeitbauten, zog ich mich in einen *Coffee- Shop* zurück in dem ausgezeichneter *Icecoffee* serviert wurde, um die restliche Zeit bis Mitternacht, meiner nunmehrigen Abfahrt, zu verkürzen.

Nachdem ich abends noch einige Zeit auf den Stufen meines Hotels gesessen, dabei eine jener ausgezeichneten indischen Mentholzigaretten geraucht, und jene in der schmalen Gasse davor hin- und hergehenden Menschen beobachtet und in Gedanken die letzten Tage Revue passieren ließ, überkam mich plötzlich ein Gefühl tiefster Dankbarkeit. In einem Land geboren worden zu sein, dort leben zu dürfen, wo im Vergleich zu Indien die täglichen Probleme der meisten Menschen von einer Größe waren wie Fliegendreck in einem Garten. Ich hoffte, mein Karma in diesem Leben jedenfalls in solch einer Weise abzudienen, um nicht beim nächsten Mal in

einer Umgebung wie dieser, schlimmstenfalls in einer dieser erdrückenden Metropolen Indiens von neuem das Licht der Welt zu erblicken. Dankbar war ich jedoch auch für die Erfahrungen, welche ich auf dieser Reise machen durfte.

Indien heilte einen unmittelbar von allen Wohlstandskrankheiten. Die täglichen kleinen Unzufriedenheiten, wie Ungeduld, Nörgelei oder das gelegentliche Gejammere über diese oder jene Umstände, reduzierten sich hier rasch auf jenes lächerliche Ausmaß, welches ihnen in Wahrheit zustand. Indien für einige Wochen *hinter den touristischen Kulissen* zu erleben war die beste Medizin gegen chronische oft grundlose Unzufriedenheit.

Ein alter Mann setzte sich zu mir auf die Stufen bot mir einen Tee an, welchen ich jedoch, unvorbereitet und unüberlegt, dankend ablehnte. Was mochte dieser Mensch neben mir in seinem Leben erlebt haben, welche Geschichten konnte er erzählen? Leider war sein Englisch auf wenige Wörter beschränkt, sodass eine tiefere Unterhaltung nicht möglich war. Unterschiedlicher konnten seine und meine Lebenserfahrungen wohl kaum sein.

Der Hotelbesitzer, ein großer untersetzter Mensch stieg aus einem SUV unmittelbar vor dem Hotel aus fragte mich freundlich ob alles okay war und ich nicht im Inneren des Hotels warten wollte, in welchem die Bediensteten, entgegen all meiner paranoiden Befürchtungen inzwischen bestens auf all mein Hab und Gut hinter ihrem Pult geachtet hatten. Ich reiste hier oft in ständigen Angst, meine Aufzeichnungen oder die Kamera könnten in falsche Hände gelangen oder mein Reisepass irgendwie verschwinden. Aber vielleicht war es besser, gelegentlich zu viel besorgt zu sein als zu wenig. Man wusste ja nie.

Da ich zu früh am Bahnhof war, beschloss ich, im *„Reservation Office"* anzufragen ob mein Sitzplatzticket wider allen Erwartungen für die 13 Stunden dauernde Reise doch noch gegen ein Liegeplatzticket getauscht werden konnte. Wie üblich waren von den zwanzig Schaltern lediglich zwei, von Männern in weißen Geschäftsmänteln besetzt, während hinter ihren Tischen jede Menge andere hin- und herliefen, schwätzten, Formulare übereinander stapelten, hefteten oder ablegten. Vor jedem der zwei Schalter standen etwa 8 Personen. Eine einzige Transaktion nahm gute 15 Minuten in Anspruch. Zum wiederholten Male verfluchte ich hier sämtliche indischen Eisenbahnminister, Politiker und Beamte. Doch die Überraschung folgte. Genau jener, hinter meinem Schalter sitzende und über viele Stunden unablässig von Menschenschlangen bedrängte Mensch war immer noch freundlich, verstand nach dem ersten Satz was ich wünschte, und erkannte auf Anhieb in seinem Computer das mein Ticket *„beglaubigt"* war. Was so viel hieß wie bereits auf *„Sleeper"* umgebucht und bestätigt. Durch jene grantige Beamtin die mich gestern so barsch abgefertigt hatte. Den Sinn ihrer Handlungen hatte sie mir allerdings verschwiegen oder was schließlich auch möglich war, ich hatte einfach nicht verstanden was sie mir zu sagen hatte. Auf jeden Fall hatte sie aber jene rettende Nummer für sich behalten: *S3- 03*, also die Nummer jenes Waggons in dem nun doch ein Bett für mich reserviert war.

Diese vermerkte der freundliche Beamte jetzt handschriftlich auf meinem Ticket. Bevor ich mich dankend und erleichtert abwandte, richtete er noch die Frage mich, woher ich kam und wie ich Indien empfand? Meine unüberlegte Antwort, aus Österreich und abgesehen davon, dass das Kaufen eines Zugtickets in Indien äußerst kompliziert war, sei Indien für mich durchaus okay. Was den Mann, der sich doch so vorbildlich bemüht hatte nun zu enttäuschen schien. Ohne seine Hilfsbereitschaft hätte ich mich als Unwissender mit meinem Schlafplatzticket in der Hand, für die nächsten 13 Stunden in der wogenden Menge der *Hardplace-seater"* gedrängt.

Wie dumm empfand ich also nun meine Antwort. Hatte dieser Mensch nicht allen Anspruch darauf, auf sich und sein Unternehmen welches immerhin Millionen Menschen täglich quer durch den Kontinent beförderte, trotz aller Widrigkeiten stolz zu sein? Schließlich kannte er kein anderes. Wann begann man als Westmensch die überhebliche Kritik an Allem abzulegen, was anders war als das gewohnte, wurde etwas gelassener und machte dadurch endlich sich selbst und anderen das Leben einfacher?

Ein junger Inder samt hübscher Freundin kam hinter dem Schalter auf mich zu, er hatte mitgehört, fragte: *„Austria - Gustav Klimt?"*

Mitten in Indien auf Menschen zu stoßen, welche sich für österreichische Kunst interessierten, sogar Klimt kannten, besser konnte ein Tag kaum enden.

Am Bahnhof, in der Vorhalle und auf den Bahnsteigen erwartete mich wieder die unüberschaubare Menge der anderen Fahrgäste, auf ihren Decken oder am nackten Boden sitzend und liegend. Endlose Durchsagen mit Orten und Zugnummern wurden aus veralteten Lautsprechern auf Indisch und Englisch abgesondert, waren jedoch ob des Lärms am Bahnhof kaum verständlich.

Hatte ich aber nicht bei meiner Ankunft in *Lucknow* Schilder entlang des Bahnsteiges gesehen? Warteraum, erster Klasse, zweiter Klasse usw.

Tatsächlich fand ich hier am Bahnsteig eine Tafel:

„Waiting room for executive members." Wer immer damit auch gemeint sein mochte. Ein menschenleerer Raum hinter einer primitiven Tür mit dem offenen Vorhängeschloss erinnerte an ein leeres Büro aus Sowjetzeiten.

In solcher Möblierung lebten einst Parteikader im Stile der Siebzigerjahre. Ältliche und kaum benutzte Polstermöbel sowie altmodische, schwere, hölzerne Tische.

Ich schloss die Tür und nahm erleichtert in dieser Insel der Ruhe Platz. Doch diese hielt nicht lange, bereits nach wenigen Minuten trat ein Wächter ein. Schmuddelig und mit Zahnlücken, mit über Ausdünstung, doch forsch das Ticket fordernd.

„Liegewagenticket…!" stellte er sofort fest. „Hier ist kein freier Platz".

Resolut verwies mich der Verkleidete zur Tür hinaus und den Bahnsteig entlang.

Hier zeichnete sich Indien wieder einmal durch sein durchgängiges Klassensystem aus.

Entlang des Bahnsteiges erschienen alle möglichen Tafeln: *„Waitingroom 1th class",* *„Waitingroom 2th class", „Waitingroom seater" „Waitingroom Woman",* usw.

Ein Pfeil an der Wand führte mich schließlich in den ersten Stock. Ohne jedoch den für mich zutreffenden *„Waitingroom-sleeper"* entdeckt zu haben, stieß ich auf eine jener bemerkenswerten Räumlichkeiten, die nur noch auf indischen Bahnhöfen existierten. *„Retiring Room. A.C."* Einen sogenannten *klimatisierten Rastraum.*

In einem Buch hatte ich darüber gelesen. Nun lag dieser von mir und das ganze Ambiente erinnerte zuerst an einen provisorischen Krankensaal aus der Zeit meiner Kindheit. In dem hohen, weiß getünchten Raum, abgeteilt in halbhohe Kojen, hinter denen sich je ein metallenes Bett, samt ordentlichem Leinentuch und weißen Kissen befand. Von der Decke baumelten riesige, altertümliche Ventilatoren an langen, eisernen Stangen über jeweils einer Koje. Wie wohl, wie auserwählt fühlte ich mich plötzlich, als Privilegierter, drei Stunden vor Mitternacht auf solch einem vorzüglichen Liegeplatz ruhen zu dürfen, während draußen die Masse der Wartenden auf den überhitzten, nackten und harten, nach Urin riechenden Bahnsteigen kauerte. Vermutlich war auch für diese Oase ein eigenes Ticket vorgesehen. Ich hielt mich jedoch einmal mehr an eine alte Weisheit meiner Vorfahren: *„Wer oft fragt geht oft fehl...".* Zudem war kein Mensch zu sehen, an den ich eine solche Frage hätte richten können. Ich tat somit nichts anderes als still zu genießen was ich nun hatte. Jetzt erst stellte sich meine ganze Erleichterung darüber ein, mich nochmals, fast in weiser Vorausahnung im *„Reservation Office"* in die Schlangen gereiht zu haben.

Hätte ich doch sonst die ganze Fahrt eingequetscht zwischen tausend anderen samt ihrem Gepäck sitzend oder hockend verbracht, während einige Waggons weiter mein freies Bett auf mich wartete und keiner vom anderen gewusst hätte.

Vor allem um meine drei ständigen Gepäckstücke hatte ich den ganzen Nachmittag, während ich unterwegs war und es mehr oder weniger unbeaufsichtigt im schlampigen Foyer des Hotels zurückgelassen hatte, in größter Sorge zugebracht. Bereits ein fehlendes Gepäcksstück hätte schließlich unmittelbar zu erheblichen Problemen geführt obwohl ich natürlich die wichtigsten Dokumente und etwas Bargeld nahe bei mir führte. Konnte man schon im Liegewagen seine Sachen kaum unter dem Kopf oder ringsum den Körper halbwegs verstauen, so war es in jenen überfüllten Sitzabteilen, wo die indischen Fahrgäste selbst auch die dürftigen Gepäckablagen als Liegeplatz in Beschlag nahmen beinahe unmöglich seine sieben Sachen in Reichweite, irgendwie geordnet zu lagern. An Schlaf wäre somit die Nacht über nicht zu denken gewesen. Nicht auszudenken, wäre meine Kamera samt den Aufnahmen oder meine Schreibhefte abhanden gekommen. Selbst ein Verlust des Rucksackes mit Bekleidung hätte üble Folgen gehabt. Nicht etwa des Wertes wegen, aber schließlich musste man sich wegen der drückenden Hitze und dem Staub und Schmutz oft umziehen.

Hatte ich doch gestern auch der alten missmutigen Frau am Schalter Unrecht getan, die mich mit ihren, mir so sinnlos erschienenen Überbeglaubigungen letztendlich vor alldem bewahrt hatte. Dabei ließ man zu leicht außer Acht, wie sehr sprachliche Barrieren und die damit zusammenhängenden Missverständnisse doch so leicht große Mengen an vermeidbarem Konfliktpotenzial schaffen konnten. Nicht oft genug konnte man sich daran erinnern.

22. März, Fahrt nach Kota.

Nun ließ ich endgültig den „Heiligen Ganges" hinter mir und brach auf, um zu sehen wie die indische Welt dort, am arabischen Meer sein mochte.

Zwei Minuten vor Mitternacht fuhr der Zug schließlich pünktlich ab, wobei ich diesmal der Ansicht war bereits genug Glück dadurch zu haben, mich diesmal auf einem richtigen Liegeplatz *für Erwachsene* ausbreiten zu können. Wie sich jedoch herausstellen sollte, sah die Wirklichkeit bald wieder einmal anders aus.

© Ehnsperg

Natürlich hatte ich bereits wieder verdrängt was einen in Indiens Waggons zu erwarten pflegt. Im besten Fall betrachtete man an einer Endstation des Zuges erstaunt ein Kind oder einen Zerlumpten dabei, mit einem groben Strohbesen den gröbsten Unrat vom Fußboden durch die offenen Türen ins Freie zu befördern.

Der oberste Schlafplatz war laut meinem Ticket für mich reserviert. Im Halbdunkel der spärlichen Lampen kletterte ich am Gestell nach oben um mein Gepäck zu verstauen und spürte seltsam pulverartiges am Arm. Gerade noch entdeckte ich, bevor ich mich darauf ausbreitete mit Hilfe des Lichtes meines Feuerzeuges, dass über dem ganzen Bett eine dicke und schmierig schwarze Schicht aus Ruß und Staub lag. Das Papier mit dem ich meinen Liegeplatz abwischte machte danach den Eindruck als hätte ich es aus einem nassen Kohlenhaufen hervorgezogen.

Im Laufe der Fahrt verschwand die stickige Hitze des Tages aus den Waggons. Die Nächte waren kühler und der Fahrtwind drang wieder durch viele Ritzen. Niemals seit ich in Indien war hatte ich einen der zahlreichen, riesenhaften Ventilatoren an den Decken der Waggons auch nur in leisester Bewegung gesehen. Der erste und einzige von allen, der in voller Geschwindigkeit kalte Luft nach unten blies befand sich nun gerade hier, in diesem Waggon. Haargenau über meinem Bett. Die Propeller hinter den eisernen Gittern bliesen unablässig und mit Höchstgeschwindigkeit die jetzt ohnehin zu kalte Luft über mich. Irgendwann raffte ich mich auf von meinem oberen Platz, ohne Leiter im Dunkeln nach unten zu klettern. Mit einem Feuerzeug bewaffnet um den richtigen Schalter unter den vielen, an allen möglichen Stellen dieses Waggons angebrachten, zu finden. Möglichst ohne durch abruptes Bremsen oder Beschleunigen des Zuges den Halt zu verlieren und samt dem brennendem Feuerzeug ins Bett eines anderen Schlafenden geschleudert zu werden. An drei Stellen gab es eine größere Anzahl verschiedener, altmodischer kleiner Schalter. Verdreckt, beklebt von Ruß und dem Schmutz der Jahre, oder anderem ekelhaften Zeug. Kaum einer von ihnen ließ sich überhaupt noch bewegen. Schließlich stellte ich bald mit Verblüffung fest, dass der einzige Schalter, der fehlte, jener für eben diesen Ventilator über mir war! Dort, wo dieser einmal gewesen war, bot sich nun kein anderer Anblick als ein tiefes schwarzes Loch in der Buchse an der Wandverkleidung des Zuges. Er war ganz einfach nicht mehr da. Das Ding ließ sich somit niemals mehr abschalten! Fröstelnd und im Halbschlaf zusammengekauert verbrachte ich die restliche Nacht und einmal mehr den ganzen Betrieb in diesem Land verfluchend. Wie die Luftmaschine ohne Schalter überhaupt arbeiten konnte war ein unlösbares Rätsel.

 In Österreich musste laut Eisenbahngesetz für jeweils vier Waggons ein eigener Zugbegleiter an Bord sein. In Indien war es meist ein einziger, verlorener Schaffner, zuständig für alle 50 Waggons eines ganzen endlosen Zuges. Dieser machte sich in der

Regel kurz nach der Abfahrt aus dem ersten Bahnhof einer Reise auf den Weg durch den Zug. Verglich dann pedantisch alle Namen und Platznummern, Altersangaben der Reisenden usw. zwischen Fahrkarte und jenen Angaben auf den dicken Stapeln von Computerausdrucken die er mit sich schleppte, und ließ sich fortan kein zweites Mal mehr blicken. Ob er nach dem ersten Durchgang die restlichen acht oder zehn Stunden in irgendeinem Versteck verschlief oder den Zug überhaupt verließ, ließ sich nicht ausmachen. Am Ende war es einerlei. Auch Eisenbahner machten in diesem Land eben nur das Allernotwendigste. Den fehlenden Schalter hätte auch er in dieser Nacht nicht ersetzen können.

Bei Anbeginn der Dämmerung, als unser Zug sich schließlich nur noch drei Stunden vor Ankunft am Ziel dieser Etappe, im Südwesten des Landes befinden sollte, stellte ich nach einem Blick aus dem Fenster mit Entsetzen fest, dass wir uns die ganze Nacht offenbar nicht nach Westen in Richtung *Kota*, sondern in Wahrheit in Richtung Norden, genau auf Delhi zu bewegt hatten. Und nun, bereits bei Tageslicht, in einer Stadt namens *Mathura* seit über einer Stunde festsaßen. Kaum mehr als 90 Minuten von der Hauptstadt entfernt. Ratlos kramte ich nach meinem Ticket, prüfte den Namen des Zielbahnhofes. Kein Irrtum, *Kota*. Was hatte das alles zu bedeuten?

Anstatt nun zu rasen um die große Entfernung wieder aufzuholen, setzte sich die Fahrt aber nun geradezu im Schneckentempo fort. Dazu kamen noch nach jeweils kurzer Fahrt oft einstündige oder gar längere Aufenthalte. Irgendwo, oft mitten im Nichts stand unser Zug in der nun bereits wieder brütenden Hitze. Inder stiegen aus und vertraten sich die Beine im Gestrüpp des Bahndammes. Unser einziger Zugbegleiter war für immer verschwunden. Niemand wusste Bescheid.

Zur Mittagszeit schließlich, es war bereits nach 13:00 Uhr, also genau eine Stunde *nachdem wir eigentlich bereits in Kota hätten eintreffen sollte,* fuhr unser Zug – ich fasste es kaum – nirgends anders ein, als in *Agra!* Jener Stadt südöstlich von Delhi mit seinem *Taj Mahal,* welche wir vor vielen Stunden, damals noch in Richtung Norden, bereits schon einmal durchfahren hatten! Unser Zug hatte also auch noch einen ganzen Kreis bis fast nach *Delhi* gezogen und war nun wieder auf dem Weg nach Süden. Alles war unverständlich! Schließlich versuchte ich mich bei den wenigen anderen Reisenden, die sich nun noch im Zug befanden, zu erkundigen, was dies alles zu bedeuten hatte. So erfuhr ich auf Umwegen, es gab irgendwo auf unserer Strecke Bauarbeiten, und wir würden mit 2 Stunden Verspätung zu rechnen haben. Selbst nach meinen nur gröbsten Berechnungen jedoch und nach einem Blick auf meine Karte, musste es wohl zumindest das Doppelte sein. Tatsächlich sollte es am Ende ein Vielfaches dessen werden. Doch einstweilen war ich noch hoffnungsvoll unterwegs und wusste nichts von alledem.

War es des Nachts die Kälte, welche durch die Ritzen drang, so war es mittags bald die drückende Hitze. Trotz meines ewig surrenden Ventilators. Vor allem in jenen fast endlos langen Aufenthalten an allen möglichen Orten war es in den überhitzten Waggons fast unerträglich. Mein schöner Plan zu Mittag im legendären *Bundi* nahe *Kota* einzutreffen war also unmöglich geworden.

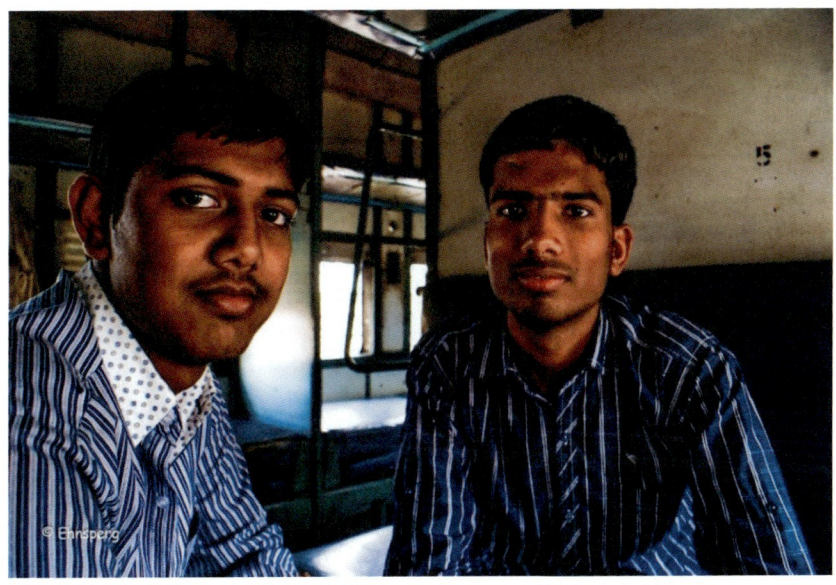

Irgendwo an einem der zahlreichen Halte unterwegs waren zwei junge Burschen zugestiegen, starrten mir im Vorbeigehen neugierig ins Gesicht und nahmen umständlich im Abteil hinter mir Platz. Verdächtigt oft starrten sie unverhohlen um die Ecke zu mir. Schließlich fasste einer den Mut, erhob sich, setzte sich ganz nahe neben mich und begann in gebrochenem Englisch die immer wieder gleichen Fragen dieses Landes zu stellen.

Als sein Repertoire an vorläufigen Fragen erschöpft war winkte er seinen Kompagnon zur Verstärkung herbei. Sie waren zwei Studenten, auf dem Weg von Delhi nach Hause und stellten sich vor als *„Rachit Goyal"* und *„Honey Garg"*. Das Ganze bot ein seltsames Bild: Ich, ausgestreckt über die ganze Bank, mein Schreibheft vor mir und Notizen machend, eng zwischen den Beiden eingekeilt, die ohne Unterlass auf mich einfragten. Mich mit ihren immer ähnlichen Fragen, woher ich kam, was ich machte, was ich schrieb, was ich fotografierte, ob ich verheiratet war und allen möglichen anderen Fragen löchernd, kaum das ich mit den Antworten nachkam. Das ganze hatte sich herum gesprochen und ständig gingen nun vor im Waggon uns Menschen auf und ab, kamen eigens daher um diese seltsame Konstellation zu betrachten oder blieben vor uns stehen, kamen zurück und starrten unverhohlen um die Ecke, als ob ich, eingeklemmt zwischen den beiden Dauerrednern, ein geheimes Spiel spielte, das niemand außer uns verstand.

Immerhin, zwei die Mut fassten, die auch anderes wissen wollten, als das was alle hier tagein tagaus erlebten. Nicht immer war einem klar worum es sich bei alldem eigentlich drehte. Nicht immer hatte ich Lust dazu. Vor allem nachdem die Fahrt unseres Zuges kein Ende zu nehmen schien. Was meine beiden neuen Freunde jedoch kaum interessierte. Doch letztendlich war mir klar, ich befand mich hier mitten in *Zentralindien*, außerhalb aller Touristenpfade, als einziger Weißer in einem verirrten und fast verlassenen indischen Zug und war somit nichts als eine willkommene, wenn auch ungewohnte Attraktion. Das war bei Reisen solcher Art einfach im Preis inkludiert. An einer Station namens *Gwalior* hatten die beiden schließlich den Zug wieder verlassen und ich konnte mich ungestört dem Lesen und Schreiben widmen.

Die Landschaften vor dem Fenster wechselten nun rasch, von kleinen leuchtenden, grünen Feldern zu öden sandigen und braunen Landstrichen, vorbei an altertümlichen Dörfern und kleinen Städten, denen der Müll der Zivilisation bis zum Halse stand. Dies war selbst aus der Ferne zu sehen. Allein was ich erhoffte, irgendwo einen Flecken unberührter Natur, grünen Wald oder einen sauberen Fluss zu sehen, davon war keine Spur.
Einige Kilometer lang bot sich nun dagegen ein seltsames Bild. Über aufgeworfenen Erdhügeln stapelten sich dort draußen riesige, glatte, graue Steinquader, lagen kreuz und quer in der Landschaft. Das Ganze machte einen gespenstischen Eindruck, als

hätten fremde Mächte diesen endlosen, seltsamen Landstrich entlang der Bahnlinie gerade zuvor damit bombardiert. Zuerst vermutete ich etwa, an in die Luft gesprengten, mittelalterlichen Bauten vorüberzuziehen, doch dafür war das ganze Areal zu weitläufig und viel zu groß. So konnte es sich wohl nur um natürliche Steinformationen handeln, spiegelglatt gespalten und durch irgendwelche gewaltigen Mächte quer durch die ganze Landschaft geworfen.

Das wir nun doch südliche Gefilde erreicht hatten, war daran zu sehen, dass vor unseren Fenstern Kamele mit ihren, auf Autorädern montierten hölzernen Anhängern an uns vorbeizogen. Samt darauf sitzender Menschenfracht im schnellen Tempo und auf staubigen Straßen. Wobei die Tiere, ähnlich einer Tätowierung, ein in das Fell geschnittenes, ganz gescheckes, seltsames Muster trugen.
Nach weiteren Stunden Fahrt in Richtung Süden, als ich unseren Zug endlich nur mehr wenige Minuten vor dem Ziel, dem Bahnhof von *Kota* vermutete, stellte sich nach einem Blick auf die Karte erneut heraus, dass wir in Wahrheit noch immer mehrere Stunden davon entfernt waren.
Irgendwo sah ich einen toten Wasserbüffel neben dem Gleis. Er war wohl bei einem Zusammenprall mit einem Zug als Verlierer auf der Strecke geblieben.

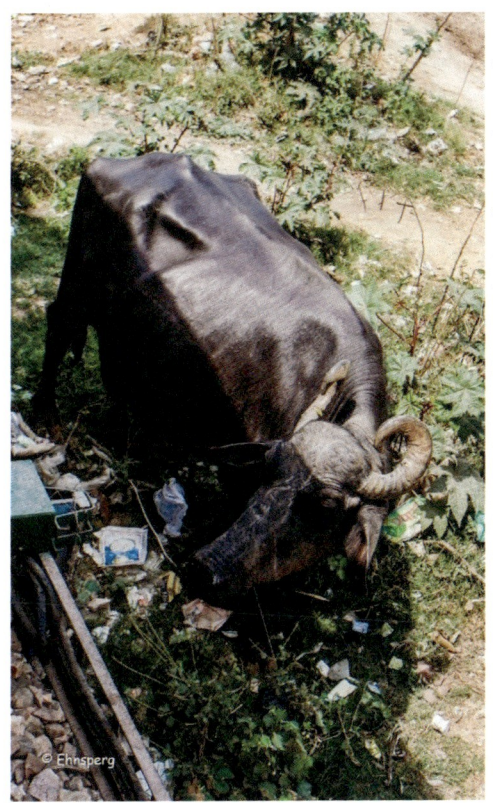

Bedachte man jene Millionen verschiedener Tiere, welche im ganzen Land tagein tagaus, mitten im tiefsten Verkehrschaos der Städte oder auf den Landstraßen umher stapften, so verwunderte es einen nur, dass die Zahl der darin Umgekommenen nicht größer war. Was wohl deutlich für eine gute Lernfähigkeit mancher dieser Lebewesen sprach. Vor *Kota* allerdings bemerkte ich noch, dass auch ein Wildschwein zwischen den Weichen der Bahnhofseinfahrt lag, aus dessen offenem Bauch die Därme ragten und ein einsamer Hund an ihnen zerrte. Sechs Stunden später als geplant bewegte sich unser Zug unendlich langsam um 18:30 Uhr abends, anstatt um 12:00 Uhr mittags, seinem endgültigen Ziel entgegen.

Ich hatte mich über achtzehneinhalb (!) Stunden ohne Unterbrechung, aber auch ohne Essen, im Zug befunden.

Kota

Am Bahnhof von *Kota* begann das bekannte *„Indische Spiel"* von neuem. Im Kampf um ein Anschlussticket, von Schalter zu Schalter, von Unzuständigem zu Unzuständigem, um schließlich irgendwann als *Vorgemerkt* auf einer *Warteliste* gelandet zu sein. Eigentlich wollte ich sofort weiter nach *Bundi*.
Da ich jedoch morgens um 6:00 Uhr wieder hier am Bahnhof bezüglich jener Warteliste *persönlich* und nicht etwa telefonisch oder per Internet, mit der *Original-Reservierungsbestätigung* in der Hand nachzufragen hatte, wollte ich mir den Weg von *Bundi* zurück nach *Kota* ersparen und beschloss daher gleich in *Kota* ein Quartier zu

finden. Um dann, morgen früh im glücklichsten Fall, die fragliche Reservierung gegen meine echte Fahrkarte zur Weiterreise in Richtung Meer einzutauschen.

Das Tuck-Tuck setzte mich nach langer Fahrt durch eine belanglose Stadt am Busbahnhof ab, während inzwischen bereits die Nacht hereingebrochen war. Unmittelbar neben dem Busbahnhof erhob sich eine riesige Betonbrücke mit rasendem, dichtem Verkehr. Soweit ich den Stadtplan *Kotas* im Kopf hatte, musste diese in den anderen Teil der Stadt, jenen mit seinen alten Stadtvierteln führen. Dass diese Brücke allerdings mehr als zwei Kilometer lang war hatte ich nirgends gelesen.

Ein endlos scheinender, dröhnender, stinkender Moloch an Fahrzeugen bewegte sich von einem Ende zum anderen und umgekehrt. Auf der ganzen Brücke war es beinahe stockfinster, denn kaum eine der Straßenlampen funktionierte. Nur die Scheinwerferkegel der entgegenkommenden Autos und Motorräder blendeten einen. In der schwülen Hitze des Abends wankte ich mit meinem schweren Gepäck vorsichtig und dicht entlang des dunklen Brückengeländers, während von vorne und hinten auf dem fragilen und löchrigen Gehsteig Motorräder auf mich zu schossen. Die größte Gefahr jedoch drohte wie auf allen indischen Gehsteigen davon, dass zwischendurch ganze Plattenstücke durchgebrochen waren oder überhaupt fehlten. Ich war somit auf die flimmernden Scheinwerferkegel der Autos angewiesen, um nicht durch eines jener unsichtbaren Löcher im Dunkeln hinabzustürzen.

Wie später las hatte man erst 2009 in *Kota* 45 Tote zu beklagen, als eine Brücke über denselben Fluss noch während des Baues in sich zusammengestürzt war.

Durch die Finsternis und Hitze, mit schwerem Gepäck und zu Fuß war ich unterwegs über eine endlose, lebensgefährliche Wahnsinnsbrücke in schwindelnder Höhe. Nach über achtzehnstündiger Zugfahrt in Kälte, Hitze und ohne Nahrung, dem gescheiterten Versuch ein Ticket für eine Weiterfahrt zu erwerben und der anschließenden Beförderung im engen Tucktuck durch eine graue und öde Stadt schwitzte ich und stank. Ich war hungrig, völlig ausgetrocknet, hundemüde und bösartig. Ich hasste diese Stadt, das ganze Land, die Inder und mich selber, als einen vollkommenen Idioten der auf die geisteskranke Idee gekommen war, freiwillig einen Fuß in dieses Land zu setzen. Am Ende der grässlichen Brücke war ich schweißnass von der Hitze und der Angst im Dunkeln überfahren zu werden oder durch eine fehlende Betonplatte samt meinem Gepäck in das tiefe Nichts der Nacht und des Flusses zu stürzen. Ein einziges, ebenso grässlich aussehendes Hotel war weit und breit zu sehen. Entgegen des Stadtplanes, welchen ich jedoch nur ungefähr im Kopf hatte, konnte die Altstadt vielleicht noch ein ganzes Stück weit entfernt sein. Hier ringsum war nichts anderes als die üblichen, elenden und schmutzigen Betonbunker der neuzeitlichen indischen Verwertungsgesellschaft zu sehen.

Mit vor Hitze und Durst pochendem Kopf und der ganzen Beladung auf dem Rücken schien mir jetzt ein Weitersuchen unmöglich. So stapfte ich auf das einzige Hotel in Sichtweite zu. Einen abstoßenden Betonklotz mit schmutziger, grauschwarzer Glasfassade dafür aber mit dem grandiosen Namen „Fiza-Palace"! Doch welche Wahl hatte ich schon kurz vor dem Zusammenbruch? Der schmuddelige Portier führte mich desinteressiert hinauf in ein Zimmer, welches er mir mit einhundert Rupien angepriesen hatte. Ein Preis den ich kaum fassen konnte. Jedenfalls solange bis ich das Zimmer gesehen hatte. Unter anderen Umständen hätte ich in einem solch lausigen engen Loch ohne Fenster, dem schmuddeligen Bettzeug und einem abgesägten Rohr aus der Wand als Dusch über dem WC, sogar ohne Waschbecken und von der Größe einer Hundehütte kaum jemals einen Fuß gesetzt, selbst wenn man mir Geld dafür bezahlt hätte. Doch angesichts dieses Tages nahm ich die elende Bude in Kauf, zog mich endlich aus und stellte mich unter das kalte Wasser, welches dürftig aus dem dünnen Rohr hervorquoll. Trotz allem, nach einem solchen Tag eine unendliche Wohltat.

Ich fühlte mit all jenen Millionen Indern auf den Straßen und nur in Fetzen gehüllt Schlafenden, welchen sogar noch dieses geringe Vergnügen tagtäglich versagt blieb. Abgekühlt und in frischen Kleidern begab ich mich wieder hinunter an die Rezeption um die widerwärtigen und endlosen Anmeldeformalitäten über mich ergehen zu lassen. In der untersten beschriebenen Zeile des obligaten, riesigen Hotelgästebuches stellte ich wenig erstaunt fest, dass die letzte Übernachtung eines Gastes immerhin bereits mehrere Wochen zurücklag. Nun überraschte es mich auch kaum mehr, dass anstatt der ursprünglichen einhundert, plötzlich eintausend Rupien verlangt wurden. Das — angesichts des grässlichen Zustandes des Zimmers und des ganzen Hotels überhaupt — jedoch nur über meine Leiche! Genug war genug. Schließlich, von der kalten Dusche erfrischt, packte ich meine Sachen wieder zusammen und begab mich abermals auf den Weg. Es war inzwischen zehn Uhr Nachts.

*„Da ich ihn verstand, fragte ich nach dem Preis den er als Miete für diese Räume forderte. Er sprach daraufhin so eifrig von anderen Dingen, dass meine Befürchtungen an Raum gewannen. Endlich gelang es mir, ihn zu Geständnissen zu überreden, und er begann zu rechnen und addierte mit geheimnisvoller Ehrfurcht die Verluste zusammen, die ihm in den letzten sieben Jahren entstanden waren, in denen sich kein Mieter gefunden hatte. - Ich beobachtete schweigend ein Volk weißer Ameisen, das die Dielen des Fußbodens und das Mauerwerk auf das geschickteste zur Anlage ihrer Ortschaften untergraben hatte." ..... „Dann vergaß er alles und sprach hastig von der Teuerung und den schlechten Reisernten. Jeder Kuli wird es Dir bestätigen, rief er. Sollich einen rufen?" (* Waldemar Bonsels. „Indienreise" 1918)*

Später, beim Niederschreiben dieser Zeilen sollte ich daran denken, dass es selten Übles gab ohne seine positiven Seiten. Doch das konnte ich zu diesem Zeitpunkt noch nicht wissen.

Diesmal nahm ich das Tuck-Tuck zurück über die Brücke und am Busbahnhof am anderen Ende hatte ich nun Glück und fand sofort den richtigen Bus nach *Bundi*.

Über holprige Straßen, sodass man sich eher im tiefsten Hinterland Afrikas vermutete, benötigten wir für die 37 km immerhin nur eine Stunde.

Das Komischste sah ich unterwegs: Man hatte hier begonnen über eine Länge von etwa 10 km eine Autobahn zu errichten. Da Verkehrsregeln im ganzen Land nicht existierten und jeder so fuhr wie er es für richtig hielt oder ganz einfach sein Leben lang gewohnt war, fuhr man auch hier, auf dieser Autobahn auf beiden(!) Seiten - im Gegenverkehr. Was den Wahnsinn des üblichen Verkehrschaos' nun auf die Spitze trieb.

Das schöne Leben begann in Bundi.

Dank eines Hinweises in meinem unverzichtbaren *DuMont* sowie dem Glück auf einen Tuck-Tuck Fahrer gestoßen zu sein, der sogar wusste wohin er fuhr ohne unterwegs erst etliche Leute nach dem Weg fragen zu müssen, erreichte ich kurz nach

Mitternacht meine Unterkunft in *Bundi*, die „*Kasera-Paradise*".

Diese verdiente ihren Namen auch zu Recht und übertraf sogar das schöne „*Urmi*" in *Haridwar*. Das schmale, fünfstöckige Gebäude der Kasa war ein altes stilvoll renoviertes „*Haveli*" *. Ein Handelshaus aus dem sechzehnten Jahrhundert, mit orientalischem Ambiente, weichen Teppichen und altertümlichen Malereien an den Wänden. Das Unfassbare; das alles zu weniger als dem halben Preis welchen man sich in *Kota* für die elende Absteige zu verlangen getraut hatte.

Bis spät in den Vormittag schlief ich endlich den Schlaf des Gerechten und Erschöpften. Tausend Träume quälten mich in dieser Nacht.

*Als Haveli bezeichnete man in Indien und Pakistan die kunstvollen oft mehrstöckigen Behausungen reicher Handelsleute. Die Havelis waren Statussymbole sowie Häuser für die Großfamilien und boten Sicherheit und Komfort in Abgeschiedenheit von der Außenwelt. Die Havelis konnten von allen Seiten mit einem großen Haupttor geschlossen werden.

23. März, Bundi.

Nach dem Schlaf war ich schweißgebadet und in der festen Ansicht erwacht, in jenen letzten 30 Stunden endlich alle Sünden meiner vergangenen Jahre abgebüßt zu haben. Im obersten Stockwerk des Haveli gab eine grandiose Dachterrasse mit Aussicht über das alte, märchenhafte Bundi. Ich gönnte mir nun das herrlichste und umfangreichste Frühstück seit ich Indien betreten hatte, war glücklich und zufrieden. Der morgendliche, sonnig warme Blick über Bundis farbenfrohe Altstadt unter mir ließ mich alle Strapazen der letzten Tage vergessen. Im Rücken, über uns, stand ein riesiges, beeindruckendes und festungsartiges Palastfort aus sandfarbigen Steinen, aus dem 17. Jahrhundert. Es thronte ehrfürchtig über der ganzen Stadt, mit jener spirituellen Kunst vergangener Jahrhunderte Indiens. Schöner konnte ein Morgen kaum beginnen.

Ich duschte gleich erneut, suchte mir frische Kleider für den Tag und setzte mich anschließend wieder auf diese herrliche Terrasse, aß, trank, aß wieder, träumte, rauchte und fühlte mich wie im Paradies. Direkt aus der Hölle entkommen! Der Besitzer des Haveli inspizierte seine Frühstücksterrasse, setzte sich zu mir, plauderte und teilte meine Ansichten über Indiens Eisenbahnsystem, die Bürokratie und den allgegenwärtigen Fatalismus. Er war freundlich, fragte nach meinen Wünschen und war im Gegensatz zu den meisten Hotelinhabern, welche mir bisherig begegnet waren einfach ein sympathischer Mensch. Nachdem der Mann wieder seinen Geschäften nachging setzte ich mich an einen anderen Tisch, an dem ein Mensch saß, der mir aufgefallen war. Er stellte sich mir als *Mike Arnold* vor, Amerikaner, der seit nunmehr drei Jahren ununterbrochen quer durch Asien reiste. Mike war wohl das was man einen Aussteiger, einen Außenseiter der Gesellschaft nannte. Der Achtundvierzigjährige mit dem Barte des Propheten war kein unsympathischer Mensch, in gewisser Weise sogar noch bodenständig geblieben. Mit knapp dreißig hatte irgendein Unfall ihn aus seiner Bahn, jener eines staatlich, pragmatisierten Gefängniswärters geworfen, und mit gerade so viel Pension ausgestattet um fortan ein bescheidenes Leben nach seinem Geschmack führen zu können. Damals war er zum Schluss gelangt, dass Haus und heimatliche Grenzen nicht zu seinen Weltvorstellungen passten, nicht zudem was tief in seinem Innersten schlummerte. Worauf er Haus und Habe verkaufte und die Möbel in einem Mietlager unterstellte, wo sie heute noch auf ihn warteten. Seither war Mike, der Dünne und Zähe mit seinem ganzen mobilen Besitz am Leibe und in seinem Rucksack unterwegs durch die Welt. Ob er nicht Gefahr liefe ein einsamer Mensch zu werden, fragte ich ihn. Nein, er konnte gut mit dem

Alleinsein umgehen erwiderte er, war schon damals, im Job auf sich allein gestellt auf einsamen Wachtürmen über den Gefängnismauern, daran hatte sich nichts geändert. Am Feedback anderer war er nicht interessiert. Er meisterte sein Leben besser alleine. Wobei ich mir nicht sicher war, ob in seiner Stimme bei diesem Satz auch wirklich völlige Überzeugung mitklang.

Über dem Rücken der Stadt befand sich an einem Hügel entlang der riesige Burgpalast, *Garh* genannt, in eindrucksvoller Größe und Form. Beim Aufstieg über den steilen, mit Ziegelsteinen und Pflaster ausgelegten Fahrweg aus längst vergangenen Tagen stieß ich auf *Juliette und Camille,* zwei französische Mädchen, wie ich auf den Weg zur Burg. Es herrschte sofort Sympathie zwischen uns und so gingen wir auch bald gemeinsam weiter. Im Inneren der äußerst desolaten, befestigten Anlage stießen wir hinter dem Eingang, der aus einem gewaltigen Tor bestand, über dem zwei steinerne Elefanten wachten, auf einen riesigen unendlich tiefen, alten Schacht von etwa 10 x 10m Länge. Von dem wir vermuteten dass es sich nur um eine gigantische, ehemalige Zisterne handeln konnte. *Camille* warf einen Stein hinab und es verschwand völlig geräuschlos in der Finsternis unendlicher Tiefe. Angenehmerweise waren wir anscheinend die einzigen Besucher im ganzen Palast.

Alles im Palast war bröckelig und ungesichert. Wer hier, über dem schmalen Rand der Zisterne das Pech hatte auszurutschen, war jedenfalls in nächster Minute all seiner Sorgen für immer entledigt.

Die Aussicht von hier oben, über den Dächern der zauberhaften Stadt war mehr als beeindruckend. Aber auch erleichternd, nachdem dem wir dazu erst über die dürftigen schmalen Mauerränder des Schachtes zu klettern gehabt hatten. Durch ein weiteres Tor am Vorplatz kamen wir in einen kleinen Hof, welcher einst als Versammlungsplatz für offizielle Audienzen gedient hatte, bei denen die jeweiligen Herrscher vom Balkon aus auf ihre Untertanen herabblickten. Wobei dabei den Höhergestellten in der Halle Platz angeboten wurde, während das gemeine Volk sich in diesem Hof drängen musste.

Es stellte sich alsbald heraus, dass die Mädchen und ich ähnlich gelagerte Vorstellungen über die Erkundung jenes Plastes hegten. Die seltsamen Belehrungen und Vorschriften der Wärter, welche uns vor dem Betreten der Anlage erklärt hatten, warum aus diesen und jenen Gründen das Betreten verschiedener Räume oder das Begehen von Stiegen und bestimmten Plätzen nicht gestattet war, machte für uns nur alles interessanter, sobald diese außer Sicht waren.

Kaum hatten sich die mit ihren Uniform Verkleideten umgedreht, waren wir schon drinnen. Wobei viele Räume wegen des überall herumliegenden Schuttes, der Finsternis und dem Kot der vielen Affen, Vögel und anderer Tiere tatsächlich unbetretbar waren. Aber das konnten wir auch gut selber feststellen. Vor allem die zahlreichen Arkaden, die verlassenen Zimmer mit ihren verblassten Wandmalereien oder mit detailreichen Mosaiken ausgestattet, waren beeindruckend. Tatsächlich war dieses Bauwerk Burg und Palast in einem gewesen. Es war eine der wohl eindrucksvollsten Anlagen, die ich jemals betreten hatte. Dadurch, dass vieles noch unverändert vor uns lag, spürte man einen Hauch jener vergangenen Geschichten über allem wehen.

Während aus der Stadt unter uns die Rufe der Muezzins über viele Lautsprecher verblasst zu uns nach oben strömten, vermischt mit den Alltagsgeräuschen einer lebendigen Stadt, versuchten wir gemeinsam jenen Geist aus glanzvollen Zeiten, in welcher hier die Fürsten samt ihrem Hofstaat wirkten, vor unserem geistigen Auge für kurze Zeit wieder aufleben zu lassen. In jenen Epochen, in welchen die heutige Stadt darunter mit ihrem unablässigen, geschäftlichen Treiben noch kaum existiert hatte.

Vor allem diese unvorstellbaren, menschlichen Leistungen durch die einst nur mit der Hände Kraft und mit primitivsten Werkzeugen jene riesigen Mauerblöcke in gewaltige Höhen gehievt oder aber die gigantischen Brunnen und Zisternen wiederum in endlose Tiefen gegraben wurden, konnte man nur mit Staunen betrachten. Je höher hinauf wir in das Inneren des Palastes vordrangen desto eindrucksvoller wurde alles um uns herum. Der Anblick der Stadt von oben und die vielen einfallsreichen Details an den Mauern, Fenstern und Toren, jene überwältigende Architektur und nicht zuletzt auch das Vorbeihuschen der zahlreichen, wilden und überall herumspringenden Affen, die diesen Lebensraum nun für sich erobert hatten, hinterließen bei jedem von uns einen tiefen Eindruck.

Auch jenes gemeinsame Gefühl, über das wir uns noch oft unterhalten sollten. Hier im Morgenland, im Indien unserer geheimen ewigen Vorstellungen, hier in Bundi, endlich wirklich in diesem Land angekommen zu sein.

Durch ein halbverfallenes Holztor am oberen Ende der Anlage, dessen einer Flügel eine Luke aufwies, durch die man hindurchklettern konnte, gelangte man an die obere Außenseite des riesigen Palastes. Von hier führte nun einen Weg weiter zu einem, noch höher über dem Palast gelegenen, befestigten alten Fort. Als wir durch das Tor

geklettert waren, bemerkte Juliette im letzten Moment, dass hinter der Luke, in jenen an die Außenmauern angebauten, verfallenen Räumlichkeiten eine große Horde wilder Affen lauerte die bei
unserem Anblick sofort wild die Zähne fletschte. Da die Tiere uns gegenüber in der Vielzahl waren, konnten die Affen für uns sehr gefährlich werden.
Eine zufällig herabsteigende Gruppe aus drei oder vier Besuchern verjagte die Tiere durch ein lautes Klopfen mit ihren Stöcken und so konnten wir nacheinander rasch durch die Luke schlüpfen und vorbei an den Affen den steilen Weg hinauf bis zum ersten Wachturm zwischen Palast und Fort in Angriff nehmen.

© Ehnsperg

Inzwischen hatte die Sonne allerdings ihren Höchststand erreicht. Die sengende Hitze während unseres Marsches hinauf über ausgetrocknetes Gras, vorbei an verdorrtem Gestrüpp den steilen Hügel hinauf, war beinahe unerträglich geworden. Auch unser Wasser war fast zur Neige gegangen, nachdem wir nun bereits seit Stunden gemeinsam unterwegs waren. Dennoch bescherte mir der Aufenthalt in dieser Stadt, mein kunstvoll gestaltetes Zimmer in dem angenehmen Haveli und schließlich die angenehme Gesellschaft der beiden Mädchen erstmals in diesem Land das Gefühl vollkommener Zufriedenheit.

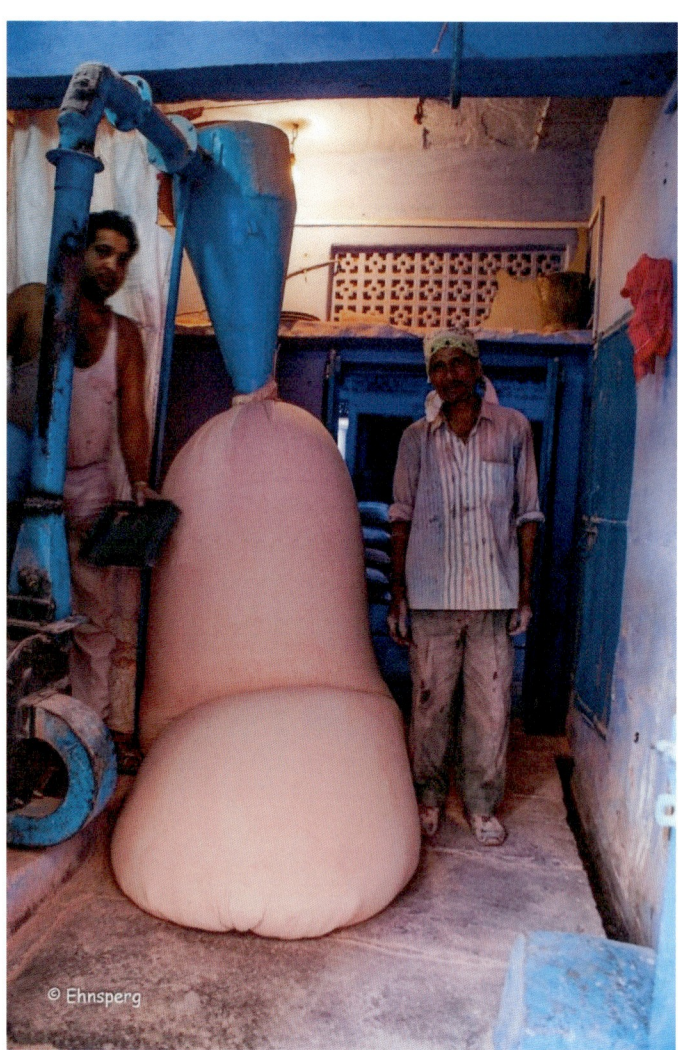
© Ehnsperg

Man wusste von einem kleinen Stausee unter einem kleinen Strandpalast gelegen, am anderen Ende der Stadt, in dem die Mädchen nun angesichts der herrschenden Hitze zu schwimmen träumten. So verabredeten wir uns nach dem Abstieg, für den späteren Nachmittag mit Badesachen im Gepäck, unten in der Stadt. Wobei ich es anschließend beinahe schaffte, in jenen labyrinthisch engen Gassen, Durchlässen und verzweigten alten Stadtteilen, die Orientierung zu verlieren und dabei schon befürchtete zum vereinbarten Zeitpunkt unseren Treffpunkt zu verpassen.

Tatsächlich war die Stadt völlig anders als all jene in denen ich in den letzten Wochen unterwegs gewesen war. Beinahe konnte man sich in Zeiten *Aladins* zurückversetzt fühlen, in diesem Geflecht aus orientalisch anmutenden und bunten Gassen. Man schritt hier noch vorbei an Kupfertreibern, Reifenmachern, Schneidern, Tischlern und anderswo längst ausgestorbenen Handwerksarten, als befände man sich auf einer Reise durch die Zeit. Alle hockten sie auf den Straßen, vor ihren dunklen, winzigen offenen Läden oder Werkstätten und werkten, hämmerten, schnitten oder kochten auf offener Straße. Vieles erinnerte an arabische Architektur, sodass ich oft den Eindruck

bekam, mich in Marokko oder Syrien zu befinden, was durch das Aussehen jener Menschen hier nur verstärkt wurde. Jene, im Norden Indien`s zahlreichen *Sikhs* mit ihren großen Turbanen waren hier nicht zu sehen.

Nachdem ich *Juliette* und *Camille* wieder getroffen hatte, wanderten wir um den Burgberg herum durch die Stadt, bis wir endlich an dem etwas außerhalb gelegenen See angelangt waren. Dort stellten wir jedoch mit tiefem Bedauern fest, dass dieser noch stärker verschmutzt war als wir es uns ohnedies ausgemalt hatten. Allein das Betreten mit bloßen Füßen erschien uns mehr als ekelhaft. Wie herrlich musste dieser Ort noch vor einhundert Jahren gewesen sein, als im klaren Wasser Fische schwammen und sich das Schlösschen darin spiegelte?

© Ehnsperg

Zu dieser Zeit war *Rudyard Kipling* Verfasser des bekannten *Dschungelbuches* mit *Mogli dem Affen* und den indischen Tigern genau hier zu Gast gewesen und hatte sich inspirieren lassen. Heute steht das Schlösschen leer und verlassen da, umgeben von öder Landschaft und vergiftetem Wasser. Fühlten sich die heutigen Menschen erst befriedigt, wenn alle einstige Schönheit, zu der sie offenbar jeden Bezug verloren hatten, zerstört war? Wenn alles auf dem Niveau angelangt war, auf dem sich jene befanden, die dies zu Stande gebracht hatten.
Unverständlich! Die eigene Umgebung derart zu verwüsten, alles Leben darin zu vernichten.

Juliette und *Camille* hatten ihre Zeichenblöcke mitgebracht und sich an die Stufen des Sees begeben während ich mich in dem kleinen, ehemaligen Schlösschen, nun völlig leer und ausgeräumt, umsah. Dafür noch eine Eintrittsgebühr zu verlangen hatte man sich jedenfalls nicht geniert. Vier oder fünf als Ordnungsorgane Verkleidete Affen standen in dem eingezäunten, trostlosen Park herum und machten sich durch

Handzeichen wichtig. Nicht dahin oder dorthin durfte ein unwissender Besucher zwischen all dem Gerümpel treten.

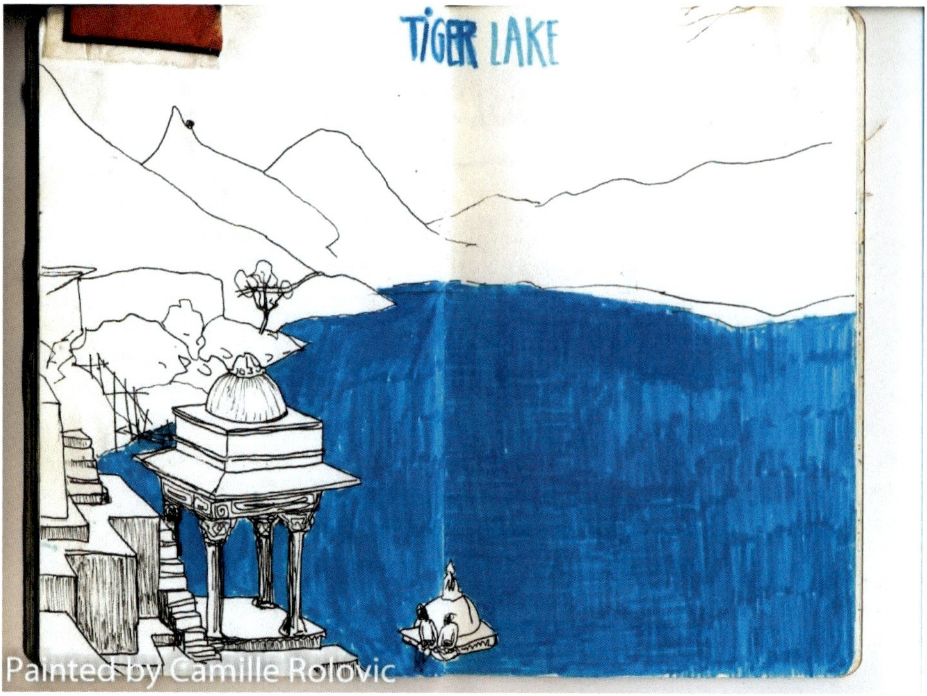
TIGER LAKE
Painted by Camille Rolovic

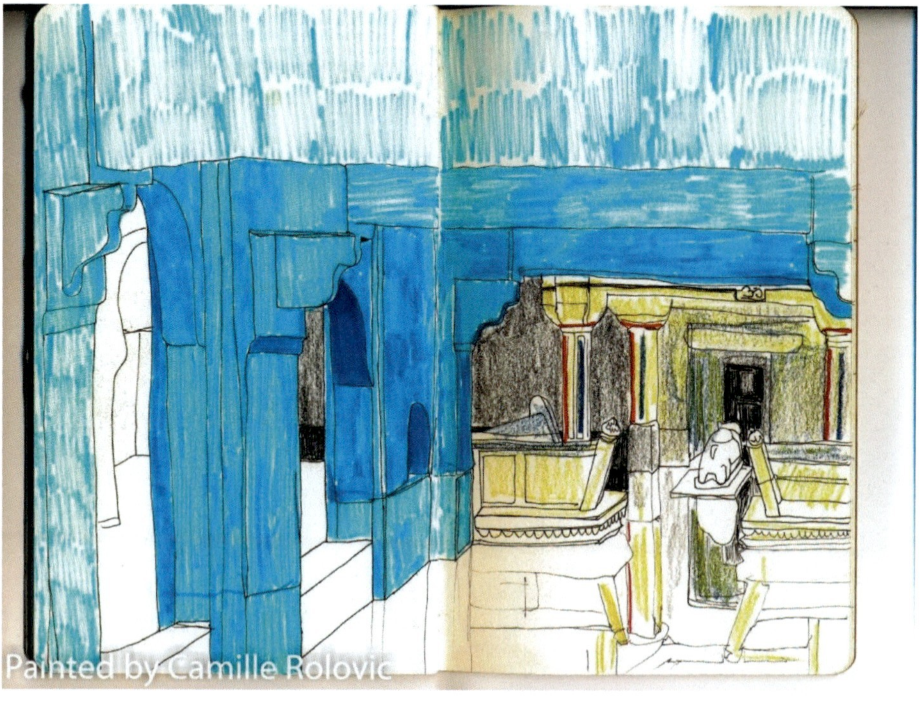
Painted by Camille Rolovic

Danach, es war bereits Abend geworden begleitete ich die beiden in ihre Kasa, wo wir auf ihrer Dachterrasse Tee zu uns nahmen und ich ihre Zeichenbücher betrachten konnte. *Camille* und ich rauchten gedankenverloren, während von den schmalen Gassen unten rhythmischer Musikgesang eines nahen Hindutempels, zwischen dem obligaten Getöse unzähliger Gefährte und dem Bellen der Hunde zu uns heraufwehte und allem einen einzigartigen Flair von Freiheit gab. An der Mauer der Terrasse lehnte eindrucksvoll ein altertümliches Schreckschussgewehr, da man vor Überraschungsangriffen von plötzlich über die Mauer springenden Affen nie sicher sein konnte, wie man uns erzählte.

Später, auf der Terrasse meines Hotels saß ich noch mit dem Amerikaner beim Abendessen zusammen, wobei ich jetzt deutlich aus der Wahl seiner Wörter sein Einzelgängertum vernehmen konnte. War er tatsächlich imstande, sich Tag für Tag selbst zu genügen? Allein, mit Laptop und GPS ausgerüstet sich seine Wege zu bahnen, ohne seine schönen oder auch schlechten Erfahrungen, Freuden und Ärgernisse mit anderen Menschen teilen zu wollen oder war es für ihn nichts als ein umständliches müssen? Letztendlich glaubte ich nicht völlig an seine Geschichte. Kein Mensch war vollkommen frei von sozialen Bedürfnissen oder der Angst eines völligen Abgetrenntseins. Einer Furcht vor einem täglichen einsamen Seiltanz ohne Netz.

Inzwischen waren die Mädchen in Begleitung zweier Engländerinnen und einem jungen Deutschen namens Benedikt, der uns im Palast, wie sich nun herausstellte von den angriffslustigen Affen befreit hatte, auf der Terrasse meines Haveli aufgetaucht.

Nachdem ich einige Zeit meine Hausaufgaben nachschrieb, setzte ich mich zu ihnen an den langen Tisch. Bis Mitternacht waren noch Juliette, Camille, der Deutsche und ich übrig. Jemand aus der kleinen Runde hatte nun die Idee, für eine aus Alufolie geformte Maske einen geeigneten Ort zu suchen um sie, sozusagen als sakralen Gegenstand, hier zu hinterlassen. Also machte ich mich mit ihnen gemeinsam auf den Weg in die nächtliche, wie ausgestorben wirkende Stadt, in der uns um diese Zeit nur mehr Kühe und Hunde begegneten, kaum aber Menschen. In der offenen Ecke eines Hauses, in welchem in einem metallenen Käfig bereits mehrere dieser Alu-Götter ruhten, wurde vom Deutschen und von Juliette die Einweihung zelebriert, von allerlei Verbeugungen und Sprüchen begleitet.

Jemand kam auf die spontane Idee noch den morgigen Sonnenaufgang in Bundi mitzuerleben. Wobei sich jener, dem Palast gegenüberliegende Hügel mit seiner kleinen chinesischen Mauer und dem steinernen Pavillon am Gipfel am besten anbot. Allen Ernstes wurde nun beschlossen, es war bereits weit nach Mitternacht, früh am Morgen um 5:30 Uhr, gemeinsam von selbiger Stelle aufzubrechen.

Allein, im Dunkel der verwaisten Dachterrasse rauchte ich noch meine siebente oder achte Zigarette des Tages und blickte gedankenverloren über jene wenigen noch leuchtenden Lichter der Stadt. Dachte über die Fügungen des Schicksals, welches imstande war den einen Tag zur Qual, den anderen zur Freude werden zu lassen, ohne dass man recht wusste wie man dazu beigetragen hatte. In leichter, mit dem Leben und der ganzen Reise zufriedener Stimmung und aufgewühlt von den Eindrücken des Tages hoffte ich auf schnellen Schlaf. Was jedoch nichts als ein frommer Wunsch blieb.

Die Kühe der Stadt versammelten sich des Nachts offenbar zu einer kleinen friedvollen Herde, wo sie sich unter dem Schutze des alten Stadttores zusammenkauerten. Die Urangst aller Rinder vor dem bösen Wolf hatte sich wohl in ihren Genen manifestiert. Die bösen Wölfe waren heute motorisierte Straßenfahrzeuge, welche tagsüber aus allen denkbaren Richtungen auf sie zu schossen. Die lernfähigen Tiere bewegten sich jedoch unbeeindruckt und in aller Ruhe zwischen ihnen als gebe es keinerlei Gefahr. Diese bösen Wölfe hatten jedoch keinen Pelz, und die Tiere konnten sie kaum in ihrer wahren Gefährlichkeit erkennen.

Als wir uns alle erfreut wieder trafen war es haargenau 5:30 Uhr und immer noch stockdunkle Nacht. Der Deutsche voran, ich als letzter, dazwischen die Mädchen, in farbenfrohe Tücher verhüllt, stiegen wir durch finstere Gassen und über schmale Stufen, fast wie verschworene Meuchelmörder in geduckter Haltung zum Fuße des

Hügels hinauf. Zahlreiche Hunde ringsum begannen zu bellen sobald sie uns warnahmen.

Oberhalb der Häuser erklommen wir über einen steinigen Pfad und durch dorniges Gestrüpp im fahlen Mondeslicht des frühen Morgens den Hang. Oben im Pavillon wehte kühler Morgenwind während die kommende Hitze des Tages von unten her bereits zu ahnen war. Die Lichter der Stadt und des beleuchteten Palastes auf dem gegenüberliegenden Hügel am anderen Ende, das ewige Hupen und andere Geräusche des anbrechenden Tages vermischten sich bald mit der verzerrten metallenen Stimme des Muezzins, abgesondert aus den zahlreichen Lautsprechern der Minarette, und drangen als Zeichen einer aus dem Schlaf erwachenden Menschheit zu uns nach oben, die wir, als kleine Gruppe für eine kurze Zeit über allem standen.

Erstmals in Indien war es mir möglich, die Momente der Gegenwart so zu genießen, wie sie waren und sich nicht von Gedanken kommender oder vergangener Tage die Zeit stehlen zu lassen. Der Sonnenaufgang selbst ging erstaunlich unspektakulär, fast unbemerkt über die Bühne, als sich die rötliche Kugel hinter einem der Hügel hervorzwängte und versteckt zwischen einsamen Wolken, langsam sichtbar wurde.

Danach stiegen wir auf der Brüstung der *chinesischen* Mauer aufwärts, bis wir das Plateau der alten Verteidigungsanlage erreicht hatten, auf dem als Schatten mehrere Affen am Mauergesimse entlang huschten. *Juliette* fütterte die Tiere vorsichtig aus einer Packung von mitgebrachten Keksen. Den Abhang hinunter sah man friedliche Ziegen und Schafe sich im Gestrüpp bewegen.

© Ehnsperg

Jeder von uns war jetzt zufrieden nicht noch zuhause im Hotel zu liegen sondern stattdessen den Morgen abseits von den übrigen Menschen von hier oben aus genießen zu können.

Beim Abstieg durch das Gestrüpp bemerkten wir einige Inder, welche hinter leeren Farbkübeln und anderem Unrat, zwischen den dürren Sträuchern hockten. Erst im Nachhinein wurde uns klar, dass der Hügel, oberhalb ihrer Häuser für sie nur die gewohnte Toilettenanlage darstellte, zu welcher sie sich mangels Alternative allmorgendlich begaben.

Unten in Bundi hatte *Krishna*, ein schlitzohriger Inder, bereits den ersten frühen Tee in seiner bunten *Lassibude* aufgekocht. Einem einfach ausgestatteten, zur Straße hin offenen Raum, in dem die Wände mit zahlreichen bunten Zeichnungen bemalt waren, Vermächtnissen unserer zahlreichen Vorgänger als westliche Gäste.
Krishna holte einen unbemalten Rahmen hervor und wollte einen Text in europäischer Sprache und Schrift von uns darauf geschrieben haben. Als Reklame für westliche Touristen. Ich entwarf einen Text dafür und die Mädchen begannen die Tafel mit Farben zu bemalen: *„Drink Krishna`s Lassi every day let your worries go away."* war am Ende auf unserem Schild zu lesen.

Inzwischen stand einem jeden von uns die Müdigkeit ins Gesicht geschrieben. Ich beschloss schließlich mich auf den Weg zu machen um ein Ticket für die Weiterfahrt zu besorgen.

Trotz aller Müdigkeit war es seltsam, dass es mir nicht möglich war zumindest einige
Stunden Schlaf zu finden. Zu Beginn des Abends machte ich mich dann auf den Weg,
mein im Touristenoffice bestelltes Ticket für den nächtlichen Schlafbus abzuholen,
der in einigen Stunden losfahren sollte und um schließlich ein letztes Getränk bei

© Ehnsperg

Krishna einzunehmen. Dort saßen zu dieser Zeit bereits eine Frau aus Israel und ein vietnamesisches Mädchen, das jedoch in Frankreich lebte. Auch die anderen trafen nach und nach ein. *Benedikt,* der Deutsche, trank in rascher Folge zwei *„Spezial-Krishna-Shiva"* und war bald in lustiger Stimmung, was man üblicherweise wohl als *high* bezeichnen würde, während ich nach einem dieser Getränke vorerst nichts dergleichen verspürte. Als sich schließlich später ein leichtes Schwindelgefühl einzustellen begann, verabschiedete ich mich herzlich von meinen Freuden, zog ich mich ins Hotel zurück und wollte die restlichen Stunden bis zur Abfahrt vor Mitternacht noch halbwegs ausgeruht und erholsam im Bett verbringen. Wobei allerdings bald zum stärker werdenden Schwindelgefühl auch noch eine gewisse Übelkeit hinzukam und ich mich danach von weiteren Versuchen an *„Spezial-Shivas"* wohl als geheilt betrachten konnte. Halb betäubt wankte ich nachts mit meinem Gepäck auf dem Rücken und in beiden Händen, die steilen Stufen des Havelis hinab, erwischte auf der Straße sogleich einen Rikschafahrer und flehte zu *Krishna`s* Himmelreich, dass ich mich während der holprigen Fahrt bis zum Busbahnhof nicht übergeben musste.

Die Fahrt mit dem Schlafbus erwies sich als angenehmer als auf jenen bisherigen verstaubten Liegebetten in den Eisenbahnzügen. Obwohl die Rumpelei aufgrund der Straßenzustände zwar etwas unangenehm war, verfiel ich dadurch jedoch rasch in einen befreienden Schlaf bis zur morgendlichen Ankunft in *Udaipur.*

25. März, Udaipur

Die Mädchen hatten mir eine Unterkunft namens *„Guesthouse Jaquat Villa"* empfohlen, wo mich ein Tuck-Tuck-Fahrer erstaunlich zielstrebig ablieferte. Im Vergleich zum Haveli in *Bundi* war die Unterkunft mehr als dürftig, jedoch immerhin sauber. Das mir vom Chef überreichte uralte Handtuch hatte mehr Löcher als ein Moskitonetz.

Was sofort auffiel in dieser Stadt: Es liefen außergewöhnlich viele Touristen herum, während ich in jenem Indien, das ich bisher bereist hatte, oft der einzige Vertreter der weißen Sorte gewesen war. Selbst das schöne *Bundi* war in dieser Hinsicht mehr als angenehm, was jenen Prozentsatz an *erkennbaren* Fremden im Vergleich zur Bevölkerung betraf. Hier jedoch war er meinem persönlichen Gefühl nach bereits überschritten. Entgegen meiner sonstigen Gewohnheiten entschloss ich mich spontan ein Ticket für die Sehenswürdigkeit der Stadt, den großen Palast aus dem sechzehnten Jahrhundert über einer großen Seeanlage im Zentrum der Stadt gelegen, zu erwerben. Während *Bundis* eindrucksvolle Schlossanlage dem Verfall preisgegeben war, aber dadurch unverfälscht und unberührt erschien, war diese, auf Postkartenniveau polierte Melkstation für Massentouristen langweilig wie die meisten seinesgleichen, wo ankommende Herden Ratloser autobusweise am Vorplatz abgeladen wurden und professionelle Treiber sie nach der notwendigen Gelderleichterung eiligst durch die Gänge und Räume der verschiedenen Stockwerke bugsierten.

Schwärme westlicher Rentergruppen knipsten sich hier zäh von Raum zu Raum, viele in lächerlicher Verkleidung, wie Tropenforscher unterwegs.
Stellten sie sich eigentlich jemals die Frage: „W*ozu*?"
Möglich, dass ich persönlich zu sparsam mit der Ablichtung aller möglicher Sehenswürdigkeiten umging. Vielleicht gelegentlich zu lange überlegte, ob das Aufgenommene später, zuhause oder überhaupt in der noch verbleibenden Zeit meines Lebens auch wirklich noch in irgendeiner Form von Interesse war. Zu viel davon konnte einem leicht den Appetit verderben und erschien mir nichts als Verschwendung. Verleitete sie nicht dazu das solchermaßen Komprimierte und kompakt auf Festplatte Verschweißte eher wenig zu würdigen? Am Ende wurde vieles gar nicht geöffnet, sondern original, noch in der digitalen Folie verpackt ungenutzt entsorgt. Dadurch unterschied sich das aufnehmen von ausgewählten Objekten mit der Kamera von orientierungslosem Herumgeknipse.
Ähnlich den originalverpackten Fleischbergen, die wöchentlich, weil billig, in Übermengen vom Discounter abtransportiert und zuhause, weil nie so viel benötigt wurde und jeder bereits übersättigt war, Tage später in den Mülltonnen der Zivilisation verschwanden.

So nach Indien zu reisen lohnte sich meiner Ansicht nach wenig. Ohne innere Vorbereitung wurde man antransportiert, durch markierte Zonen geschleust und belehrt durch Tonbandinformationen durch Räume und über Plätze geschoben. Um später wie ein ambulanter Weihnachtsbaum geschmückt mit dem Ramsch der Souvenirindustrie, gemolken und um eine Portion Rupien erleichtert wieder in seinen Transportbehälter verladen zu werden. Noch während der Fahrt zur nächsten „Attraktion" versank alles Gehörte und Gesehene in den seichten Tiefen pauschalen Desinteresses. Bestenfalls den Rempler vom Herdennachbarn oder das ewig nervende Geschnatter der Busnachbarin über billige Reptilledertaschen, als einzig erhalten gebliebene Impression, blieb länger im geistigen Gepäck. Am Ende der Veranstaltung wurde dann noch, von jenen sicherheitshalber mitgeführten Schlepper und Treiber der Eindruck für jene, niemals irgendwo Ankommenden suggeriert, tatsächlich Indien bereist zu haben und die Beweise dazu in geknipster Form jederzeit vorweisen zu können.

Die Hitze zur Mittagszeit und zwischen der Menschenmasse, aus welcher es kein Entrinnen gab, war kaum mehr erträglich. Ich wollte vor beidem fliehen, wenn möglich in eines der zahlreichen allerorts abgebildeten Gewässer *Udaipurs*. Die beiden, sich im Zentrum der Altstadt befindlichen, der *Pichola und der Fateh-See*, waren aus der Ferne, vom Palast herab betrachtet zwar sehr schön anzuschauen aber aus der Nähe gesehen vor völliger Verschmutzung unbetretbar. Wie eben vieles, was man in Indien zu sehen bekam.

Ein glänzender Ölfilm bedeckte das ganze schwärzliche Wasser, an dessen seichten Stellen man auch den üblichen Müll vom Grund herauf durchschimmern sah. Doch selbst hierher, zu dieser Schmutzlache mitten im Zentrum der Stadt, welche früher durch seine Lage und Schönheit als eine der Hauptattraktionen Indiens galt, kamen noch in versteckten Winkeln am Ufer, die Bewohner der Stadt wie in ein städtisches Badezimmer samt Handtuch und Haarshampoo, um hier ihre tägliche *„Körperpflege"* vorzunehmen oder gar ihre Wäsche zu waschen. Diese wurde dann, auf schmierigen und vor Öl und Schmutz glänzenden, herumliegenden Betonplatten mit Stöcken ausgeklopft.

Wer dies zum ersten Mal verblüfft beobachtete, musste die Menschen hier für verrückt halten. In Wahrheit hatten sie einfach keine andere Wahl. Wasserleitun -gen und Kanalisation waren für viele im Indien des einundzwanzigsten Jahrhunderts noch immer unerreichbar.

An *Krishna,* den fröhlichen *„Lassywirt"* musste ich angesichts solcher Szenen denken, wie dieser mit ein und demselben uralten, schwarzen und ekelhaften Schmutzfetzen, mit dem er zuvor den Boden seines Lokals aufgewischt hatte,

später die Gläser für die Gäste ausrieb. Einer der Gründe, weshalb man Inder niemals direkt mit dem Mund Gläsern oder Flaschen berühren oder daraus trinken sah, sondern dabei, sich den Inhalt von oben herab in den weit offenen Mund zu schütten. Sie trauten *sich selbst* nicht.

Udaipur hatte also für die unbedarften, aber spendierfreudigen Massentouristen einiges an aufpolierten *Sehenswürdigkeiten* zu bieten.

Für mich jedoch, den hauptsächlich interessierte, was hinter der Bühne vorging, weniger. Jene raren, noch existenten Türen des geheimnisvollen Indiens bleiben hier verborgenen oder abschlossen.

Der flotte junge Mann aus dem Einzimmer -Touristenbüro warf mir bereits in der Tür seine üblichen Fragen entgegen, woher ich kam, wohin ich wollte und warum - um mir selbst im Gegenzug darauf Wien, Prag, Budapest oder Rom als seine persönlichen nächsten Reiseziele, wie das normalste auf der Welt auftischen zu können. Die Flugtickets dazu sowie Schengen-Visa für sich und die ganze Familie hatte er bereits in seiner Tasche. Auf meine Frage darauf, wie hoch denn seine Verdienstspanne für ein *Bus-Sleeper-Ticket* über 850 km nach *Gandhi Dham* lag, war seine Antwort, umgerechnet etwa einen Euro, brutto. Was sich mit dem Erzählten wenig reimte. Später sollte ich erfahren, dass er bei seinen Kunden in Wahrheit das Vielfache aufschlug.

Abends machte ich noch einen Gang durch das Gewühl der nächtlichen Stadt mit ihren Touristen und sich durch die Straßen drängenden Bewohnern, den Händlern und den aufdringlichen Tuck-Tuck-Fahrern, die einen ohne Unterlass umkreisten. Wie üblich an solchen Orten, auch jene unvermeidlichen westlichen Mummys und Daddys in ihren lächerlichen, knielangen *Bermuda-Shorts* und mit ihren winzigen Pocketkameras, welche wie peinliche Orden über ihren Bäuchen hin und her baumelten.

Unweit meiner Unterkunft stieß ich auf einen mittelalterlichen, großen, steinernen Torbogen zum Ufer eines der beiden künstlichen Seen und stand unerwartet vor

einer wunderbaren Szenerie. Eine Anzahl verschiedener Rinder samt ihren Kälbern lagerten hier auf diesem kleinen Platz zwischen Tor und See, liegend oder stehend unter den Stufen eines antiken Tempels, welcher von der anderen Seite her in schwaches, gelbliches Licht getaucht war, ähnlich einem Heiligenschein. Daneben hockte ein mit einfachen Tüchern bekleideter Mensch, wie ein zufälliger Hirte. Jeden Moment konnte man in dieser märchenhaften Szenerie erwarten, den leibhaftigen Jesus aus dem Wasser des Sees emporsteigen zu sehen. Sofort fühlte ich mich bei dem ganzen Anblick, als wäre ich selbst unmittelbar in einem Stillleben eines Gemäldes jener alten, holländischen Meister gelandet und versetzt in ein längst vergangenes Jahrhundert Roms oder Konstantinopels. Später bescherte mir ein glücklicher Zufall, der mich in ein angenehmes Lokal in den Räumen eines alten Palais führte vermutlich den besten Kaffee Indien`s.

Danach las ich noch in einem nahen Internet-Café vom aktuellen, neuerlichen Schneefall und Kälteeinbruch zuhause in Österreich, das ich inzwischen bereits im schönsten Frühlingskleid vermutet hatte. Somit hatte die gesamte Reise hierher und mein Aufenthalt hier noch neuen, zusätzlichen Sinn bekommen. Dem grässlichen nassen Winterwetter so lang als möglich zu entkommen.

Vor dem zu Bett gehen war der Besitzer meines *Guesthouse* erschienen und hatte kurzerhand den Zimmerpreis um 15 % auf vierhundert Rupien erhöht. Wegen der von mir verlangten Rolle WC-Papier! Westliche Sonderwünsche wie Toilettenpapier

im Hotelzimmer waren in Indiens Preiskalkulationen offenbar nicht immer enthalten.
Vor dem Einschlafen las ich noch im Schein der dünnen Lampe einem meiner Lieblingsbücher, in *Amanshauser's „Ohne-Namen-See"*. Was nach der Hektik eines indischen Tages immer wohltat und mir dabei besonders die Beobachtungsgabe jenes Schriftstellers, dessen erstaunlicher Stil seiner Aufzeichnungen vieles von ihm Erlebtem besonders imponierte. Seine in diesem Buch beschriebene Reise in ein China des Jahres 1988, zwölf Jahre nach dem Tod *Maos,* beschrieb ein Land, das sich politisch-zeitgeschichtlich gerade in einem *„Niemandsland",* zwischen jenem alten, versteinerten, kommunistischen System und den am damaligen Horizont bereits erschienenen Zeichen der Neuzeit befand. Wie vertraut mir in den letzten Jahren die Geschichte Chinas, jenes so völlig anderen riesigen Nachbarreiches, samt seinen wechselnden Proponenten geworden war und wie logisch mir jene kausalen Abläufe und Übergänge von einer Epoche zur anderen im Laufe der Zeit erschienen waren. Oft im Zeichen höchstgradiger Bewunderung der Menschen dort. Für ihren Glauben und Mut und ihr vorbildliches Ertragen aller persönlichen Konsequenzen, die sich durch die stetigen politischen Wandel für sie und ihr ganzes Land oft ergeben hatten.
Während mir gleichzeitig dieses zweite Riesenreich, eben hier Indien, mit all seinen vergangenen Moguln, den unzähligen religiösen Führern und Fanatikern aus verschiedenen Unterreligionen und Zeitspannen und seinem auf undurchschaubare Weise in Teilen immer noch existierendem Kastenwesen mir dieses Land kaum näher brachte. Die Untätigkeit der hier Regierenden einerseits, aber auch gleichermaßen der Fatalismus dieses Volkes andererseits samt allem anderen was ich in den letzten Wochen zu Gesicht bekommen hatte ließ es mir wenig interessanter erscheinen als zuvor. In Gedanken versuchte ich auf meinem Bett nochmals den großen Palast in Ruhe zu durchqueren, durch den ich heute geschleust worden war. Dabei war mir wieder sein prächtiges Äußeres in Erinnerung gekommen, mit seinen riesenhaften Außenmauern, den schön verzierten Erkern, Ornamenten, Türmchen usw. Gleichzeitig aber das seltsam anmutende Innere. Mit seinen eher dazu unpassend britisch gekachelten Räumen und vergleichsweise wenig wirklich Prunkvollem darin. Das fast dürftige Mobiliar, zwischen dem sich jene, oft unbeschreiblich Mächtigen, einst bewegt hatten. Dazu die endlose Zahl, an verwinkelten, mit Steinplatten ausgelegten, schmalen, Gängen, samt ihren oft erstaunlich niedrigen Durchlässen, die von einem Stockwerk oder Palastende zum anderen führten. Selbst ich konnte dort oft   nur gebückt vorwärts kommen. Dabei hatte ich mir die Frage gestellt, wie jene Moguln, Haremsdamen oder Eunuchen samt ihren üppigen farbenfrohen Gewändern und den enormen Kopfbedeckungen, in denen sie uns aus zahlreichen Gemälden entgegen starrten, zur damaligen Zeit überhaupt durch jene engen Schläuche und Gänge hindurch gekommen sein mochten.

26. März, Udaipur.

Beim Frühstück im stilvollen Kaffeehaus „*Namaste*" (Guten Tag oder Verehrung), machte ich die Bekanntschaft eines Amerikaners. *Theodor Kuhn*. Drei Monate Indien gönnte sich der Manager aus der Energiebranche. Zu Hause lag sein beruflicher Schwerpunkt auf erneuerbaren Energien. Indien, so meinte er, musste man in kleinen Happen verdauen. Nach dem ersten Monat wollte er nichts wie weg. Inzwischen war er, nach eigener Einschätzung, angekommen in diesem Land, genoss manches, vieles blieb ihm unverständlich. Vor allem die ganze verpestete Umweltsituation überall im Land. Dem konnte ich folgen.

Dem Besitzer meiner Unterkunft, einem trotz allem, durchaus nicht unsympathischen Inder um die Dreißig, erläuterte ich meinen Wunsch, an meinem letzten Tag hier der drückend heißen und Stadt und dem ewigen Gedränge entkommen zu wollen und einen ruhigen Platz an einem Gewässer zu finden, indem man vielleicht sogar schwimmen konnte. Auf allen Plänen war eine Anzahl von Gewässern in und um die Stadt zu sehen, deren Zustand ich natürlich nicht beurteilen konnte. Da der Mensch durch und durch Geschäftsmann war, schlug er mir vor, mich am besten persönlich auf seinem Motorrad jene 10 km zum „*Tiger-Bad*" zu transportieren. Für dreihundertfünfzig Rupien.

Also *Sightseeing* per Motorroller - im angenehmen Tempo durch die Landschaft. Erstaunlich war, wie oft mir außerhalb der Stadt, hinter den hohen Mauern vor Einfamilienhäusern, üppige, riesige Sträucher in roten und orangen Farben blühend entgegen strahlten. Vieles hier war akzeptabel gepflegt, anderes zeigte die übliche Verwahrlosung.

Den *Tigersee* See erreichten wir nach zwanzig oder dreißig Minuten, nachdem wir in Vororten und Dörfern außerhalb *Udaipurs* bereits einige Gewässer, meist umgeben von kleinen, mehr oder weniger verfallenen Palästen, hinter uns gelassen hatten. Als Kind, sagte mein Chauffeur, hatte er in all diesen Gewässern noch lustig gebadet und gespielt. In den wenigen Jahren dazwischen waren sie jedoch völlig und lagen unter einem hässlichen Film aus Öl, Schmutz zu Abwässern verkommen. Kaum dreißig Jahre hatte die heutige Gesellschaft für diese Verwüstung benötigt.

Der *Tigersee* lag tatsächlich einsam. Außerhalb aller Siedlungen und umgeben von karstigen leeren Hügeln, und hatte die Fläche von etwa einem halben Quadratkilometer. Den Worten vom *sauberen Wasser* sah ich jedoch, nach dem ersten Blick in die Tiefe bereits mit gebührender Skepsis entgegen, allein angesichts des vielen vom dunklen Boden des Sees heraufschimmernden Unrats. Wir vereinbarten 14:00 Uhr als Abholzeit.

Entlang des einsamen Ufers machte ich mich auf den Weg. Nur einzelne weiße, dünne Rinder weideten an dem dürren Grasbewuchs, zwischen tausenden von Glasscherben von mutwillig zerbrochenen Bierflaschen. Deren Hälse wie als Beweis dazu verkehrt in den Sand gesteckt waren. Viele Menschen in diesem Land waren offenbar erst dann zufrieden, wenn die Verwüstung überall absolut war. Die Hitze in jenem Talkessel rund um den See zwang mich doch dazu, zu versuchen wenigstens kurz in das Wasser zu steigen. Vorsichtig wie auf Eiern bewegte ich mich auf Zehen vorwärts. Das schlammige Ufer verlief sehr flach in den See, man musste sich also schon weit draußen am Ufer seiner Kleidung und der Schule entledigen, um dann auf dem Weg durch das völlig seichte Wasser, mit Argusaugen darauf zu achten nicht auf einen der tausenden Scherben zu treten. Bei den leisesten Bewegungen im Wasser bildeten sich auch schon schaumige Blasen entlang der Oberfläche, was zusätzlich auf gröbere Verunreinigungen schließen ließ, obwohl der See völlig abgelegen war und keinerlei Industrien, Siedlungen oder auch nur Gebäude in der Nähe zu sehen waren. Dennoch hatte man es geschafft auf irgendeine Weise und von irgendwoher Abwässer oder Ähnliches offenbar permanent in den See einzuleiten. Anders war die Verschmutzung des ganzen riesigen Sees nicht zu erklären.

Kleine Wasservögel waren vereinzelt zu sehen und stolzierten auf ihren dünnen Beinen wie Strichfiguren im ufernahen Wasser umher während sie ihre Köpfe in alle Richtungen bewegten.

In einem gewissen Abstand zum See war ein Teil des Ufers von einer Betonmauer umgeben, deren Sinn einem fragwürdig erschien. Als ob dahinter etwas Wertvolles verborgen wäre, aber in Wahrheit war nichts als innerhalb und außerhalb der Mauer das völlig gleiche, dürre und dornige Gestrüpp. Daher blieb der Zweck dieser doch recht aufwändigen Befestigung im Verborgenen. Alle Arten von Mauern an den seltsamsten Orten liebten die Inder offenbar über alles. Oft begannen sie wie hier plötzlich irgendwo mitten im Gestrüpp und endeten abrupt an einer anderen Stelle ohne das man ahnte warum. Zugleich waren sie auch an einigen Stellen offen oder leicht zu umgehen, ließen sich wie auch hier niedrig und einfach ganz überklettern, während sie aber einige Meter weiter, hoch und gegen imaginäre Eindringlinge sogar mit hohem Stacheldraht befestigt waren. Allerorts in Indien stieß man auf riesige Werbeplakate der Zementindustrie, welche ich angesichts der unzähligen sinnlosen oder niemals fertiggestellten Bauprojekte, die das ganze Land überzogen, an der Spitze einer schier unerschöpflichen Korruptionsleiter um öffentliche Aufträgen vermutete. Allen Tieren bekam die Seenlandschaft offenbar nicht gut, im hohen Gestrüpp in der Nähe der Mauer stolperte ich beinahe über ein abgenagtes Skelett, das auf den ersten Blick am ehesten an eine Gazelle erinnerte, aber in Wirklichkeit wohl eine Kuh gewesen sein mochte.

Die ganze Szene vermittelte den Eindruck eines filmreifen Wüstendramas. Etwas weiter oben überstieg ich schließlich diese Mauer und machte mich auf, den karstigen Hügel dahinter zu besteigen. Um dem dornigen Gestrüpp auszuweichen, musste ich bis zur Mitte des Hügels weiter, um über eine Schneise aus steinigem Geröll aufwärts zu kommen. Zur schon unten am Wasser herrschenden Hitze, kam nun noch die mittägliche Sonnenglut dazu, die das steinige Geröll nun in vollem Ausmaß wieder abstrahlte und somit der ganze Aufstieg nur in äußerster Anstrengung vor sich ging. Weiter oben wuchsen riesige Kakteen, wovon ich mit jenem handgemachten, primitiven aber scharfen Messer, das ich irgendwo in den letzten Tagen auf einem Straßenmarkt erstanden hatte, zwei kleine Triebe abschnitt und in meinen Rucksack stopfte. In der Hoffnung sie würden zuhause wieder anwachsen, was bei Kakteen ja oft gelang. Als ich den oberen Teil des Hügels erreicht hatte, hinter dem ich eigentlich weitere Seen auf der anderen Seite oder zumindest etwas ähnliches erwartet hatte, bot sich mir aber nur ein endloser Blick über unzählige, weitere karstige Hügel mit demselben dürren Bewuchs, ohne jegliche Unterbrechung so weit das Auge reichte. Menschenleer soweit das Auge reichte. Als ich unten wieder angelangt war, flatterten am Weg entlang des Ufers immer wieder vereinzelt Vögel auf. Sogar größere Fische machten sich im See durch kurzes Blubbern in aufsteigenden Kreisen im Wasser bemerkbar. Als ich, nach vielleicht zwei Stunden endlich beinahe das andere Ende des Sees, auf der gegenüberliegenden Seite erreicht hatte, und bald wieder am Treffpunkt   zu sein hoffte war die

Landschaft am Ufer plötzlich von derart steilen Felsen durchwachsen, welche von hoch oben bis tief ins Wasser reichten. Das Wasser war hier tief geworden und die Entfernung zur nächsten Bucht, an der ich an Land hätte gehen können, war zu groß, außerdem war schwimmen samt meiner Kamera und den anderen Utensilien ohnedies nicht möglich. Sodass ich den ganzen Weg den ich um den See gekommen war nun auch wieder zurückstapfen musste.

Das Motorrad samt meinem Wirt wartete nun, einige Stunden später, bereits am vereinbarten Treffpunkt auf mich. Während ich mich auf der angenehm ruhigen Fahrt nachhause auf dem Sozius ausruhte und den leichten Fahrtwind genoss, stellte ich schließlich meine übliche Fragen: Wie er sich als Inder in seinem Indien fühlte, ob er ein zufriedener oder gar glücklicher Mensch war?

„Wenn Indien ein Leben ohne Korruption bieten könnte, mit zuverlässigen Gesetzen und gleichen Regeln für alle, wäre es ein wunderschönes Land." meinte er in dem guten Englisch vieler Zimmervermieter. Sein Leben war die Familie, gleichzeitig sein Rückzugsgebiet von den Kämpfen des Alltags und die stärkende Kraft. Ich fragte ihn, was passierte, wenn in Indien jemand krank oder in einen Unfall verwickelt wurde, wie würde man das bezahlen und waren hier gewisse Menschen, zum Beispiel Mittellose, von den Gebühren befreit? Die Antwort überraschte mich nicht. Es bestand eine Liste auf welcher sich registrieren lassen konnte wer völlig mittellos und gänzlich ohne jegliches Einkommen oder Besitz war. Befand man sich auf solch einer

Liste, hatte man in Indien Anspruch auf zumindest einfachste medizinische Grundversorgung. Das Problem war wieder, dass sich durch Bestechung viele Nichtarme auf diese Liste setzen ließen und somit oft für jene, für die sie eigentlich gedacht war, sich dann kein Platz mehr darauf fand.

Ich war seit Langem auf keinem Motorrad mehr mitgefahren, schon gar nicht helmlos, sodass ich die ruhige Fahrt in der Hitze und dem kühlenden Fahrtwind umso mehr genoss. Nach einiger Zeit bogen wir mitten in einem der kleinen Dörfer unterwegs in einen holprigen ungepflasterten Weg ein. Bis wir vor einem rostigen Tor mit einer riesigen Pfütze davor hielten. Mein Fahrer öffnete das Tor um laut auf indisch: *„Opa, ram ram…!"* zu rufen.

Der Opa lag längs auf einer der Mauern um ein völlig verfallenes Anwesen und schlief. Schließlich wechselten die beiden einige Worte und deuteten über das ebenso total verwilderte Land hinter der bröckeligen Mauer, wo sich in einiger Entfernung immerhin zwei oder drei Rinder im Gestrüpp bewegten. Später, wieder unterwegs, erklärte er mir, das was wir soeben gesehen hatten, war sein Land. Andere Flächen rundherum gehörten seinen Brüdern und anderen Verwandten. Ich wollte wissen, ob der Mann auf der Mauer sein Vater gewesen war. Nein, meinte er zu meiner Verblüffung, sein *Arbeiter*. Zurzeit, fügte er hinzu, war hier alles Farmland. Später, vielleicht in zwanzig Jahren, wenn die Preise steigen sollten, würde man alles verkaufen. Eine Art ruhender Bausparvertrag also. Wie unterschiedlich Begriffe wie *Farmland* oder *Arbeiter* sich doch überall auf der Welt auslegen ließen.

Vermutlich hatte die ganze Fahrt dorthin nur dazu gedient mir seinen Besitz zu zeigen. Etwas worauf er als Inder der Mittelklasse sicher stolz war. Dasleuchtete natürlich ein.

Mein Bus zur Weiterreise hielt vor der Busgesellschaft am Rand von *Udaipur* pünktlich um 16:30 Uhr und war wenig besetzt. Ich verstaute meinen großen Rucksack am Boden unter dem unteren Bett, das kleinere Gepäck oben und neben mir und als Kopfkissen. Obwohl ich ansonsten von Busreisen gern Abstand nahm, sofern sich eine Eisenbahnlinie bot, fand ich nun, dass Schlafbusse in Indien doch gewisse, nicht unerhebliche Vorzüge gegenüber den staatlichen Eisenbahnen aufzuweisen hatten.

Die sogenannten *Reisebüros*, die meist aus nichts anderem als zwei wackeligen Stühlen und einem abgewetzten Tisch in einem winzigen Raum oder gar auf der Straße bestanden, boten immerhin, was den Ticketverkauf betraf, einen unschätzbaren Vorteil: *„Hier Geld – da Ticket!"*

Keine Warteschlangen und endlosen Formalitäten auf überfüllten, schmutzigen Bahnhöfen. Keine Stapel von Formularen. Keine Namen von Vorfahren und andere, sinnlose Angaben in engen Kästchen in Blockbuchstaben wurden hier verlangt. Man musste sich hier nicht, um zu einer Fahrkarte zu gelangen, durch die Menschenmassen auf den Bahnhöfen drängen oder über sie hinwegsteigen. Es galt nicht, sich von einem Schalter zum anderen, vor dem sich jeweils eine lange Schlange Wartender drängte, durchzufragen. Es gab keine Wettrennen unter Tobenden beim Einsteigen und wenigstens keinen Gestank nach Pisse in den Bussen. Selbst für hart gesottene Eisenbahnliebhaber wie mich, war irgendwann ein Punkt erreicht.

Ein Vorteil dieser Busse war auch, dass man in Fahrtrichtung entlang der Fenster lag und konnte so ungestört und solange es hell war, zwischen zwei Vorhängen, einem am Fenster und dem anderen zum Gang hin , im Liegen die Landschaften, Städte und Dörfer mit seinen vorüberziehenden Menschen und Tieren beobachten, welche draußen an uns vorbeizogen. Im Zug war das nur selten möglich.

Ich war also mit meiner fahrenden Hotelkabine durchaus zufrieden und musste auch nicht fürchten, dass mein Gepäck bei irgendeinem Aufenthalt in finsterer Nacht davongetragen wurde. Rasch und beruhigt überkam mich der Schlaf.

27. März, Mandvi, Golf von Kutch

Am Morgen sollten wir etwa um 7:00 Uhr in „*Gandhi Dham*" eintreffen, von wo aus ich dann den öffentlichen Linienbus nach „*Mandvi*" an der Küste zu suchen hatte. Als der Fahrer inmitten eines kleinen Platzes in einem Dorf anhielt und alle Reisenden ziemlich barsch zum Verlassen des Autobusse aufforderte. Ich wollte wissen, ob wir denn nun schon in *Gandhi Dham* waren? Der Fahrer murmelte nur irgendetwas Unverständliches und forderte mich auf, endlich, als Letzter, den Bus zu verlassen und gab mir hilflos zu verstehen, er wollte nur weiter und keine Zeit verschwenden, um hier mit mir zu diskutieren. Ich hatte jedoch wenig Interesse aus dem Bus zu steigen, bevor ich nicht wusste, wo wir uns überhaupt befanden. Worauf man jemanden von der Straße heranwinkte, um mir zu meinem Staunen zu erklären: Wir waren in *Mandvi*! Das bedeutete, ich hatte mir viele Stunden Fahrt, ein umständliches Umsteigen in *Gandhi Dham* und das Suchen nach dem richtigen Busbahnhof in Richtung *Mandvi* erspart. Höchst erfreut verließ ich somit unser Gefährt. Nicht zum letzten Mal sollte mich ein Bus genau am richtigen Ort absetzen ohne dass ich es vorher ahnte. Eines der Mysterien Indiens. Leider hatte ich meinen Zettel mit dem vorher ausgesuchten Hotel irgendwo verloren oder wusste nicht mehr, wohin ich ihn gesteckt hatte, sodass ich mich ausnahmsweise von einem der wartenden Rikschafahrer zur nächstbesten Unterkunft bringen ließ. Diese lag keine drei Minuten entfernt und war, soweit ich später feststellte, ohnedies die Einzige weit breit gewesen.

Der großartige Name des Hotels; „*Sea-View*", mochte vor vielen Jahren einmal zutreffend gewesen sein. Heute blickte man nur auf einen schmutzigen ausgetrockneten, ehemaligen Seitenarm eines Flusses an der Mündung zum Meer. Wie nicht anders zu erwarten, nun nichts als eine riesengroße Müllhalde, aus welcher aber noch die Gerippe zahlreicher längst desolater oder unfertig vergessener Schiffe aus Holz ragten. Wie verlassene Ruinen einer vor langer Zeit verlorenen Seeschlacht mitten im Hafen der kleinen Stadt. Nicht nur zahllose Mauern und Bauten wurden anscheinend zu fragwürdigen Zwecken im ganzen Land geplant und begonnen, ihre Fertigstellung irgendwann wieder aufgegeben, und schließlich vergessen, auch Schiffe ereilte dasselbe indische Schicksal. Einige mochten vielleicht vor langer Zeit, als die Mündung noch Wasser führte, hier gelandet sein und morschten nun schräg zwischen Steinen und Müll liegend vor sich hin. Andere hatten das Meer überhaupt niemals gesehen.

Mit einem, mir vom Wächter meines Hotels gemalten Zettel machte ich mich auf den Weg, selbst endlich das Meer Indiens zu sehen. Vorbei an elenden Hütten, versunken zwischen Müll und Gerümpel.

Vor einer dieser ärmlichen Behausungen ging gerade ein Kind mit einem Stock auf eine junge Kuh los, schlug ihr damit auf den Kopf, lachte dazu blöde und warf Steine nach dem Tier, während die restliche, zerlumpte Familie dumpf und teilnahmslos daneben stand. In jenen Momenten hasste ich diesen Fatalismus, der durch nichts zu erschüttern war und gebot diesem üblen Treiben lautstark Einhalt. Diese Erfahrung hatte ich schon einige Male gemacht, dass, sobald ich hier deutlich einschritt, sich die meist jugendlichen Übeltäter sofort beschämt verzogen. Gelegentlich wurde mir sogar von Umstehenden applaudiert, obwohl sie selbst nichts unternommen hatten. Doch dieses Phänomen beschränkte sich nicht auf Indien, hier war es nur besonders ausgeprägt.

Der *Strand* war leider in üblerem Zustand, als ich erwartete hatte und das Meer, weit entfernt vom Blau der Fotographien aus Reisebüchern, zeigte sich nur in dunklem Grau. Schaumkronen bildeten sich am Ufer. Obwohl sich in dieser Gegend, kaum mehr als 250 km von der pakistanischen Grenze entfernt, keine nennenswerte Industrie oder eine große Stadt in Meeresnähe befand, hatte man es doch, nur innerhalb weniger Jahrzehnte geschafft, sogar das riesige, durchaus regenerationsfähige Meer, entlang der ganzen Küste für Menschen unbenutzbar zu machen. Außer einem größeren Trupp von Wasservögeln, die einen storchenähnlichen Eindruck machten, jedoch ein mehr schwarzes als weißes Federkleid trugen und dazu einen leuchtend orangen Schnabel hatten, sowie den üblichen und zahlreich streuenden Hunden, welche ihre Absonderungen überall im schmutzigen Sand hinterlassen hatten, waren keine Lebewesen zu sehen, die sich hierher verirrten. Menschen am allerwenigsten. Gebadet hatte hier wohl seit ewigen Zeiten niemand, und man würde es auch in lange Zukunft nicht tun können.

Es mochte auf der Welt wohl elendere, schmutzigere Landstriche und trostlosere Ansiedlungen geben, als diese hier. Man konnte sie sich beim Anblick des Ganzen aber nur schwer vorstellen.

© Ehnsperg

Am Ende des kurzen und müllübersäten Strandes begann bereits wieder der andere Teil der Stadt. Aus den engen, von Mauern eingefassten Gassen flossen einem bereits die Abwässer entgegen, die Verwahrlosung von Allem war kaum zu beschreiben. Erstmals jedoch, seit ich Indien betreten hatte, begegneten mir hier Katzen. Bald war klar warum. Hinter der nächsten Ecke hielten die Bewohner, vorwiegend sah man Frauen, einen urtümlichen Bauernmarkt ab. Wobei sie große und kleine Fische aller Art direkt über die staubigen Straßen ausgelegt hatten. Mit mittelalterlichen Beilen und Messern wurden im Sand und Staub des Bodens diverse Teile für die umstehende Kundschaft abgehackt. Blutige Gedärme lagen frei herum. Während die Fische selbst, wegen der Massen der auf ihnen herumkriechender Fliegen, kaum noch zu erkennen waren. Unweit davon tranchierte jemand ein Tier, vermutlich ein Schwein, welches natürlich ebenso Beute der Fliegen und anderer

Insekten waren wie die übelriechenden Fische. Deren Eingeweide, wie gesagt, samt jenen des Schweines kreuz und quer über den Platz verstreut lagen und an welchen Hunde oder Katzen um die Wette zerrten.

Die Menschen hier lebten für meinen Eindruck tatsächlich noch erbärmlicher, als ich es irgendwo sonst in Asien erlebt hatte. Ziegen und Kühe fraßen aus den allgegenwärtigen Abfallbergen an den Straßenrändern – zwischen spielenden Kindern. Schließlich hatte ich mich in dem verwinkelten Labyrinth aus engen Gassen verirrt und streifte daher am vertrockneten Meeresarm entlang weiter, der die Richtung vorgab. Dabei war es eine einzige Gratwanderung, zu versuchen, weder hier im weichen Schlamm, noch dort im Unrat zu versinken, in welchem die zahlreichen großen und vorsintflutlich wirkenden Holzschiffe steckten.

Vereinzelt waren noch Arbeiter auf solchen Booten am Zusammenbau der rohen, langen Planken zu sehen. Wobei sie jene zentimeterbreiten Lücken und Spalten, die sie an den äußeren Schiffswänden dabei hinterließen – wie vieles andere – einfach zu übersehen schienen. War es möglich, diese jemals später soweit verschließen zu können, um die Schiffe nicht bereits beim ersten Stapellauf versinken zu lassen? Für mich hatte es den Anschein, dass viele der Schiffe aus eben diesen Gründen niemals fertiggestellt wurden. Mit altertümlichen Bandsägen und Äxten rückte man hier noch den rohen, gebogenen Planken und Pfosten zu Leibe. Überhaupt, der ganzen Arbeit nach zu urteilen, wurde hier alles andere als professionell vorgegangen. Ein zukünftiger Ruhm Indiens als große Seefahrernation würde wohl noch längere Zeit auf sich warten lassen.

Auf meiner Suche nach einem passablen Eßplatz, an ein angenehmes Restaurant oder ähnliches wagte ich ohnedies nicht zu denken, lief mir schließlich ein Mensch über den Weg, dessen Begegnung meinen weiteren Aufenthalt hier wesentlich beeinflussen sollte. Ein Franzose, etwa meines Alters, flott und fröhlich unterwegs, mit Gemüse unter dem Arm, lief mir über die Straße entgegen. Außer mir, hatte es offenbar noch einen zweiten unglücklichen Europäer hierher, an das Ende der Welt verschlagen. Den konnte ich nicht entwischen lassen.

Nun das Verblüffende: Der Mann war begeistert von *Mandvi*! Zehn Tage war er bereits hier und wollte nicht mehr weg. Auf mein Staunen über seine überraschenden Ansichten, meinte er in jenem charmanten Englisch, wie es nur die Franzosen zum Ausdruck bringen: *„Hier ist noch das wahre Indien! Wie vor hunderten von Jahren. Die Menschen sind so freundlich und es gibt keine Touristen. Es ist für mich der schönste Platz Indiens. Ich komme jedes Jahr nur hierher."*

Ich war verblüfft. Diese Antwort musste hinterfragt werden; Aber all dieser Schmutz. Das über alle Maßen verdreckte Meer und kein einziges Lokal, in welchem man nur halbwegs zumutbar zu essen bekam oder gar irgendwo Kaffee genießen konnte, das alles störe ihn nicht?

„Das ist Indien, mein Freund…!!"

War ich tatsächlich bereits so degeneriert, war mein immer stolz gepflegtes Feingefühl für andere Kulturen, fremde Menschen und andere Lebensweisen bereits soweit den Bach hinunter geronnen und nichts als dekadente Nörgelei noch übrig geblieben?

Die Antwort gab mir zu denken. Weshalb war ich denn eigentlich nach Indien aufgebrochen? Um österreichischen Kaffee zu trinken, die westeuropäische Lebensweise oder etwa gar ihre Gesetze, Verordnungen und Verbote hier missionarisch zu verbreiten? Oder hatte ich im Hinterkopf nicht geradezu *dies alles*, was sich mir nun vor meinen Augen bot, gesucht? Orientalischen Bazare mit Menschen, Hunde, Kühe und Kamele auf den Straßen und Plätzen. Das Geschrei von Marktrufern und die Unbeschwertheit eines regellosen Lebens? Geheimnisse, welche noch hinter verfallenen Mauern und Häusern schlummerten, andere Sichtweisen, andere Schwerpunkte und Denkweisen? War dies nicht genug auf dem Weg zum eigenen Glück und zu Zufriedenheit?

Auf der Suche nach einem geeigneten Platz um endlich ein Bad im Meer genießen zu können lies ich mich mittags etwa 10 km stadtauswärts transportieren, bis ich schließlich am Ende einer staubigen Landstraße vor einem breiten und verschlossenen Schranken abgeladen wortlos wurde. Die übliche Horde an Wächtern saß oder stand gelangweilt davor herum und war ausschließlich mit sich selbst beschäftigt. Wozu sie überhaupt hier waren, war nicht zu erkennen.
Unbeachtet schlüpfte ich unter dem Schranken durch stapfte zu Fuß weiter und über einen sandigen Fahrweg, mitten durch einen Akazienwald. Am Ende der langen holprigen Piste, und bereits schweißgebadet von der mörderischen Hitze, musste ich jedoch enttäuscht feststellen, dass hier weit und breit kein Meer zu sehen war. Doch gerade deshalb war mir dieser Ort hier im *Tourist Office* von Mandvi empfohlen worden. Vielmehr war ich aber nun vor dem Eingang zu einem Palais gelandet, von welchem mir mein freundlicher Franzose am Vormittag noch nebenbei erzählt hatte.

Der Mann hinter der winzigen Fensterscheibe eines Ticketschalters war mir jedoch gut gesonnen und wies mir mit seiner Hand die ungefähre Richtung zur Bucht. Kaum noch einen Kilometer weit entfernt, behauptete er, lag mein Ziel. Ein lang ersehntes, kühles Bad im indischen Ozean. In Wahrheit waren es schließlich noch drei oder mehr Kilometer, noch dazu durch wegloses, dicht verwachsenes Akaziengestrüpp, dessen spitze Dornen in Hemd und Haut ihre blutigen Spuren hinterließen.
Endlich, schweißgebadet auf einem sandigen Hügel angelangt, entdeckte ich zwischen Dornen und Gestrüpp hindurch, in der Ferne einen endlosen Strand. Die riesige Bucht des *Gulf of Kutch!* Unendlich lang und mit sanft schäumenden Wellen, und unter bizarren, kleinen, weißen Wölkchen unter dem riesigen, strahlend blauen endlosen Himmelszelt. Der Anblick war einzigartig schön.

Die einzigen sichtbaren Lebewesen weit und breit waren kleine Herde Wasserbüffel, welche mit ihren breiten grauen Mäulern friedlich und geduldig am dürren Gras des sandigen Ufers zupfte.

Das Meer war hier zweifellos sauberer als in und rund um die Stadt, doch von glasklarem Wasser, was ich angesichts dieses kilometerlangen und menschenleeren Strandes eigentlich vermutet hatte, konnte leider auch hier keine Rede sein. Auch hier bildeten sich in den Wellen trübe Schaumkronen, die mir für kurzes baden aber zumutbar erschienen. Später bemerkte ich einen dünnen öligen Film auf der Haut. Immerhin hatte ich aber auch in Europa, selbst in Norditalien Schlimmeres gesehen.

Da außer mir weit und breit kein Mensch zu sehen war, konnte ich endlich meine sämtlichen verschwitzten Kleidungsstücke in den Sand werfen und nach all den Wochen erstmals langsam und zufrieden in das erfrischende Wasser steigen.

Glücklicherweise war die hochstehende, heiß sengende Sonne immer wieder von den kleinen vorbeiziehenden Wolken verdeckt, sodass ich nicht sehr große Angst haben musste, mir in kürzester Zeit sofort die Haut zu verbrennen.

Nach dem trotz allem, erfrischenden und herrlichen Bad streife ich allein am endlosen Strand umher. Jene zahlreich am Strand herumliegenden Muschel- schalen ließen uralte Erinnerungen wach werden. Sie versetzten mich spontan zurück in meine früheste Kindheit, in der ein Nachbar von jedem seiner Urlaube im damaligen Jugoslawien einen Schuhkarton voll mit eben solchen wunderbar und individuell geformten Muschelschalen, aber auch getrocknete Seesterne an mich und die anderen Kinder unserer Siedlung verteilt hatte. Vor allem die trockenen, großen und kleinen

Seesterne sowie jene weißen, kalkigen Teile von Tintenfischen die immer darunter waren, machten damals auf mich als kleines Kind, das bis dahin noch nie ein Meer gesehen hatte, einen tiefen Eindruck.

Aus etwas weniger fern zurückliegenden Zeiten traten nun auch Erinnerungsfragmente mit Eindrücken von ähnlichen, kilometerweiten, leeren Sandstränden in mein Bewusstsein. Sonne, Meer, Sand – sonst nichts. An die Orte aber, an denen jene Eindrücke entstanden waren, erinnerte ich mich im Moment jedoch nicht. Vielleicht kamen später mehr Details aus dem unerschöpflichen Archiv meines Hinterkopfes zu Tage, wie dies ja öfters geschah. Vielleicht auch nicht.
So kam ich in den letzten Tagen dieser Reise fast überraschend noch zu einer kurzen und doch entspannenden Erholung am Meer. Fast wie ein einsames Paradies nach alle den Wochen voll Lärm, Menschenmassen dem Gestank und Müll allerorts.
Nachdem ich nun stundenlang das heiß ersehnte Meer und seinen einsamen Strand, mit seinem leider wenig einladenden, aber immerhin etwas abkühlenden Wasser genossen hatte, beschloss ich, anstatt mich wieder auf dem kürzeren Weg durch das Dornengestrüpp zu quälen, um zu einem Taxi oder anderem Beförderungsmittel zu gelangen, besser doch den langen aber schließlich dornenlosen und geraden Weg zu Fuß zurück nach *Mandvi* zu nehmen. Die etwa 10 km entlang der Meeresküste.

Der Entschluss, meinem Gefühl zu folgen und die Fahrt hier an diesen Ort außerhalb der Stadt zu versuchen, hatte sich doch als richtig erwiesen. Die Fototasche, den unvermeidlichen grünen Stoffsack über der Schulter und meine Schuhe in den Händen zog ich schließlich los zurück nach *Mandvi*.

Inzwischen hatte ich mir in der heißen Sonne nun doch einen leichten Sonnenbrand geholt, wobei ich gut beraten schien, mir allem Freiheitsdrang zum Trotz, zumindest mein grünes Shirt wieder überzuziehen. Von Zeit zu Zeit machte ich eine kurze Pause, um mir ein paar Schritte in das immerhin etwas kühlende Meer zu gönnen.

Nach einiger Zeit entlang des Strandes erwartete mich eine Überraschung. Hinter den Dünen hatte sich ein großer flacher See gebildet, der bei Flut vielleicht sogar mit dem Meer verbunden sein mochte. Zahlreiche große und kleine Wasservögel stelzten darin herum. Rund um das Seeufer ragte ein hartes, spitzes und fast dürres Gras bis zu den Akazienwäldern im Hintergrund, aus dem Sand. Und dahinter lagen in einiger Entfernung von mir, zwischen See und Akazienwald, seelenruhig wilde Kamele im Sand. Erstmals in meinem Leben traf ich auf völlig freilebende Tiere dieser Gattung. Ich entkleidete mich wieder, um in das knietiefe Wasser des Sees zu steigen und mich etwas abzukühlen, in der fast wüstenartigen sengenden Hitze, und um einige Wasservögel aus der Nähe zu fotografieren. Dabei wurde eines jener entfernten Kamele auf mich aufmerksam und erhob sich gemächlich, auf jene seltsame Weise wie es diese Tiere tun und trabte dann langsam in meine Richtung los. Sanft, auf seinen langen Beinen schaukelnd, mit seinen dicken Hufen und dem ewig schelmischen Gesichtsausdruck, bewegte es sich zielstrebig geradewegs auf mich zu. Ich, im seichten Wasser stehend und bedeckt nur mit nichts als meiner Kamera, stand einige Zeit ratlos und wartend da. Immerhin so geistesgegenwärtig, die seltsame Situation noch auf Bild zu bringen. Was natürlich nur ansatzweise gelingen konnte, da jene Empfindungen, Eindrücke und Geräusche, die solche Momente begleiteten beim Drücken des Auslösers natürlich ausgeblendet blieben. Als das Kamel keine Anstalten machte seine Richtung zu ändern oder gar stehenzubleiben, wurde ich schließlich doch etwas unsicher. Eiligst ging ich an Land, raffte meine Utensilien zusammen und suchte durch den ufernahen Schlamm und über jenes spitze, stechende Gras hinweg das Weite. Ich hatte weder eine Vorstellung, wie weit diese Tiere an Menschen gewöhnt waren, noch ob Kamele an sich, wenn sie sich in ihrem Lebensraum gestört fühlten, vielleicht aggressiv werden konnten. Einen Biss oder einen Tritt mit einem der gewaltigen Hufe wollte ich keinesfalls riskieren. Mir war klar, dass sobald das Kamel einen gewissen Abstand zu mir unterschritten hatte, es für Fluchtgedanken zu spät war. Immerhin war mir bekannt, dass Kamele vorzügliche Sprinter waren. Ganz im Gegensatz zu mir!

Aus einer gewissen Entfernung betrachtete ich dann noch einmal die unbeschreibliche Schönheit und genoss dabei die Atmosphäre dieser ganzen Szenerie. Um jene unvergesslichen Eindrücke hier würde man mich später zu Recht beneiden. Kein Reiseführer und kein Pauschaltourist der Welt würden sich jemals hierher verirren und ähnliches erleben dürfen. Auch das war eben im Preis einer *Backstage-Reise* inbegriffen!

Aber auch das, was jedoch kurze Zeit danach, nur wenige Minuten später passieren sollte.

Zwischen dem, an seinem unteren Ende immer schmäler werdenden See, den Sanddünen zu meiner linken und dem Meer auf der rechten Seite, stapfte ich weiter. Bis sich zu meiner Überraschung der See nach einiger Zeit hinter den flacher werdenden Dünen in einen rauschenden wilden Fluss verwandelt hatte und sich am Ende mit hoher Geschwindigkeit in einem Bogen ins Meer ergoss. Seltsamerweise hatte ich am oberen Ende des Sees keinerlei Zufluss gesehen. Also musste neues Wasser vielleicht unterirdisch in den See gelangen. Am anderen Ufer der Mündung stand regungslos ein schöner, großer, weißer Wasservogel, um auf vorbeischwimmende Beute zu warten. Dieses eine Tier wollte ich schließlich noch auf ein Bild bekommen, bevor ich in der Nähe einen geeigneten Platz zu einer Überquerung des vor mir liegenden und nun zum Fluss gewordenen Sees suchen musste. Was sich jedoch bald als katastrophale Fehlentscheidung herausstellen sollte!

© Ehnsperg

Nach den Aufnahmen kletterte ich, die Kameratasche und meinen grünen Stoffsack um den Hals sowie meine Schuhe in den Händen vorsichtig das steile, bröckelnde Flussbett hinab, bis meine Beine bald tiefer und tiefer im weichen und schlammigen Grund des Flusses zu versinken begannen. Ich hatte alles völlig falsch eingeschätzt und versank so bis etwa zur Mitte des Flusses nur immer tiefer. Wobei auch die starke Strömung rasch zugenommen hatte. Plötzlich ergoss sich mir das Wasser bereits bis über die Brust und durch die reißende Strömung drohte ich jeden Moment den Halt zu verlieren. Panische Angst erfasste mich in dieser grotesken Situation, nicht fortgerissen zu werden.

Ich bin mir noch heute nicht sicher, wie weit wirkliche Lebensgefahr bestand. Aber verlor ich dort den Halt und wurde mitgerissen, wäre unweigerlich nicht nur meine Kamera, sondern auch mein fast geheiligter Stoffsack mit sämtlichen, handschriftlichen Aufzeichnungen über diese ganzen Reise verloren gewesen. Alles wäre von der starken Strömung unverzüglich fortgerissen.
Alle in Indien entstandenen Aufnahmen sowie mehr als die Hälfte meiner Niederschriften wären vernichtet worden. Da ich meinen Fehler, mich zu weit vorgewagt zu haben, einsah, und auch die Unmöglichkeit das andere Ufer, das zwar kaum noch mehr als vier Meter entfernt war, heil zu erreichen, versuchte ich so rasch als möglich noch umzukehren. Wobei es mich in der starken Strömung langsam abwärts trieb und wo aber der Untergrund in noch größerem Maße fortgespült war

und das Flussbett daher nur noch tiefer wurde. Mit letzter Kraft und mit höchster Anspannung, versuchte ich die Kameratasche, den Sack und meine Schuhe auf hoch in die Höhe gestreckten Armen, so weit als möglich über dem Wasser zu halten. Was naturgemäß meine Standfestigkeit noch zusätzlich beeinträchtigte. Plötzlich brach unter meinem rechten Fuß der schlammige Boden weg, worauf ich meinen Halt

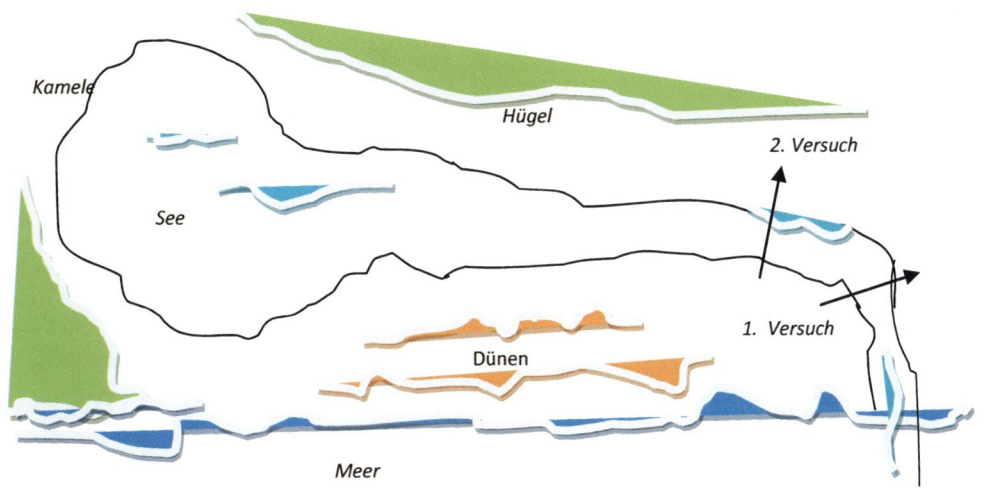

verlor und noch weiter nach unten gerissen wurde. Die Strömung schleuderte mir nun das Wasser bereits über das Gesicht und der Sack mit den Manuskripten war bereits bis über die Hälfte nass, als ich gerade noch mit letzter Kraft den entscheidenden Schritt entgegen die Strömung machen konnte und in festerem Schlamm soweit Halt fand, dass ich Zentimeter für Zentimeter das ursprüngliche Ufer wieder erreichte, meine geretteten Gegenstände hinauf warf und schließlich selbst noch das steile, bröckelig sandige Bachbett völlig erschöpft und mit letzter Kraft empor klettern konnte.

Geschockt und vor Anstrengung zitternd sank ich zu Boden in den Sand. Während mein Magen bald verzweifelt versuchte sich zu übergeben. Aber außer einem rauen Würgen brachte er nichts zu Stande. Erst jetzt wurde mir bewusst, dass ich den ganzen Tag noch nichts zu mir genommen hatte.

Im Nachhinein besehen, war die ganze Aktion wohl die brenzligste meiner ganzen Reise gewesen, die einzige jedenfalls, die völlig außer Kontrolle geraten war. Da ich am Rücken inzwischen doch einen anständigen Sonnenbrand verspürte, wollte ich mich auf der heißen Halbinsel nun aber doch nicht mehr allzu lange aufhalten. Den ganzen kilometerlangen Weg zurück, um den See an seinem oberen Ende umrunden zu können wollte ich keinesfalls mehr auf mich nehmen. Aber ich musste zumindest so weit zurück, dass eine halbwegs gefahrlose Überquerung möglich war. An einer Stelle weiter oberhalb, die mir dafür geeignet schien, versuchte ich eine neuerliche Überquerung. Diesmal aber vorerst ohne Gepäck. Die Strömung hier war zwar ähnlich stark, der Durchfluss jedoch noch breiter und daher weniger tief. Also wagte ich es nochmal.

Als ich das andere Ufer schließlich dann mitsamt meinen Utensilien erreicht hatte, machte ich Bestandsaufnahme. Die Kameratasche war zwar nass geworden, die Kamera selbst aber scheinbar unversehrt. Die Feuchtigkeit war nicht in das Innere vorgedrungen. Der grüne Sack war zwar durchnässt und das Badetuch darin mit Wasser vollgesogen, mein Schreibheft befand sich aber zuoberst und war glücklicherweise ebenso unbeschädigt! Wie durch Vorsehung, hatte ich es am Morgen zum ersten Mal in eine verschließbare Plastikhülle gesteckt, die ich im Laufe der Reise eigentlich schon mehrmals wegwerfen wollte und die nun schließlich alles gerettet hatte.

Ich schrieb meine Aufzeichnungen aus verschiedenen Gründen immer mit der Hand in Hefte und übertrug alles erst später, in meinem Haus in Österreich auf den Computer. Wobei es hier keinen Unterschied gemacht hätte. Ein Versinken im Meer hätten weder Heft noch Laptop überstanden.

Alles war nochmal gutgegangen!

Am Ende des Strandes, bevor die ersten schmutzigen Häuser der Stadt zu sehen waren, hatte man, vermutlich eher als Alibihandlung, den traurigen Versuch veranstaltet, einen Windkraftpark zu installieren. Wobei von etwa einem Dutzend der aufgestellten Propeller sich lediglich fünf überhaupt noch bewegten. Die Restlichen boten mangels Wartung oder Reparaturen nur einen traurigen Anblick langsamen Dahinrostens. In zwei oder drei der Gehäuse hoch oben nisteten sogar Tauben. Von einem der Propeller war auch eines der Rotorblätter herabgebrochen.

Ob die übrigen, sich noch in Bewegung befindlichen, aber auch tatsächlich noch Strom in eine Leitung speisten, war angesichts des Zustandes der gesamten Anlage, samt jenem kleinen, lädierten Überwachungshäuschen, mehr als fraglich. Vermutlich taten sie nichts anderes mehr, als Meeresluft zu ventilieren.

Indien setzte, aller optimalen solaren und thermischen Voraussetzungen zum Trotz, auf Atomkraft, Öl, Kohle und Gas! Vermutlich war die ganze trübselige Anlage hier nichts anderes, als ein Blendwerk der großen Energiekonzerne, die sich solche fadenscheinigen Projekte durch Schmiergelder subventionieren ließen, um sie so über Wasser zu halten. Derartige, von Beginn an zum Scheitern verurteilte Projekte nutzten lediglich dazu, nach außen hin die übrigen Machenschaften zu legitimieren.

Angesichts der Tatsachen und den Zustand dieses lächerlichen Windparks vor Augen, konnte man nur hoffen, dass die Wartungsarbeiten in Indiens Atomanlagen zumindest auf anderem Niveau stattfanden.

Als ich am Rande der Stadt angekommen war, war es beinahe Abend geworden und die ganzen Anstrengungen des Tages, die Sonne, der anstrengende 10 km Marsch über die Sanddünen, die wahnwitzige Flussüberquerung sowie ein immer noch leerer Magen hatten mich völlig erschöpft und niedergeschlagen. Um nun keine weiten Umwege zu machen musste ich doch noch einmal durch den dornigen Akazienwald, welcher sich hier bis ganz zum Strand ausgebreitet hatte. Ich drang wieder ein in den Dornenwald, in jene vermutete Richtung in welcher ich meine Unterkunft vermutete. Die Idee, die versandeten Steppen hier gerade mit Akazienbäumen aufzuforsten, erschien mir eigentlich nicht als die Schlechteste. Die anspruchslosen Gehölze vermehrten sich rasch durch zahlreiche unterirdische Wurzelaustriebe und waren geeignet auf verödeten Böden gute Pionierarbeit beim Aufbau von Wäldern zu leisten, als auch für ein begrenztes Kleinklima zu sorgen und somit anderen Pflanzen am Boden das Anwachsen zu erleichtern. Zudem benötigten die Bäume kaum Pflege. Ein Punkt in dem die Inder schließlich nicht gerade als Weltmeister bekannt waren.

Der Nachteil für mich war nun natürlich, dass ein Gehen zwischen dem dornigen Geäst und Gestrüpp äußerst unangenehm war. Die scharfen Stacheln ritzten nicht nur Hemd und Haut empfindlich auf, sondern drangen sogar von unten, durch die Schuhsohlen bis in die Füße ein.

Nachdem ich mich zwanzig oder dreißig Minuten über die dünnen und sandigen Pfade durch diesen Dornenwald gekämpft hatte, erreichte ich endlich eine richtige Straße, die ins Zentrum der Stadt zu führen schien.

An Tagen wie diesen, wusste man jedenfalls den Segen einer funktionierenden Dusche und eines noch so kleinen Zimmers samt einem Bett wahrhaft zu schätzen. Einen Ort, war er auch noch so eng, an den man sich nach der versuchten, aber fast missglückten Eroberung der Welt zurückziehen und seine Wunden lecken konnte. Nichts war am Ende eines solchen Tages willkommener, als einige Momente der Ruhe und dem Gefühl, hier in seinem kleinen Zimmer für einige Stunden in Sicherheit vor weiteren Überraschungen oder Überlebensprüfungen zu sein.

Wie musste das tägliche Leben jener Millionen von Indern sein, die nichts besaßen, als die zerlumpten Fetzen, welche sie Tag für Tag am Leibe trugen und die ihr tägliches Quartier zum Schlafen an den Rändern von Straßen oder Kanälen aufschlagen mussten, zwischen den streunenden Tieren der Stadt? Jene, die hoffnungslos in ihrer Kaste gefangen waren, und die schmutzigsten und finsteren Ecken an den Rändern der Gesellschaft noch zu teilten hatten mit

© Ehnsperg

Zahllosen ihrer Schicksalsgenossen, die sich dabei oft wenig friedlich verhielten.
Soweit man nicht im gesegneten Besitz eines ausländischen Reisepasses war oder
zumindest einem ausreichenden Bündel an Rupien-Scheinen in der Tasche, war schon
das pure Überleben in diesem Land nichts als eine Frage der Ausdauer. Kein noch so
dünnes Netz an sozialer Sicherheit hielt einen hier über Wasser.

Abends machte ich mich auf die Suche nach einem Ticket zur Weiterreise. Die Worte
des Franzosen, seine freundliche und zufriedene Ausstrahlung vor Augen und seine
Ansichten über dieses trostlose Nest, lagen mir aber noch in den Ohren.
Was war es, mich dieselben Dinge in völlig anderem Lichte sehen zu lassen? Ich wollte
doch noch einen Tag länger hier zubringen, um dem Ganzen vielleicht auf den Grund
gehen zu können. Es gab Menschen, hatte er gesagt, die seit zehn Jahren keinen
anderen Fleck Indiens besuchten, als diesen hier. Nichts war mir unverständlicher. Das
ganze kleine Zentrum der Altstadt hatte sich inzwischen in einen, von gelblichem Licht
bestrahlten, nächtlichen Markt verwandelt. Zahlreiche Inder hatten ihre fahrbaren
Marktstände geöffnet, in denen sie für mich unbekannte Speisen zubereiteten.
Hinter jeder der metallenen, vitrinenartigen Aufbauten waren jeweils zwei oder drei
Reihen von Plastikstühlen Rücken an Rücken aufgestellt wie in einem Autobus. Darauf
konnte man das jeweilige, in Wegwerfschalen ausgeschenkte Essen immerhin im
Sitzen einnehmen. Vor wenigen Stühlen befanden sich sogar wackeligen Tische
selbiger Machart.
Mein Hunger war inzwischen fast grenzenlos, so probierte ich hintereinander zwei
verschiedene, dieser gulaschartigen, breiigen Gerichte, die weder scharf noch mild

waren, weder nach Diesem noch nach Jenem schmeckten. Aber wie ausgehungert ich auch sein mochte, die indische Küche würde mich kaum jemals vom Stuhl reißen, nie die meine werden, dessen war ich mir jedenfalls sicher. Meinem Vorsatz, das heimschwebende Flugzeug mit etlichen Kilos weniger an Körpergewicht zu belasten, war ich inzwischen immerhin viele Stufen näher gekommen. Nach diesem fragwürdigen Genuss, aber jedenfalls gesättigt, nahm ich mir vor, noch mit offenen Augen und Sinnen durch die nächtliche Stadt zu streifen um vielleicht doch zu sehen, wofür ich bisher blind gewesen war.

Der Franzose hatte doch recht gehabt. Die ganze Stadt hatte etwas Urtümliches, Archaisches. Tatsächlich mochten sich hier vor hundert oder noch mehr Jahren ganz ähnliche Szenen abgespielt haben. Kühe, Ziegen, Hunde streiften zahlreich durch die Straßen. Vereinzelt waren Pferde zu sehen. Bunt geschmückte Kamele wurden an langen Stricken durch die Gassen geführt, dazwischen das Gedränge der Inder, viele von ihnen noch gekleidet in ihren traditionellen Kostümen. Vor ihren finsteren Gelassen hockende, weiß gekleidete Schneider nähten auf altertümlichen Nähmaschinen im Schein der Straßenlampen. Frauen standen in den Gassen vor ihren Haustüren und bügelten die Wäsche des Tages. Ärmlich gekleidete Kinder liefen umher und Bettler und Verkrüppelte schwenkten ihre leeren Schalen. Händler priesen lautstark ihre Waren durch die Straßen. Nelken, Zimt, Chili oder Currypulver wurden aus riesigen Säcken geschöpft, umständlich zwischen den Fingern gerieben, probiert und von ernst dreinblickenden Männern umständlich zwischen den Fingern gerieben, probiert und geprüft. Um jedes Gramm wurde laut gefeilscht, als handelte es sich um pures Gold.

Die vergangene Schönheit der gründerzeitlichen Bauten, mit ihren Erkern und Balkonen, dem geschnitzten Gebälk, den Gesimsen und Vorsprüngen, entdeckte man dabei erst auf den zweiten Blick. Einst mochte dies eine hübsche orientalische Stadt gewesen sein und die Auftraggeber jener Bauwerke kunstsinnige Menschen.

Wie weit und ob die Briten überhaupt damit zu tun hatten, konnte ich schwer beurteilen, anzunehmen war es wohl. Alles hier stand jedenfalls, wie überall in Indien, solange in Benutzung, bis es irgendwann endgültig zusammenfiel. An einigen der altertümlichen Gebäude konnte man tatsächlich die Äste und Wurzeln betrachten, die sich im Laufe von Jahrzehnten, durch immer breiter werdende Mauer- risse, hervor- zwängten. Wie bei vielem in diesem Land, waren auch bei den Gebäuden die Instandhaltung oder Pflege für die meisten Inder ein unbekannte Wörter.

Auch wenn ich langsam zu begreifen begann, was der Franzose gemeint hatte, ließ sich mein Wunsch, doch noch einen Tag länger zu bleiben, nun nicht mehr erfüllen. Es gab für die folgenden Tage keine Zugtickets für eine anschließende Weiterreise ab

Ahmedabad mehr. Um nicht Gefahr zu laufen *Delhi* zu spät zu erreichen, musste ich bereits am nächsten Tag aufbrechen. Mittags fuhr ein Bus nach *Udaipur* mit morgendlichem Zuganschluss nach *Ajmer*. Womit dann der halbe Weg geschafft sein würde und das rechtzeitige Eintreffen am Flughafen Delhi`s glücken sollte.

8. März, Mandvi, Ahmedabad.

Meine „*checkouttime*" war diesmal 7:00 Uhr morgens, da ich um 7:00 Uhr früh angekommen war und die üblichen 24 Stunden dann abliefen.

Das erschien mir als gute Gelegenheit, im hellen Morgenlicht den Ort wenigstens noch einige Stunden lang zu erkunden, vielleicht mit dem einen oder anderen Menschen noch ins Gespräch zu kommen und einige Fotos zu machen.

Unweit des Hotels, untergebracht in einem einst schönen, villenartigen Bau aus der Gründerzeit der Stadt, konnte ich durch die offenen Türen das lustige Treiben von zwei, nach Buben und Mädchen getrennten Volksschulklassen beobachten. Trotz des ärmlichen Umfeldes spürte man doch den heiteren und motivierten Unterricht.

Vorbei an den hölzernen Schiffsruinen gegenüber dem Hotel, begab ich mich wieder auf die große Brücke, über die man den großen, fast gänzlich ausgetrockneten Meeresarm überquerte. Man gelangte so in jenen Stadtteil, welcher mit seinen ausschließlich für Wohnzwecke genutzten, schmalen Gassen, eher einem eigenen kleinen Dorf glich und der mich noch am Tag zuvor durch Schmutz und Gestank derart abgestoßen hatte.

War letztendlich nicht alles eine Frage jenes eigenen Standpunktes, von dem aus man seine Blicke ständig schweifen ließ sowie dessen, was man alles um sich gerade sehen *wollte*? War es nicht möglich, zu versuchen, diesen Blickwinkel zu verändern und für eine gewisse Zeit jenen des Franzosen einzunehmen, der sich in all dies verliebt hatte? Ging man offenen Auges durch die Welt, vor allem aber bewusster und offener als üblich, musste einem diese Vielfalt an Farben, Kleidern, Physiognomien und Gesichtern doch höchstgradig interessant erscheinen. Jeder war

schließlich von den Vorurteilen seiner persönlichen Lebenserfahrungen geprägt und diese galt es zu überwinden.

Im Vergleich zu den Chinesen, hatten die Inder auch einige erfreuliche Eigenschaften. Sie spuckten und rotzten nicht bei jeder Gelegenheit ständig auf den Boden und sie liebten es geradezu, fotografiert zu werden. Sie kamen nicht selten beim Anblick meiner Kamera auf mich zu und baten darum, aufgenommen zu werden. Was gelegentlich durchaus zu komischen Szenen führen konnte.

Ich bemühte mich also nun ganz bewusst in die Person des neutralen Fotografen oder Fotojournalisten zu schlüpfen, als der ich eigentlich unterwegs sein sollte. Die ewigen Bewertungen und westlichen Vorurteile so gut es ging abzuschalten. Was meine Eindrücke und Stimmungen, mit denen ich nun jenen zu fotografierenden Objekten oder Menschen gegenüber trat, tatsächlich auf eine andere Stufe stellte. Nämlich auf jene, eines respektvoll Interessierten. Dabei stellten sich auch jene guten, dafür nötigen Stimmungen wieder ein, die nötig

waren erst den Menschen in die Augen zu blicken und sie neutral wahr zu haben in der Unterschiedlichkeit ihres Lebens mit der sie einem gegenüber traten.

Ähnlich wie bei einem heimatlichen, morgendlichen Dorfspaziergang, grüßte man sich hier noch freundlich im Vorbeigehen, nickte sich zu. Bisher hatte ich das allgegenwärtige *„Hallo, woher kommst Du?"* in dürftigem Englisch wenig beachtet und oft als ständiges und nerviges Eindringen in meine Privatsphäre empfunden. Heute versuchte ich die Sache ernster zu nehmen.

Ein alter, weiß gekleideter Muslim saß mit anderen Gleichaltrigen vor einer der unzähligen kleinen Moscheen und rief mir diese ewige Frage hinterher. Heute wollte ich umkehren, das Angebot annehmen. Sofort änderten sich auch die Masken in ihren alten Gesichtern. Wahrhaftig freuten sie sich, dass ich umkehrte

und in ihrem Kreis Platz fröhlich nahm. Freundliche Neugierde strahlte mir entgegen. Jener alte Mensch, der mir nachgerufen hatte, bot auch eine interessante Geschichte. Soweit ich ihn verstand, hatte er längere Zeit bei Siemens, diesem weltweit großen Arbeitgeber, gewerkt, war in der Welt, auch in Europa, herumgekommen. Wer hätte das vermutet? Österreich allerdings, war ihm kein Begriff, Australien schon. Tee wurde von irgendwo hergebracht, Worte, soweit es jedenfalls die Sprache erlaubte, gewechselt, Aufnahmen gemacht und die Ergebnisse sofort von allen freudig bestaunt. Wie recht doch der Franzose gehabt hatte, alles spielte sich doch im eigenen Kopf ab. Einige Ecken weiter, stieß ich wieder auf besagten Fischmarkt, an welchem an diesem Tag sogar ein kleiner Haifisch angeboten wurde. Die Marktfrau, als sie mein Interesse bemerkte, machte ein Zeichen dazu mit ihren Zähnen. Wären die Tausende Fliegen nicht gewesen, mir wäre vermutlich das Wasser im Munde zusammengelaufen, ob der angebotenen Auswahl dieses Marktes. Aber auch die Fisch- und Gemüsefrauen hatten an jenem Morgen, aus meinem geänderten Blickwinkel, andere, freundliche Gesichter bekommen. Bemüht versuchten sie, auf meine Fragen zu antworten, mir ihre Waren schmackhaft zu machen. Schließlich erwarb ich einige, mir unbekannte Früchte, nachdem ich am Abend zuvor bereits dort und da fein gewogene Gewürze erstanden hatte. Jene 25-Stunden-Fahrt um *Mandvi* und „ *The sea of Kutch"* zu sehen, hatte sich wahrlich gelohnt. Nicht andere Häuser, das Meereswasser oder fremde Waren hatten mich hier beeindruckt. Diese Fahrt hierhin hatte mich tatsächlich erst völlig nach Indien gebracht. Jenes Indien, das ich die ganze Zeit zu finden gehofft und nun, anders als im schönen *Bundi*, verborgen hinter Unrat und Tand, doch noch gefunden hatte. Auch der Amerikaner in *Udaipur* hatte schließlich das erwähnt, im ersten Monat wollte er nichts wie weg.... Indien strengt an. Indien braucht Zeit.

Ich schlenderte zurück auf die andere Seite über den nicht mehr vorhandenen Fluss. Auf dem Weg warf ich noch einen letzten Blick auf das, was hier einst das Meer gewesen war. Etwas weiter oberhalb der Stadt, an einer stillen Kreuzung, unter einem riesigen Gummibaum, hockte auf einer großen Steinplatte ein alter *Sadhu* im Schatten der weiten Äste und großen Blätter eines Baumes. Müde vom morgendlichen Umherstreifen und der beginnenden Hitze des Tages, aber fröhlich und zufrieden darüber, wie sich die Stadt in meiner Betrachtungsweise gewandelt hatte, setzte ich mich neben ihn.

Dieselbe Fröhlichkeit, dasselbe respektvolle Interesse spürte ich auch in seinen Augen. Bei solchen Begegnungen, das wusste ich aus früherer Erfahrung, halfen oft Tabak und Getränke rasch, manch sprachliche Barrieren zu überwinden. Stumm nickend reichte ich ihm eine meiner indischen Mentholzigaretten, welche er erfreut und behutsam auf seine altertümliche Zigarettenspitze steckte. Eine Zeitlang rauchten wir so schweigend nebeneinander und genüsslich vor uns hin. Bald waren sechs oder sieben andere um uns und betrachteten wohlwollend diese seltsame Szenerie. Wie durch Gedankenübertragung wurde aus dem erstbesten Haus neben uns in kleinen Gläsern heißer Tee serviert. Von einem elegant gekleideten Mann, jedoch von der Statur und Größe eines Zehnjährigen. Ein Junge auf einem Fahrrad übersetzte zwischen uns so gut er konnte. Den Preis meiner Zigaretten wollte der Alte erfahren. Einhundert Rupien, untertrieb ich, denn kaum jemals hätte der Mann sich derartiges wohl wirklich leisten können. Er, verbeugte sich dankbar, fast ehrfürchtig für die kleine Kostbarkeit. Hätte ich geschildert, was in Österreich eine Packung Zigaretten kostete, wäre sein Stolz verletzt worden. Jeden einzelnen Zug genoss er und zog dabei langsam am köstlichen Tabak. Zum Abschied schenkte ich ihm noch ein österreichisches Feuerzeug, alles, was ich aus dem Vorrat meiner Fototasche gerade noch anzubieten hatte.

Mir war nun noch eine Stunde Wartezeit verblieben – bis 13:00 Uhr – auf meinen Bus zurück nach *Udaipur*. Ich war froh, dieses Reisebüro, direkt gegenüber dem Hotel, gewählt zu haben und hatte somit mein inzwischen ziemlich schwer gewordenes Gepäck nur etwa fünfzig Meter zu schleppen, konnte auf einer Bank bequem darauf warten, dass der Bus von hier aus abfuhr. Dabei nutzte ich die Ruhe auf dem kleinen Platz, um meine Eindrücke jenes letzten Tages hier noch zu Papier zu bringen. Auf diese Weise war die mir sonst so widerwärtige Wartezeit sinnvoll verwendet. Wo anderes hatte man mir gestern Abend lediglich einen Bus ab *Gandhi Dham* angeboten, wobei die Fahrt dorthin noch dazu mit einem langsamen, öffentlichen Linienbus zu bewältigen gewesen wäre. Damit schon drei Stunden allein für diese relativ kurze Distanz um erst von Mandvi nach *Gandhi Dham* zu kommen, benötigt hätte. Abgesehen von mühseligen Umsteigereien dort und der Suche nach den richtigen Autobussen. Noch in anderer Hinsicht sollte sich später dieses Tourist-Office als Glücksfall erweisen.

Gandhi Dham die nächstgrößere Stadt mit dem interessant klingenden Namen war erst 1947, nach der Abspaltung Pakistans gegründet und nach Indies Helden *Mahatma Gandhi* benannt worden. Man hatte zur Gründerzeit mit den vielen dort hausenden Schlangen und Skorpionen zu kämpfen, sodass man sich schließlich sogar entschloss Prämien für die Tötung der Tiere auszuzahlen.

Mein Bus kam sogar 30 Minuten früher und konnte mit mir als *einzigem* Fahrgast ab *Mandvi* daher sofort losfahren. Die Route führte überraschend über mehrere Umwege. Zuerst hinauf nach *Bhuj*, dann wieder hinunter nach *Anjar*, wo sich unser Bus schließlich durch die inzwischen zugestiegenen Reisenden bald völlig gefüllt hatte. In *Ahmedabad* wiederum, in dieser riesigen, mir nur vom Namen her bekannten Provinzhauptstadt, wo wir erst nachts eintrafen, leerte sich der Bus überraschend rasch wieder völlig. Sodass ich plötzlich der einzig verbliebene Reisende im Fahrzeug war. Einsam stand unser Bus nun am Rand irgendeiner Straße. Auch der Fahrer war plötzlich verschwunden und hatte mich allein und ohne ein Wort zurück gelassen. Eine Zeit lang wusste ich überhaupt nicht was los war.

Ich befürchtete einmal mehr, dass hier meine Reise unvermittelt zu Ende gehen könnte. Vom dunklen Fenster des Busses aus konnte ich die übliche nächtliche Geschäftigkeit rund um diverse beleuchtete Imbissbuden beobachten. Ein ständiges Kommen und Gehen, Menschen liefen draußen hin und her, während ich keine Ahnung hatte, was nun weiter mit mir und dem Bus passieren würde.

So plötzlich wie sie verschwunden waren, tauchten Fahrer und Begleiter nach mehr als zwei Stunden, von irgendwoher wieder auf, als ob nichts geschehen wäre. Neue Mitreisende stiegen zu und der Bus setzte sich wieder in Bewegung durch die nächtliche betriebsame Großstadt. Überraschend hohe und moderne Gebäude mit Glasfronten, Shoppingcentern, Autohäusern und sogar einen großen Supermarkt bemerkte ich im Vorbeifahren. In all den Wochen durch Indien war mir all das nicht zu Gesicht gekommen.

Bald schlief ich tief und fest, bemerkte weder Hupen noch Rütteln, bis mich jemand um 4:00 Uhr morgens schüttelte.

Zu meiner großen Überraschung – und nicht geringen Freude – hatte unser Fahrer extra für mich, direkt vor dem Bahnhof von *Udaipur* angehalten. Eilig wies mir der Busbegleiter den Weg über die Straße, schloss hinter mir rasch die Tür und setzte seine Fahrt fort. Die ganze Reise hierher hatten mich schon die größten Sorgen geplagt, wie ich um diese nächtliche Zeit, allein und bepackt wie ein Esel, von irgendeinem abgelegenen Busbahnhof am Stadtrand rechtzeitig zum Hauptbahnhof finden sollte, um meinen in schon *Mandvi* gebuchten Zug zu erreichen. Entweder wie mittels Schlepper und wie ein Huhn gerupft oder sonst, wie so oft, nur ständig falsch verstanden zu werden dann und nicht rechtzeitig zur Abfahrt am Bahnhof zu landen.

Schließlich hatte ich diesbezüglich bereits einige Erfahrungen hinter mir. Mein Ticketverkäufer in *Mandvi's* Reisebüro hatte mir also nicht nur die nötigen Tickets zu Weiterfahrt verkauft, sondern anscheinend auch dem Busfahrer irgendwie mitgeteilt, dass ich von *Udaipur* per Zug weiter nach *Ajmer* reisen wollte. Dass er diesen problemlosen Umstieg für mich auch mit eingefädelt hatte, davon hatte ich natürlich keine Ahnung. Positive Überraschungen solcher Art waren zwar in Indien nicht an der Tagesordnung, dass sie gerade dann passierten, wenn man sie am wenigsten erwartete, erfuhr ich aber nicht zum letzten Mal.

29.März. Udaipur, Ajmer.

Im Aufnahmegebäude des Bahnhofes trieben sich bereits zwielichtigste Gestalten herum. Einer der *„besonders Hilfsbereiten„* wollte sofort mein Gepäck übernehmen, mich hierhin oder dorthin bringen oder mir diesen oder jenen Platz zum sitzen besonders empfehlen. Sobald sie auch noch breit grinsend und mit weit austreckten Armen auf einen zuliefen und: *„Mein guter Freund – ich komme, ich will Dir helfen...!!"* entgegenriefen, mussten schon sämtliche Alarmglocken schrillen.

Ohne Zeit zu verlieren und vor allem bevor mich die restliche Horde der *„Gepäckerleichterer"* erspäht hatte, ließ ich Hilfsbereiten von *Udaipur* links liegen und begab ich mich auf die Suche nach dem *„Waitingroom for reservation-tickets"* oder einem zumindest ähnlich beschrifteten Raum, der sich glücklicherweise direkt am ersten Bahnsteig befand. Einer der Geier schmutzig, hinkend und mit etwas heraushängenden Auge war eiligst hinter mir her gehumpelt, Unverdrossen versuchte er mich einzuholen, rief er mir alles Mögliche nach und wankte dann, nachdem ich mich in Sicherheit gebracht hatte, noch eine Zeit lang vor der Glastür hin und her. Winkte und deutete draußen mit seinen Armen, öffnete sogar die Tür einen Spalt breit und wollte schon herein, bis er den schlafenden Wärter auf der Bank bemerkte. Schließlich verzog er sich, und ich konnte, mich endlich in Sicherheit wiegend, nun meine Taschen öffnen.

Gut eine Stunde blieb mir bis zur Abfahrt des Zuges, in der ich wieder Zeit hatte zu schreiben. Außer dem schlafenden, desolaten Wächter war ich allein im ganzen Raum. Im Laufe der Zeit stießen noch vier oder fünf andere hinzu. Um 5:00 Uhr morgens begann, fast wie in einem Theaterstück eine Szene, wie man sie wohl nur in Indien erleben konnte; Ein altertümlicher Wecker schrillte plötzlich laut über der Bank des schlafenden Wächters. Seine Dienstzeit ging zu Ende. Der Mann rappelte sich umständlich von seinem Schlafplatz auf der Holzbank auf und es stellte sich heraus, dass der Mensch nicht nur Einbeinig war sondern ihm auch ein Auge fehlte. Auf einem Bein hüpfte er nun zum Waschraum und dort, wo sich normalerweise das zweite Bein befand baumelte nur ein kurzer Stummel in der Luft. Als er nach einiger Zeit wieder von dort auftauchte, begann er, in der Mitte des Wartezimmers seine Prothese zu montieren und den zweiten Schuh darauf zu befestigen. Dann kleidete sich fertig an und verließ, als ob nichts selbstverständlicher gewesen wäre, wortlos den Warteraum.

Auch wenn es auf den ersten Blick kaum zu erkennen war, so boten diese Antiquierten Einrichtungen, wie jene verschiedenen Warteräume auf Indiens Bahnhöfen, doch mehrerlei Vorzüge. Zum einen hatte man hier als Reisender die Möglichkeit sich von den Massen und dem damit verbundenen, geradezu babylonischen Treiben auf den Bahnsteigen sowie dem Gestank und Schmutz auf dem ganzen Bahnhof zurückzuziehen. Zum anderen sicherte es aber auch schwer desolate Menschen wie diesem hier ein geringes Auskommen, was anderwärtig in diesem Land fast unmöglich erschien.

Guter Dinge und ausgeruht begab ich mich schließlich zum bereitstehenden Zug, welcher pünktlich losfuhr. Erstaunlich waren auch auf dieser Strecke die unendlich langen Aufenthalte an zahlreichen Unterwegsbahnhöfen. So hielt unser Zug z.B. in *Chittaugarh,* einer nicht allzu großen Stadt weit über eine Stunde lang, obwohl zum Ein- und Aussteigen 15 Minuten gereicht hätten.

Üblicherweise wurden, wie gesagt, die Fahrscheine nur nach der Abfahrt des ersten Bahnhofes kontrolliert, so dass im Laufe der Fahrt viele Zugestiegene ohne Reservierung von den freien Sitzen Platz ergriffen.

Am Bahnhof von *Bhilwara* einer größeren Stadt an der Strecke, wo nun mein bisheriger Sitznachbar ausstieg, wogte bereits wieder bei der Einfahrt unseres Zuges wie ein Orkan. Die unüberschaubare Masse, von der man aus der Entfernung nichts als ein Meer schwarzer Haare wahrnahm, stürmte uns rechts und links des Bahnsteiges entgegen. Als der erste Waggon den Bahnsteig kaum erreicht hatte, wie auf ein Zeichen sprangen an beiden (!) Seiten Menschen auf den noch rollenden Zug und strömten als wilde Horde durch die offenen Türen in den Zug. Während andere, nachströmende, noch an den Griffstangen der Waggons hingen. Von allen Seiten, wie ein ausgekommener, riesiger und dröhnender Termitenschwarm fielen sie jetzt über den langsam in den Bahnhof rollenden Zug her. Strömten, drückten und drängten in alle Winkel noch bevor auch nur ein einziger die Chance gehabt hätte *aus* dem Zug zu kommen. Blitzartig hatte sich das ganze Innere bis auf die Gepäckablagen und jeden noch so kleinen freien Raum unseres Waggons gefüllt.

© Ehnsperg

Illusionen, Gefühle oder Stimmungen gingen oft so rasch wie Sie kamen. In Indien genügte die Einfahrt in einen Großstadtbahnhof und alles was darauf folgte, um jede romantische Illusion die man vielleicht über dieses Land gehabt hatte, abfallen zu lassen. Obwohl tobende Menge bereits lange voraus entlang meines Fensters rennen und aufspringen gesehen hatte und dies alles dabei nicht zum ersten Mal erlebte, beschlich mich, als vermutlich als einzigem Weißen im Zug, aber jedenfalls in meinem Waggon, doch wieder nicht als pure Angst. Ein Gefühl als würde man etwa unterhalb eines Berges eine rauschende riesige Lawine auf sich zustürzen sehen. Mit meinen zwei Rucksäcken, meiner Fototasche sowie dem unvermeidlichen, grünen Stoffsack mit leichter Verpflegung, dem *Du- Mont* und meinem Schreibheft auf dem Schoß, versuchte ich alles zu umklammern und dem Ansturm der Rasenden so gut es ging standzuhalten. In gewisser Weise konnte ich nachvollziehen, wie die Herzen jener wenigen Briten gepocht haben mussten, welche seinerzeit versuchten, den Eroberungsstürmen der endlos nachdrängenden indischen Übermacht im alten, britischen Fort von Lucknow, in ihrer von allen Seiten umzingelten Stellung, zu halten. Bis die unüberschaubare Menge schließlich begann, Wassergräben, Mauern und Wehrtürme zu überklettern und jegliche Verteidigung einfach überrannte. Alles in Grund und Boden walzte.

Kaum war ich von außen in der Tür des Waggons zu sehen, hatte sich auch hier die übliche, wartende Meute am Bahnhof von *Ajmer* auch schon in Bewegung gesetzt.

„Taxi, Hotel. Zur Busstation, Sir! Geldwechsel….." „Wohin wollen Sie?" „Warum dorthin"? „Warten Sie, Sir, warten Sie. Sir, Sir! Hallo, haallo…!!!"

Gegenseitig bemühten sie sich hier zu überbrüllen oder mich zumindest als erste Ärmel am zu packen.

Versuchte ich zuerst schweigend und nur mit gesenkten Kopf und wortlos durch die von allen Seiten auf mich Zurennenden ins Freie zu gelangen, wo bereits die nächsten Bataillone von Habenichtsen lauerte, half bald nichts mehr als ein lauter Schrei:
„Nein, Neiinn! Ich brauche nichts von Euch…!!!"

Ebenso hätte ich jedoch einen Baum anbrüllen können. Durch das laute Gerufe wurden nur noch mehr von der schlafenden Meute geweckt.
Nichts als der übliche, elende Spießrutenlauf auf allen Bahnhöfen Indiens.

Du-Mont hatte auch hier wieder Tipps an geeigneten Unterkünften parat. Dem einladendsten Rat aus der Liste folgte ich. Laut Plan waren es etwa 600 m vom Bahnhof dorthin, doch mit all meiner inzwischen angewachsenen Ausrüstung erschien es mir zu Fuß durch die überfüllten, unbekannten Straßen doch fragwürdig. Wie üblich hatte keiner der Schlepper und Rikschafahrer von dem Hotel oder auch nur der Straße jemals gehört. Nur den fixen Preis wussten sie sofort zu sagen. Das schon. Vierhundert oder fünfhundert Rupien. Summen also, welche etwa der gesamten Bus und Zugfahrt hierher entsprachen.
Bei Vierzig Rupien verlies mich schließlich die Kraft und ich willigte schließlich in eine Tuck-Tuck Fahrt ein, inklusive dreimaligem Anhalten, Absteigen und Fragen. Letztendlich dauerte die Fahrt etwa vier Minuten. Kaum länger als ich die Strecke zu Fuß erledigt hätte. Leider hatte ich aus *Du-Mont*`s Kiste voller Ratschläge diesmal einen Trostpreis gezogen. Das *„Haveli-Heritage-Inn"*, angepriesen für 650.- Rupien, samt familiärer Atmosphäre und passablem Restaurant, entsprach so gut wie in keinem Punkt der Realität. Die angebotenen Zimmer waren ungepflegt und herunter gekommen, ebenso wie der gemütliche Innenhof. Restaurant gab es überhaupt keines. Dafür entsprachen die Preise in Wahrheit dem Dreifachen. Um der letzten Nacht willen und da ich wenig Lust verspürte um die späte Zeit in einer unbekannten Stadt noch auf gut Glück herum zu suchen, einigten wir uns auf tausendfünfhundert Rupien für einen sogenannten *„Deluxe-Room"*. Abgeblätterter Verputz, trauriges Badezimmer und abgewetzte Möbeln aus Nehru`s Zeiten.
Einige Euros auf und ab waren schließlich auch nicht mehr von Bedeutung.

Seit 800 Jahren galt die Stadt *Ajmer (sprich: At`schmer)* als *Hort des Islam* auf indischem Boden. Die in Büchern gepriesene, einstige, urtümliche Freundlichkeit ihrer besten Tage war hier vor langer Zeit einem materiellen Abschöpfungsritual geopfert worden. Die Stadt selbst, eine Stadt zwischen *Jaipur* und *Delhi*, mit mehr als einer halben Million Einwohner glich heute einem reinen Hexenkessel.
Überteuerten Ramsch glaubten sie in den dichtgedrängten Basarstraßen durch jenes sinnlose: *„Hallo, mein Freund, schau das, probier das.."* an westliche Einfältige und Goldesel verschachern zu können. Bestenfalls einiges, das an den Straßenmärkten angebotene Grünzeug, einige Gewürze oder Knoblauch erschienenen dem Preis angemessen.

Um dem aufreibenden lauten Trubel zu entkommen entschied ich mich nun doch *„Puskhar"*, den bekannten Tramperort in der Nähe, wohin sich auch *Juliette* und *Camille* aufgemacht hatten und welcher in vielen Reisebüchern als „einzigartig§ angepriesen wurde, einen Besuch abzustatten.

Obwohl mir zwar bereits von zahlreichen Schleppern die eigenen Reisebusse für Touristen nach *Puskhar* aufgedrängt worden waren, zog ich es wie üblich vor, für die kurze Strecke einen öffentlichen Bus zu nehmen. Den zentralen Busbahnhof konnte ich laut Plan zu Fuß leicht erreichen. Um elf Rupien bekam man hier die Chance zu einer originellen Fahrt im klapprigen Vehikel, zwischen bunt verhüllten dicken Frauen, kleinen Kindern, Muslimen, Sikhs, Hindus und umgeben von Kisten mit Waren aller Art. Vor der Abfahrt schob man mir noch Schachteln unter die Füße, sodass ich eingeklemmt war zwischen Kartons, Kisten und Säcken voll Reis und Gemüse.

Etwa 30 Minuten lang ging es durch herrliche Landschaften, über einen steilen Pass hinauf und hinunter. Wäre nicht der allgegenwärtige Müll gewesen, alles wäre tatsächlich paradiesisch gewesen. Derartige Fahrten konnten immer spannend sein, so zumindest die uralten, verbeulten und verborgenen Gefährte unterwegs nicht schlapp machten.
Hatte ich im Geheimen ein zweites *Bundi* erwartet so waren die Hoffnungen schnell zerstreut. Hier war ausnahmsweise nicht Müll, sondern hier war der westliche Massentourismus junger Pseudohippies und heruntergekommener, bloßfüßiger, schmutziger und mit schlendernden Tüchern oder als linke Christusse verkleideter Zivilisationsaussteiger das Übel und hatten den Ort jeglichen Flairs beraubt. Selbst einige herrliche altertümliche Häuser im Zentrum der Stadt konnten den geistigen Verfall nicht wettmachen.

Dazwischen natürlich die typischen, übergewichtigen *Daddys and Mumms* die in ihren widerwärtigen Kniehosen steckend umherirrten. In Schlangen und Autobusweise standen sie hier vor den zahllosen Touristenramschläden und schlenderten im Anschluss Gruppenweise durch die   mit Andenkenbuden durchzogenen Straßen. Unten am kleinen See, im Zentrum der Stadt warteten an Gitterstäben zum Eingang bereits die *Gelderleichterer* zur Schröpfung des Publikums.

Erschöpft vom Gedränge im lange gemiedenen Massentourismus, setzte ich mich auf einen kleinen Hocker vor einem der zahlreichen Teebuden, zwischen eine Gruppe junger Menschen die sich in Englisch und Deutsch gegenseitig zuriefen wie wunderbar es hier war, wie originell und wie echt indisch alles sei, und wie mutig sie waren, hierhergekommen zu sein.

Schließlich, auf dem Weg zurück stieß ich noch auf etwas lange Gesuchtes. Diese herrlichen, dezenten und dünnen kragenlosen Baumwollhemden Indiens, welche ich bisher nicht gefunden hatte.

Da noch etwas Zeit übrig war, beschloss ich, mich zum letzten Mal vor meiner Abreise in ein Internet Café zu setzen und meine lange nicht gesehene Tochter in Wien, während meiner vierstündigen Wartezeit dort bei der Ankunft am Flughafen zum gemeinsamen Kaffee zu einzuladen.

Die beiden Mädchen, *Camille* und *Juliette*, waren heute abgeflogen, hatten mir einige sentimentale Zeilen über unsere schönen Tage in *Bundi* hinterlassen sowie mit einigen Worten ihre Eindrücke von diesem Ort, *Puskhar*, die sich mit meinen Augenblicklichen zu hundert Prozent deckten.

Bald war es Zeit Resümee zu ziehen, in einigen kurzen Mails tat ich es nun, obwohl die letzten zwei Tage noch vor mir lagen. Ich war froh über meinen spontanen Entschluss, dieses Land endlich bereist zu haben. Obwohl ich nur in kurzen Zeitfenstern und in wenigen Ausschnitten, dort wo dieser riesige Subkontinent für mich seine „*Backstage-Türen*", geöffnet hatte, spähten durfte, war ich doch um vieles klüger und um wesentliche Erfahrungen reicher als ich gekommen war.

Ich hatte zwar weder *Varanassi* noch das *Taj- Mahal* besucht, vermisste jedoch weder dies, noch irgendeinen, der nicht betretenen, auf hochglanzpolierten Tempel oder Paläste. Ich hatte gerade deshalb das tiefe Gefühl, wenn auch nur jeweils für einige Tage oder Momente in diesem Land tatsächlich angekommen gewesen zu sein und einen Sinn im oft verwirrenden Treiben und Lassen der indischen Menschen zumindest in Ansätzen verstanden zu haben.

Vieles, vor allem die immense Verschmutzung und Zerstörung ganzer Landstriche würde ich ohnedies nie lernen zu verstehen. Wollte es auch nicht. Dennoch, ich fuhr als glücklicher und zufriedener Mensch zurück in mein Land der tausend Regeln. Oft mit Unverständnis aber auch mit Bewunderung für die Menschen dieses Landes in ihrem täglichen und Unerschütterlichen Kampf ums Überleben.

Noch aber war ich hier, wo jene Worte des Taxifahrers Gültigkeit hatten;

„Keine Regeln Sir in diesem Land, überhaupt keine Regeln…"!

Zurück in *Ajmer* suchte ich   vom Busbahnhof auf einer der fast unbeleuchteten Hauptstraßen meinen Weg zurück und hoffte er führte in Richtung meines Hotels. Betet dabei fast zu Gott, er möge mich auch diese letzten Stunden in *Ajmer* `s höllischem Straßenverkehr noch überleben und nicht hier in einem stinkenden Rinnsal enden zu lassen. Überfahren von hunderten von Fahrzeugen mein Licht hier auszuhauchen zu müssen.

Von den Engländern hatten die Inder den Linksverkehr übernommen. Allerdings nur auf dem Papier. Wer es eilig hatte, oder nur ein oder zwei Kreuzungen weit fuhr machte sich nicht die Mühe auf die linke Seite zu wechseln sondern kam auf der rechten Seite von vorne oder von hinten daher. Dazu kamen alle möglichen abrupt aus und ein parkende oder hin und her schiebenden Fahrzeuge. Mit oder ohne Licht und ohne einen Blick auf Fußgänger zu werfen. Fußgänger existierten in Indiens Straßenverkehr für alle anderen Verkehrsteilnehmer kaum. Vor allem in den Großstädten war es Behinderten oder auch nur älteren Menschen schwer möglich jemals ihr Viertel zu verlassen. Sie hatten wenig Chancen lebend eine zehnspurige Straße zu überqueren. Jeder, der nicht um sein Leben rennen konnte hatte hier verloren. Vor allem jetzt am Abend bestand tatsächlich auch für mich, als fitten Menschen echte Gefahr mein Hotel unbeschadet zu erreichen. Nicht nur den zahlreichen Fahrrädern mangelte es an jeglicher Beleuchtung sondern auch dem Großteil der Motorräder. Von den vielen selbst gezimmerten Fahrzeugen die einem im Gedränge entgegenkamen, nicht zu reden. Von den Straßenbeleuchtungen, sofern sie überhaupt existierten, brannte bestenfalls jede fünfte oder sechste Lampe in schwachem Licht. Wer wie ich, in einer mitteleuropäischen Durchschnittsstadt aufgewachsen war, der konnte nur verblüfft bestaunen, dass am Ende eines Tages manche Straßen nicht mit hunderten von Toten übersät waren. Doch wenn man sich genau umsah, wusste man auch Bescheid um die zahllosen hinkenden, Arm - oder Beinlosen oder sonst wie verkrüppelten oder schwer beschädigten Menschen dieses Landes. Bahnhöfe und Straßenkreuzungen in Indiens Großstädten konnten auch den robustesten Naturen das Fürchten lehren.

Für den nächsten Morgen hatte ich im Hotel auch das fragwürdige und völlig überteuerte Frühstück abgelehnt. Nun machten einige verlockende Kuchenstücke, Kokoskügelchen und andere Leckereien in der Vitrine einer kleinen Konditorei am Ende der Straße im nächtlichen Ajmer auf mich großen Eindruck. Bemerkenswerter Weise wurden neben Kuchen auch Pizzastücke Sandwiches und dergleichen angeboten. Da mir in dem winzigen Geschäft vergleichsweise alles überraschend neu und sauber schien, wollte ich mir nicht nur am nächsten Tag, ein gutes, Frühstück hier gönnen sondern konnte jetzt auch einem leckeren kleinen Abendmahl an diesem zufällig entdeckten Laden nicht widerstehen. Mein europäischer Magen würde es mir nicht verübeln. Wo die Inder gelernt hatten derart köstliche Törtchen und Kuchen, ähnlich wie man Sie auch bei uns zuhause in Wien vorgesetzt bekam, herzustellen, lag für mich im Dunkeln. War es doch so garnicht im Einklang mit der sonstigen Speisekarte dieses Landes. Die Vorstellung dass man einst auf zwei derart weit entfernten Kontinenten etwa zur selben Zeit und nach ähnlichen Rezepten vorzugehen beschlossen hatte mochte einem doch kaum glaubhaft erscheinen. Hatte gar möglicherweise *Vasko da Gama* die ersten Sachertorten aus Indien nach Wien exportiert?

30. März 2013, Ajmer

Aus den Leitungen im Zimmer kam am Morgen weder Wasser noch Strom.
Betrachtete man den Zustand aller frei sichtbaren technischen Geräte oder Anlagen, war aber man nur verblüfft das überhaupt irgendetwas funktionierte. Das Ingangbringen dauerte.

In *Ajmer* waren es die Seitengassen und die Viertel mit den schmalen Straßen die hinter dem Hotel begannen, welche noch urtümlichen Charme und fast dörflichen Charakter ausstrahlten. Mit ihren offenen Handwerksbetrieben, Mühlen, und verborgenen Innenhöfen. Dazwischen bewegten sich frei allerlei Tiere, wie Ziegen, Schafe, Schweine und Rinder.

Einige berühmte Bauwerke befanden sich an verschiedenen Punkten der alten Stadt. In einigen Vierteln befand man sich aber plötzlich zwischen eindrucksvollen und noch völlig orientalischen Straßenzügen aus längst vergangener Zeit.

Die ganze riesige Stadt als solche hatte aber wie die meisten indischen Großstädte vor allem eines zu bieten: Lärm, Abgase, Müll und Schuttberge, Verkehrschaos Dieselben Basarstraßen wie überall mit ihren tausende von streunenden Tieren und bettelnden Menschen dazwischen. Wobei es seltsamerweise hier in dieser Stadt sogar mehr streunende Schweine als Hunde zu geben schien. Dies mochte auch damit zusammenhängen, dass *Ajmer* ein muslimisches Zentrum war, in dem Schweinefleisch weitgehend verpönt war. Was allerdings nichts als eine Vermutung war. Wen konnte man darüber schon befragen, vielleicht war ich der erste, der sich diese Frage überhaupt stellte.

Was jedem Europäer in Indiens Städten fehlte, waren, wie gesagt Rückzugsmöglichkeiten irgendwelcher Art. Ständig umdrängt und eingezwängt zwischen Tausenden und Abertausenden von schwitzenden oft übel riechenden Leibern, in drückender, feuchter Hitze, dem ständigen Geschrei sowie dem ewigen Gehupe von Hunderten von Fahrzeugen zur gleichen Zeit, war es schwer sich schon nach zwei oder drei Stunden noch auf den Beinen zu halten.   Augen, die Ohren sehnten sich wie die Beine nach Abstand und Rast. Doch vergeblich hielt man jedes Mal Ausschau nach irgendwelchen zumutbaren und nicht im Müll erstickten Grünflächen, einer einfachen Sitzbank, oder nur zwei oder drei leeren und menschenwürdigen, schattigen Quadratmetern um sich irgendwie kurz auszuruhen.

Doch heute hatte mich der Herr erhört und lenkte meine Schritte zur katholischen Kathedrale von Ajmer. Vor mir erhob sich ein spätmittelalterlich wirkender Bau im Empirestil aus gelblichen Backsteinziegeln mit rötlichen Einfassungen an den Gesimsen und Türmen. Umgeben von einer Mauer und inmitten einer kleinen herrlichen Grünanlage, ein kleines Wunder war geschehen. Alles hier war sehr gepflegt sauber und frisch, ein Paradies inmitten einer mörderischen Großstadthölle. Hatte ich bisher in Indien nur Moscheen betreten, in denen sich oft hunderte von mehr oder weniger fanatischen Menschen Körper an Körper drängten, so betrat ich hier einen Ort absoluten Friedens und der Stille. Hatte sich zuvor in der Großen Moschee Ajmer`s eine unüberschaubare Menge zumeist weiß verkleideter Muslime dicht an dicht auf dem Boden kniend vor ihrem allmächtigen Allah auf und nieder wippend verbeugt sehen, so stand hier nur ein kleines Grüppchen von zehn oder zwölf adrett gekleideten Mädchen in einer Ecke des riesigen Kirchenschiffs und

betete stumm samt einer Nonne zu ihrer Maria. Ansonsten war die große Kirche leer, sauber, ruhig und gepflegt. Als Besucher musste man hier weder den schroffen Befehlen irgendwelcher Wichtigtuer Folge leisten, sich auf Befehl hier oder da anstellen, weder Schule noch Kamera am Eingang abliefern noch wurde man gestoßen oder durchsucht.

Aber musste es andererseits diesen indischen Menschen nicht seltsam und fragwürdig erscheinen, zu einer *„europäischen und weißen Maria"* zu beten? auf den zahlreichen Sockeln oder Säulen des Gotteshauses ausschließlich „weiße europäische Männer" als Heilige auf sie herabblicken zu sehen? Nicht eine einziger *indische* Figur war hier in Stein gemeißelt für die Ewigkeit im ganzen Kirchenhaus zu sehen.

Drei oder vier Inder betraten hinter mir die Kirche, filmten mit ihren Mobiltelefonen ab was sie im Kirchenschiff sahen auch sich selbst mit den steinernen Figuren im Hintergrund und verließen die Kirche wieder so empfindungslos wie Sie gekommen waren. Ähnlich, als wären sie durch ein Disneyland gegangen.

Auch als *Nicht - Katholik*, vermutlich sogar als *Nicht - Christ* würde man sich hier wohl als *Europäer* in einer *europäischen Kirche* in irgendeiner Form zuhause fühlen. Im gewohnten ruhigen Schutz der dicken Mauern.

Geschützt aber umkreist vom wogenden Tumult der Stadt vor den Mauern um die Kirche, stand diese friedliche Oase. Kirchen als Ort der Erholung zu benutzen und als Platz zum Schreiben waren für mich zwar ungewohnt, aber das war schließlich vieles in Indien. Wie mir der Priester der Kathedrale, ein Inder, groß, attraktiv und selbstbewusst, anschließend bei einem Gespräch im Garten erklärte, war dies die katholische Kathedrale der ganzen Provinz *Rajasthan*. Angeschlossen war eine ebenso katholische Internatsschule auf demselben Campus. Auch mehrere andere katholische Schulen waren in der näheren Umgebung.

Am frühen Vormittag hatte ich bereits eine andere Schule besucht. Das: *„Sir–Husband–Memorial–And–Aryabatta–College"*, welches aus einer Stiftung des Gründers, *Sir Husband* 1866 hervorging und in dem heute dreihundertachtzig Schüler und Schülerinnen unterrichtet wurden. Deren Inventar und Einrichtung schien jedenfalls noch aus der Gründerzeit erhalten zu sein. Immerhin, man saß hier nicht mehr auf dem Boden wie in *Mandvi*, wo es jedoch lustig zuging im Unterricht, die Schüler auf dem Boden, der Lehrer auf seinem Schreibtisch hockend, und Hände schwingend, den Wert indischer Rupien Scheine abfragte und die Schüler die Antworten „Zehn, zwanzig, fünfzig, Rupien!" riefen.

Schüler waren Samstags zwar keine in der *Husband-Schule* gewesen, im altertümlichen Schulbüro, ebenfalls ein britischer Backsteinbau an dem offenbar seit der Errichtung wenig verändert wurde, auch die zerbrochenen Glasscheiben blieben unersetzt, saßen jedoch der Direktor sowie zwei Angestellte und blätterten in Unterlagen oder Zeitungen. Immerhin, auf die übliche Frage woher ich kam – Austria -, wussten sofort alle: *„Ah, Wien"*, zu antworten, um sich dann aber nicht weiter irritieren zu lassen.

Das Unglaublichste entdeckte ich jedoch am Abend. Unweit des Bahnhofes, auf der anderen Seite der breiten Hauptstraße und umgeben von einer der üblichen Mauern, bemerkte ich ein stattliches Empiregebäude mit breiten Stufen und hoher Säulenarkade. Im staubigen kleinen Vorhof starrte mir nicht nur ein goldener Gandhi samt Gehstock von seinem Podest entgegen, sondern es befanden sich darin ausnahmsweise auch drei oder vier Sitzbänke aus Stein. Das ziegelrote Bauwerk zog sofort mein Interesse auf sich, wirkte es in seinem strengen Äußeren doch wie ein altes Handelshaus. In dessen Innerem man sich im hohen Saal und vor ihren hölzernen Kontoren stehend, noch jene Buchhalter in Anzug und Ärmelschoner vorzustellen vermochte, welche man unweigerlich mit dieser Zeit verband. Nun war ich selbst über diese Stufen geschritten, sah nichts als einem leeren hohen Raum in welchem sich rechts und links jeweils zwei große Tische befanden, an denen Männer saßen und Zeitungen lasen. Wie im Lesesaal einer Bibliothek. Zurück im Hof fragte ich schließlich einen, auf einer der Bänke sitzenden Menschen, was dieses Gebäude und sein beinahe leeres Inneres darstellten?

„Es ist ein Pressehaus"! meinte der Mann zu mir.

So also musste man sich in Indien ein Verlagsgebäude vorstellen? Wie seltsam.

Nun das komische: Hinter einer jener Bänke, direkt bei der Mauer und neben dem Stamm eines schmutzigen und von Urin stinkenden, dicken Baumes, war mir ein seltsames Treiben aufgefallen, verbunden mit ständigem Kommen und Gehen. Da man in Indien stets im Trubel von tausenden Menschen unterwegs war, bemerkte

man von dem was ringsum vorging vieles nicht. Was jedoch dahinten in dieser abgeschiedenen Ecke vor sich ging verlangte Aufmerksamkeit. Nichts weniger passierte dort, als dass Zähne gezogen und behandelt wurden. Der Patient lehnte sich hockend an die Mauer, der Behandler spähte in den offenen Mund, aus seiner auf der Mauer abgestellten Tasche wurde passendes Werkzeug hervorgeholt, eine Zeit lang damit im Mund hantiert und einige Minuten später wurde vom Patienten auf den Boden gespuckt, etwas Watte oder dergleichen in den Mund gestopft und die Prozedur war zu Ende. Der nächste Mensch auf der Wartebank war an der Reihe. Der Ort war gut gewählt, es gab Wartebänke und der höllische Verkehrslärm unmittelbar hinter der Mauer war im Stande auch die lautesten Geräusche oder Schreie der Kundschaft jederzeit zu schlucken.

Punkt 18:00 Uhr wurde die Zahnarztpraxis geschlossen. Die beiden ambulanten Dentisten warfen ihr Werkzeug kurzerhand in die Tasche auf der Mauer, stiegen gemeinsam auf ein Moped und brausten davon.

Bevor ich mich wieder auf den Weg machte, wollte ich mich noch bei einem Zweiten über den mir seltsam erschienen Zweck dieser ganzen Gebäudeanlage erkundigen. Und diesmal wurde mir erklärt, dass es sich nicht um ein „Pressehaus" sondern um eine „Bibliothek" handelte, von der am Samstag lediglich der Lesesaal mit Zeitungen geöffnet war. Sowohl das entleihen von Büchern als auch das Lesen der Zeitungen war für alle frei zugänglich und kostenlos. Indien bot immer wieder unbekannte Seiten.

Mein Gepäck war immer noch vorhanden. Die Garantie des Hotelbesitzers alles hier in seinem unbeaufsichtigten Innenhof sei absolut sicher, hatte ich mich tagsüber wieder einmal beschäftigt.

In wilder Fahrt, auf der offenen Hinterbank und ohne jede Absicherung zur Straße hinter uns, ging es im, mit Menschen und Gepäck vollgestopftem Tuck-Tuck, vom Bahnhof bis an den Stadtrand wo sich   Abfahrtstelle der Autobusse nach *Delhi* befand. Ich konnte nichts als hoffen, bei der erstbesten Vollbremsung samt meinen Rucksäcken nicht mitten auf die offene Straße abgeworfen zu werden. Festhalten konnte ich nur das Gepäck auf meinem Schoß, mich selbst aber nirgends, während Lastwagen und andere Fahrzeuge im Zentimeterabstand hinter uns her rasten. Alles ließ mich bereits die Folgen eines Absturzes nach hinten in dunkelsten Farben ausmalen.

Nichts von alldem geschah schließlich und letztendlich war in diesem Land schließlich auch alles eine Frage des „Glücks".

Im Bus, in welchem wohl schon unzählige Generationen von Reisenden transportiert worden waren, hatte ich nun wie einst im Eisenbahnwaggon in vorderster Reihe ein „kurzes" Bett erwischt. Trotz Erschöpfung und Müdigkeit zum umfallen, war es unmöglich, mit fest eingezogenen Beinen bei dem ständigen Gerumpel unseres altertümlichen Gefährtes auf den elenden Straßen und der nächtlichen Kälte des Fahrtwindes der durch viele Ritzen ins Innere drang, in irgendeiner Weise zu Schlaf zu kommen. Bis wir morgens endlich *Delhi* erreichten.

31. März, Delhi

„Rien ne va plus – Nichts geht mehr". Der letzte Tag vor einer Heimreise unterschied sich für gewöhnlich von den anderen Tagen zuvor. Man saß ohne großes Programm bereits in den Startlöchern, im Geiste bereits mehr dort als noch hier. Stunden, welche kaum mehr zählten, die man einfach irgendwie noch zu überbrücken hatte.

Eines war doch immer erstaunlich in Indien: Im unweigerlichen Chaos (aus europäischer Sicht), jeglicher Aktion beherrschte man in diesem Land unbemerkt (weil von uns nicht verstanden) die stille Post. Ich hatte vor der Abfahrt in *Ajmer* nebenbei gefragt, ob wir auf der Fahrt zum Zielpunkt nämlich dem Busbahnhof in Delhi, zufällig in die Nähe des Airports kamen. Wobei man mich lediglich verständnislos angeblickt und keinerlei Reaktion gezeigt hatte. Zu meiner Verblüffung schüttelte man mich aber schließlich um fünf Uhr morgens im Bus, mit der lapidaren Bemerkung: *„Delhi Airport. Schnell. Aussteigen!".*
Kaum dass ich meine Sachen übergezogen, das Gepäck zusammengerafft und abgezählt hatte, bremste der Bus mitten auf der Autobahn auf dritter Spur und die Tür öffnete sich: *„...linke Seite - Flughafen!"*
Mit zwei anderen noch halb benommen raus und mit den ganzen Sachen so rasch als möglich, über die Mittelleitschiene, zur anderen Seite hasten. Zwischen rasenden Autos, quer über die Fahrspuren der Autobahn. Die Tür hatte sich bereits hinter uns geschlossen, der Busfahrer gab Gas.

Noch benommen von der fast schlaflosen Fahrt, der Überraschung und dem Stress hatte das Schwitzen nun bereits am frühen Morgen begonnen. Ich war aber doch bald glücklich und zufrieden über diese unerwartete Aktion. Ersparte sie mir doch wieder einmal eine weite Reise, nämlich zurück von der weit entfernten *„Old-Delhi-Railwaystation"*, der eigentlichen Endstation des Busses. Wo ich mich erst durch die ganze wartende Schleppermeute am Bahnhof hindurch zu kämpfen gehabt hätte, um dann irgendwie quer durch ganz *Old-Delhi* erst einmal zur *„New-Delhi-Railwaystation"* zu kommen um von dort endlich per Subway weiter zum Airport zu gelangen. So war ich bereits hier.
Einige Meter weiter an einer Abzweigung der Autobahn hielt ein zufällig vorbeikommendes Taxi samt einem schwedischen Ehepaar durch meine Winkzeichen an. So fand ich auch noch die restlichen vier oder fünf Kilometer bis

zum Aufnahmegebäude einen bequemen Platz. Die Schweden hatten ihre Tochter, die dort irgendwelche Aufträge erledigte, im Touristenort *Goa* besucht. Sie hatten ihren Aufenthalt in Indien in 4 - oder 5 – Sterne Hotels samt Swimmingpool und inklusive einem, einen jeden Handgriff abnehmenden Personal, verbracht.

„Alles war so sauber und wundervoll im Ressort. Das perfekt amerikanische Frühstück, die herrlichen Strände. Indien ist einfach ein herrliches Land und sooo schööön!", zwitscherte die festlich geschmückte Dame mir auf der kurzen Fahrt zu. Nein, außerhalb der Anlage seien sie kaum gewesen. Was gab es dort auch schon zu sehen? Sie gab dem Fahrer schließlich die verlangten achthundert Rupien und war völlig verblüfft, dass ich mich nicht überreden ließ, vierhundert beizusteuern, sondern lediglich fünfzig. Der Fahrer zwinkerte mir zu, setzte mein Gepäck vor den Eingang des Flughafens und wünschte mir einen guten Heimflug.

„Du machst einen Eindruck wie ein echter Inder…", meinte er noch zu meinem Erstaunen, bevor er den Schweden auch noch die restlichen dreihundertfünfzig abknöpfte.

Wie ich gehofft hatte, war es möglich, mein Gepäck am Flughafen zu deponieren, zwar nicht direkt im Airport, doch in der sich darunter befindlichen neuen Metrostation. Was mir alles erheblich erleichterte. So entkam ich auch jenem „Cloakroom", in der „Old-Delhi-Railwaystation". Einen derartigen Raum zur Gepäckaufbewahrung hatte ich mir bereits am Bahnhof in Ajmer angesehen. Eine verlotterte Höhle, an dessen Eingang, hinter einem hilfsbedürftigen Schreibtisch, ein eben solcher Mensch saß und gegen eine geringe Gebühr Zettel für dort deponiertes Gepäck ausstellte. Während hinter ihm pausenlos Menschen hin- und hergingen und diese oderjene Gepäckstücke völlig unkontrolliert hinaus- und hereintrugen. Wenige Stunden vor der Heimreise verspürte ich geringes Bedürfnis im letzten Moment solchermaßen noch meiner Habseligkeiten entledigt zu werden.

Die Autobahnaktion hatte mir nun mehrere Stunden an zusätzlicher Zeit verschafft. Mein Gepäck war zwar teuer, aber sicher, doppelt und dreifach bewacht, gewogen, gescannt und fotografiert, bereits direkt am Flughafen deponiert.

„Zu wenig und zu viel ist des Narren Ziel", hatte man mir als Kind oft vorgesagt. Während in den *Cloakrooms* der Bahnhöfe das deponierte Gepäck quasi frei zugänglich für jeden war und weder bewacht noch kontrolliert wurde, behandelte man es hier, in der neuen aber fast menschenleeren Metrostation, als befände man sich im Hochsicherheitstrakt von Fort Knox.

Jedenfalls konnte ich nun guter Dinge und befreit von allen Lasten, einen letzten unbeschwerten Tag in Delhi verbringen, wie ich hoffte.

Bald bemerkte ich, dass die ganze Metrostation, auch sämtliche Ein- und Ausgänge, von bis auf die Zähne bewaffnetem Militär bewacht wurden. Als stünde Indien am Rande einer militärischen Katastrophe. Ohne zumindest einen, von zahlreichen Soldaten umzingelten, Scanner zu durchlaufen, war es nicht möglich, auch nur eine der Rolltreppen zu benutzen.

Indiens neueste Metrolinie, vom Neu-Delhi-Bahnhof direkt zum Flughafen, war am 23. Februar 2011 um 2:00 Uhr morgens, nach vier gescheiterten Versuchen, erstmals in Betrieb gegangen. Für eine Gesamtlänge von 22,7 km wurde eine Summe von 57 Milliarden Rupien investiert, wobei die Strecke bereits am 7. Juli 2012 wegen gravierender technischer Probleme wieder geschlossen werden musste! Nach einer Wiedereröffnung am 22. Jänner 2013 musste man jedoch die Fahrtgeschwindigkeit von ursprünglich 135 km/h auf lediglich 50km/h reduzieren. War die Linie für 52.000 Menschen konzipiert, so erreicht sie nun auch nur an Spitzentagen etwa 20.000. Doch selbst diese veröffentlichten Fahrgastzahlen erscheinen mir kaum glaubhaft. Sowohl bei der Hin-, als auch bei der Rückfahrt, waren von Anfang bis zum Ende der Fahrt kaum jeweils mehr als zwanzig Menschen im ganzen Zug. In den drei pompösen Zwischenstationen, *Aerocity*, *Dhaula Kuan* und *Shivaij Stadium*, welche mit gigantischem Aufwand errichtet wurden, stieg kein einziger Mensch aus oder ein. Ob der, für gewöhnliche Inder exorbitant hohe Fahrpreis von etwa € 2,30 je Fahrt der Grund für die menschenleeren Züge war, oder, dass Tickets für die *„Metro-Airport"* nicht für die Benutzung irgendeiner der anderen Metrolinien Delhis verwendet werden konnten, mochte dahingestellt sein. Bequemer und trotz allem noch rascher als alles Oberirdische war sie jedenfalls.

Zu Fuß schlenderte ich ein letztes Mal in der morgendlichen Millionenstadt, zwischen seinen sich langsam öffnenden Geschäften und Marktbuden vom Neu-Delhi-Bahnhof in Richtung *Connaught place*, dem Mittelpunkt der Stadt. *DuMont* empfahl für die Stadt eine Fahrt mit einem so genannten „*Ho-Ho-Bus*". Hop in hop out. Also machte ich mich auf die Suche nach der im Buch beschriebenen Abfahrtsstation. Nach mehrmaligem Hin- und Hergehen, entdeckte ich schließlich das, für westlich eingestellte Augen kaum bemerkbare, kleine Abfahrtsgebäude. Wieder zahlte man hier als Ausländer – wie üblich – den doppelten Preis. Also etwa jene Summe, die man sonst in Indien für eine gut 15-stündige Zugfahrt samt Bett bezahlte. Derartig nationalistische Geldwegnahme an ausländischen Besuchern war mir zutiefst zuwider. Vor allem, wenn auch noch eine dem Gegenwert angemessene Leistung kaum zu erwarten war. Die Preise waren zwar europäisch, Ausstattung und Ausführung waren natürlich indisch.

Eine Fahrt verlief folgendermaßen: Es gab eine rote und eine grüne Linie. Das Ticket galt jedoch nur für eine von beiden. Man konnte sich aussuchen, welche man benutzte. Die Busse fuhren entlang einer bestimmten Route mit gekennzeichneten Haltestellen. Vorwiegend waren diese vor irgendwelchen Sehenswürdigkeiten angebracht. Man konnte an einer beliebigen Stelle aussteigen, die Sehenswürdigkeit oder etwas anderes besuchen, Essen oder einen Spaziergang machen und mit einem der nächsten Busse, *derselben Linie* bis zu einem bestimmten Punkt, den man besuchen wollte weiterfahren. Ein Ticket galt für einen Tag. Im Inneren der Busse sollte mittels Lautsprecher sowohl der Name als auch der kulturelle Hintergrund des jeweiligen Platzes oder der Sehenswürdigkeiten entlang der Haltestellen bekanntgegeben werden. Bereits nach der Abfahrt stellte sich jedoch heraus, dass das Mikrofon im Bus nicht funktionierte und die junge Dame, die die Ansagen zu machen hatte, nur über eine leise Stimme verfügte. Bereits ab der dritten Sitzreihe war nichts zu verstehen. Dazu kam das ewige Gemurmel der übrigen Fahrgäste, sodass ich bereits nach einigen Minuten weder wusste, wo wir uns befanden, noch was es hier zu sehen gab. Nachdem ich mit der Dame diskutiert hatte, dass ich für europäische Preise zumindest funktionierende Anlagen erwartete, verwies sie mich genervt an ihre vorgesetzten Stellen. Diese waren am Wochenende natürlich unerreichbar. Es wäre mir jedoch möglich, meinte sie, an einem Werktag dort zu erscheinen und meine Beschwerden persönlich vorzubringen. So blieb als Lösung, den Bus bei der nächsten Haltestelle wieder zu verlassen und auf einen anderen, besser funktionierenden zu hoffen.

Unser Autobus war etwa zur Hälfte gefüllt mit Fahrgästen an der Anfangsstation losgefahren. Zu meiner Verblüffung warteten ausgerechnet an der nächsten

Haltestelle, an der ich den Bus verlassen wollte, bereits Massen auf unsere Ankunft. Kaum dass wir einbogen, setzte sich die ganze Menschentraube auch schon in Bewegung. Als die Tür sich schließlich öffnete und bevor ich auch nur einen ersten Schritt tun konnte, hatte sich mir die ganze drängende, schiebende und wogende Menge bereits entgegen geworfen und begann mit aller Kraft, mich wieder zurück in den Bus zu schieben. Damit war jedoch mein Maß selbst für diesen letzten Tagen endgültig überschritten. Wütend und laut fluchend stieß ich jene, welche mir am dichtesten auf den Pelz gerückt waren, zur Seite und schrie ihnen Schimpfwörter in die erstaunten Gesichter. Dann erkämpfte ich mir unbarmherzig, vorbei an sämtlichen Wilden, den Weg hinaus in die Freiheit. Allein und erschöpft blieb ich an der leeren Station zurück und fühlte mich, wie nach einem, nur mit knapper Not überstandenen Ringkampf.

Nach 45 Minuten Wartezeit traf der nächste Bus ein. Inzwischen hatte mich der Hunger erfasst und ich erkundigte mich bei der Stewardess nach einer akzeptablen Eßgelegenheit in der Nähe der Route. Unverzüglich wusste sie mir ein *perfektes Restaurant* in der Nähe der nächsten Station zu nennen. Also verließ ich den Bus an der übernächsten Station wieder. Doch auch nach der dritten Runde durch die mir genannten Gassen, war nichts anderes zu sehen, als die üblichen Menschenmassen, die Hunde, Kühe und Ziegen, die sich im Gedränge der Gassen bewegten. Erschöpft vom Gedränge und hungrig begab ich mich schließlich zum erstbesten Straßenstand, deutete auf Reis und Gemüse sowie auf drei oder vier der winzigen aber fettigen Fleischstückchen. Der größte Hunger war bald gestillt, wobei ich nur mehr schweigend darüber hinwegsah, dass mir auch hier der doppelte Preis dessen verrechnet wurde, welchen die Inder ringsum dafür zu bezahlen hatten. Es war eine Unsitte in diesem Land, jedem, der als Ausländer zu erkennen war, bei Eintritten, Vorstellungen, beim Essen, für die Rikscha oder Taxifahrten und allen möglichen anderen Gelegenheiten, zumindest das doppelte, oft jedoch das Vielfache dessen abzunehmen, was Einheimische dafür zu bezahlen hatten. Bei anderen Gelegenheiten hatte man wie gesagt, als Ausländer sogar den zwanzig oder dreißigfachen Preis zu bezahlen. Nicht heimlich jedoch, sondern öffentlich angeschlagen, wie man an Eintrittsschaltern von Museen, Palästen oder Sonstigem auf diversen Tafeln las.

Durch engste Gassen versuchte ich zurück zur Busstation zu gelangen, schmal genug, als dass nicht zwei Menschen aneinander vorbeikamen. Vorbei an vielen aufgestapelten dünnen und rostigen Käfigen, in welchen eng aneinander gequetscht weiße Hühner dahinvegetierten, ihrer letzten Tage harrend. Jämmerliche Ziegen, die angebunden an kurzen Stricken, noch dazu auf winzigen und dünnen Mauerpodesten, ihren Tag verbringen mussten. Ich war mitten in einem weiteren der üblichen Basarviertel dieser Stadt gelandet. Nur war hier alles lediglich noch enger, finsterer, sogar noch verschmutzter, als ich es von den anderen Stadtteilen her kannte. Um die restliche Zeit bis zur Ankunft eines weiteren Busses zu überbrücken, begab ich mich in einen Park, den ich auf der anderen Seite eines breiten Boulevards *New Delhis* gerade erspäht hatte. Weiter hinten waren sogar noch Reste antiker Mauern eines Tempels zu sehen. Der Park spiegelte vorzüglich indische die *Qualitätsarbeit* wieder. Das ganze Areal mit seinen zahlreichen, längst ausgetrockneten, betonierten Wasserbecken war kaum älter als fünfzehn Jahre und machte dabei den Eindruck, als hätte man es zusammen mit den Resten jener antiken Ruinen freigelegt. Der gesamte Park war übersät von Schutt und Müll. Nicht in einem einzigen der Bassins war noch ein Tropfen Wasser zu sehen. Es wäre auch in kürzester Zeit durch die zahlreichen Risse und Löcher versiegt.

Als ich schließlich vor den echten Ruinen meine Kamera in Stellung brachte, war schon der erste verkleidete Affe aus seinem Verschlag auf mich zugeeilt: *„Fotografieren der Mauern nur mit Eintrittskarte, Inder fünf Rupien, für alle anderen Hundertfünfzig"*, was ich dankend ablehnte.

Schließlich beschloss ich, mich wieder zum *Lodigarden* zu begeben, jener schönen und ruhigen Oase, die ich noch von meinem ersten Aufenthalt in Delhi in angenehmer Erinnerung hatte. Hier verpuffte auch nach kurzer Zeit mein kurzfristig aufgeflammter Zorn über die Mühen jener letzten Stunden rasch. Angesichts jener Ruhe und Schönheit der gesamten Anlage.

In den ersten Tagen meines Delhi-Aufenthaltes hatte ich im Vorbeifahren in *New-Delhi* ein *„Museum of modern Art"* erspäht, konnte jedoch nicht mehr genau sagen an welcher Straße. Dieses wollte ich nun finden und die letzten Stunden hier noch indische Kunst genießen. Kunst tat schließlich meistens gut.

In jener Ausstellung erstaunte mich vor allem das Überwiegen eher klassisch indischer Gemälde und Zeichnungen. Immerhin befand ich mich im *„Museum of modern Art"*. Diese Werke waren jedoch stilgerecht, feiner und kunstvoller als jene großflächigen Bilder der sogenannten Moderne. In drei Stockwerken konnte man in einem öden, uneleganten Betonbau, vermutlich aus den siebziger oder achtziger Jahren, vergangene oder zeitgenössische indische Kunst betrachten. Welche einen jedoch in der Tat kaum vom Hocker warf.

Überraschungen jeglicher Art in Indiens öffentlichen Einrichtungen erwartete ich in Wahrheit kaum noch. Doch es gab sie. Beim Durchschreiten einer Durchleuchtungsmaschinerie an der man nicht vorbeikam wollte man zur Metro, piepsten und blinkten bei jedem Menschen der sie durchschritt sämtliche Lichter. Die widerwärtige Abtasterei durch die wichtigtuerischen verkleideten Affen, welche hier ein vorzügliches Spielfeld gefunden hatten, erreichte hier ihren seltsamen Höhepunkt. Als einer von ihnen mit zielsicherem Griff aus meiner Hosentasche eines meiner letzten, mir verbliebenen Feuerzeuge hervorzog und es wie eine Trophäe in der Luft schwenkte. Man konnte an seinem breiten überheblichen Grinsen vermuten, er hätte aus meiner Hosentasche nichts weniger als eine explosionsbereite Handgranate hervorgezogen. Verächtlich warf er es in einen Karton neben seinem Stuhl, welcher bereits zu mehr als der Hälfte nicht nur mit allerlei bunten Feuerzeugen gefüllt war - sondern zu meiner Verblüffung auch mit dutzenden gewöhnlichen Streichholzpackungen. Jenes letzte Feuerzeug, welches sich noch in meiner Fototasche befand, spielte wenigstens hier (noch) keine Rolle.

Auf einer letzten Runde durch den Flughafen verbrachte ich noch die Zeit bis zum Abflug. Ein Mensch trat auf mich zu und deutete auf eine Maschine am Rand der Halle, die Gepäckstücke mit Plastikfolien umwickelte. Sein persönliches Sonderangebot für mich. Für lediglich sechs Dollar bot der Großzügige an, meinen Rucksack mit Cellophan einzuwickeln damit es dann wie ein Esspaket auf die Reise geschickt werden konnte.

Das üble Spiel des Abtastens, durch jene mit allerlei Zauberstäben ausgestatteten und damit wichtig hin und her fuchtelnden Durchsuchungsorgane sollte noch ein letztes Mal meine Nerven strapazieren. Tatsächlich zerrte einer endlich auch mein letztes verbliebenes Feuerzeug siegessicher aus meiner Fototasche hervor. Sogar ein metallener Teelöffel sowie ein runder Flaschenöffner wurden großartig konfisziert. Mir aber nach meinem lautstarken Protest, mit Ausnahme des Feuerzeuges mit einer herablassenden Geste wieder übergeben. Um jene, in so vielen Bereichen und in allen möglichen öffentlichen Belangen, herrschende Rückständigkeit Indiens auf irgendeine Weise zu kaschieren, setzte man von höheren Stellen offenbar derartig Alibihandlungen. Irgendein überforderter Bürokrat und Fatalist im kafkaesken und aufgeblähten indischen Verwaltungsapparat, hatte die Order herausgegeben, im ganzen Land und bei allen Gelegenheiten Feuerzeuge und Streichhölzer zu konfiszieren, um wenigstens irgendeine Leistung vorzuweisen. Offiziell war damit allen potentiellen Terroristen die Möglichkeit entzogen, ihre im Rucksack mitgeführten Bomben „à la Panzerknacker" während des Fluges an ihren Zündschnüren in Brand zu setzen. Mehr konnte schließlich nicht verlangt werden.

Und Indiens Massen fügten sich teilnahmslos. Hätte man vor dem Einstieg in die Flugzeuge verlangt, sämtliche Socken auszuziehen und Krawatten abzuliefern, wohl kaum jemand hätte dagegen protestiert.

1. April, Wien

Das Frühstück an Bord unserer gute „*Austrian*" servierte man nach Wunsch „*europäisch*" oder „*indisch- vegan*". Dazu frischen und köstlichen Kaffee oder Tee.

Der behäbige, schwergewichtige Inder neben mir öffnete alle servierten Packungen, schnüffelte nur verächtlich an dem Essen und schob alles zur Seite ohne auch nur eine Gabelspitze davon zu probieren. Dann bestellte er sich reichlich Whisky mit Eis und lehnte sich für die restlichen Stunden wortlos zurück. Man wollte uns Europäern natürlich zeigen besseres gewohnt zu sein.

Ich aber sah zu alldem keine Veranlassung. Alles war angenehm und schmeckte vorzüglich. Europa hatte mich wieder.

Nachwort

Wer den indischen Subkontinent bereist, wird entweder begeistert sein, von der Vielfalt der Eindrücke, der Farben und vielleicht vom Fehlen von Eis und Kälte, sowie der zur überall Schau getragenen Spiritualität seiner Menschen. Oder er wird dem Land den Rücken kehren, abgestoßen angesichts des unglaublichen, ja unentrinnbaren Schmutzes, dem kaum vorstellbaren Elend hinter jeder Ecke, den unüberschaubaren Massen an Verkrüppelten und Entstellten, den Leprakranken und sonstigen Desolaten.

Eines wird eine *Independent - Reise* durch Indien jedenfalls bewirken; sie heilt von allen Wohlstandskrankheiten, lappalienhaften Ärgernissen und vermeintlichen Ungerechtigkeiten welchen wir Westmenschen uns hierzulande oft ausgesetzt fühlen. Man wird heimkommen als der zufriedenste und glücklichste Mensch, in das so oft kritisierte aber vertraute System aus Sozial,- Gesundheits,- und Altersversorgung, dem überschaubaren und vergleichbar undramatischen Verkehrs-aufkommen das nicht stündlich von neuem kollabiert, des selbstverständlich trinkbaren Wassers, der noch halbwegs intakten Umwelt und menschenwürdigen hygienischen Zuständen. Mich jedenfalls, mich hat Indien geheilt von alldem, auch wenn die Eindrücke verblassen, die gewohnten kleinen Unzufriedenheiten wieder größer werden.
Ob ich Indien wieder bereisen möchte, fragen Sie? Ja, ohne Zweifel. Nur ein Bruchteil kann sich einem eröffnen in einigen Wochen, vieles Ungeschaute, Unentdeckte wartet noch *backstage* in Indien. Wie der Amerikaner *Kuhn* in *Udaipur* es so richtig sagte: „Im ersten Monat will man nichts als weg, dann beginnt man langsam anzukommen". Ich antworte wie Viele – wer Indien einmal betreten hat, den wird es kaum loslassen. Trotz Allem!

Viel Spaß beim Lesen und Schauen, und wenn es Ihnen gefallen hat, so lassen sie es mich wissen. Wenn nicht, verstreuen Sie Ihren Ärger über den Ganges, er hat schon Schlimmeres überstanden.

Patrik Ehnsperg arbeitete unter anderem als Kaufmann, Kellner, Handelsvertreter und sogar als Zeitungsausträger. 20 Jahre war er zuletzt in diversen leitenden Positionen tätig. Er beschäftigte sich zeitlebens auch mit Politik und war immer auch selbst politisch. In jungen Jahren bei den kritischen Sozialisten und später im Grünaffinen Bereich.

Mehr oder weniger regelmäßig publizierte er über die Jahre auch politische Zeitschriften.

Er war zeitlebens als Autodidakt auf allen möglichen Ebenen tätig und brachte sich neben zahlreichen literarischen und schriftstellerischen Fähigkeiten auch handwerkliches und architektonisches Wissen aus Büchern bei oder ließ sich unterrichten.

In der Folge plante und errichtete er selbst sein eigenes, geräumiges Wohnhaus und gestaltete es in mediterranem Bau und Einrichtungsstil.
2014 verfasste ein Buch über die Planung und Errichtung individueller Gartenhäuser.

Durch seine 3 eigenen Kinder und seine 2 Stiefkinder stieß er über den Kindergarten, später durch die Schule auf das System der Waldorfpädagogik und kam zur Anthroposophie, die ihn bis zum heutigen Tag hinweg beschäftigt und begleitet.
Bereits seit frühesten Jugendzeiten bereiste Patrik Ehnsperg zuerst West – dann Ost – Europa, meist Independent, und oft per Bahn.
Schließlich folgten Südostasien und mehrere Reisen nach China, dessen Geschichte und Menschen für ihn stets faszinierend und geheimnisvoll waren.
2011 folgten einige Vorträge über Chinas Politik und Entwicklung der letzen 100 Jahre. 2013 bereiste Ehnsperg den indischen Subkontinent und verfasste darüber dieses Buch.

Ehnsperg lebt heute die meiste Zeit über in seinem Wohnhaus in der Oststeiermark.

Printed in Poland
by Amazon Fulfillment
Poland Sp. z o.o., Wrocław